世界の
フィンテック法制
入門

変貌する金融サービスとその影響

一橋大学大学院国際企業戦略研究科
特任教授

藤田 勉 ［著］

中央経済社

はじめに

　IT革命によって，かつて繁華街に必ずと言っていいほどあったレコード販売店が淘汰され，本屋も淘汰されつつある。あるいは，かつて，街の至る所で，公衆電話があった。しかし，今では，IT革命に淘汰されたため，公衆電話を見かけることはほとんどない。

　現在は，街の至る所で，現金自動預払機（ATM）がある。しかし，フィンテック革命によって，ATMはほとんどが淘汰されることであろう。つまり，ATMは，20年前の公衆電話に相当するのかもしれない。

　交通系電子マネー（Suica（スイカ）やPASMO（パスモ））が普及したおかげで，鉄道の駅の改札は無人化が進み，かつ，小銭を使う機会はかなり減った。ITの進化につれて，ハイウェーカード（ハイカ）やテレフォンカード（テレカ）は消えてなくなった。それでは，フィンテック時代に，SuicaやPASMOは今後も生き残れるだろうか。

　現在，街の一等地に必ずと言っていいほどあるのが，銀行，証券，保険など金融機関の支店である。ニューヨークやロンドンを見ても，これほどまで多くの金融機関の支店が駅前の一等地にあることはない。

　フィンテック時代には，支払や決済，送金，資産運用，住宅ローン，預金，消費者金融など，ほとんどの金融サービスがスマートフォンでできるようになる。ほとんどの銀行の支店は1日6時間しか営業していない。しかも，支店に行くと長く待たされ，印鑑を押す必要がある場合もある。一方，スマートフォンであれば，24時間対応可能で，待つことも印鑑を押すこともない。銀行や証券の支店に行くことはなく，金融サービスを受けることができる。

　かつてのレコード販売店や本屋同様，街の中心部の一等地を占める金融機関の支店の多くが消えれば，必然的に街の形は変わるだろう。日本にやってくる外国人が急増している。金融機関の支店が消えた後には，パリやローマのように，洒落たカフェやレストランが出店し，外国人観光客を楽しませて

i

くれるかもしれない。

このように，フィンテックは世の中を大きく変えるとみられる。その影響が大きいがゆえに，法制度の整備が重要となる。フィンテック関連法制を分析するにあたって，以下の2つの視点が重要となる。

第一に，グローバルな視点である。グローバル金融規制の理解なくして，フィンテックの法制度を理解することはできない。それは，今後，フィンテックの最大の市場である米国主導で，フィンテックに関わる世界的な金融法制の整備が進む可能性が高いからである。

フィンテックに関わる法律は，グローバル法制と各国独自の法制に大別される。20世紀には，世界の金融法制は整備が十分に進まず，かつ，各国の独自性が強かった。このため，グローバル化と高度化・複雑化する金融市場に，制度の整備が追い付かずに，多くの世界的な金融危機を生む結果となった。

とりわけ，リーマン・ショックを契機に，世界の金融規制を統一する流れになり，2010年代に入って，グローバル金融制度が現在の形となった。特に，リーマン・ショックの発信源となった米国では，金融機関を公的資金で救済しないことを柱とする厳しい制度ができあがった（ドッド・フランク法）。その米国主導でグローバル金融制度が整備され，その基本思想が日本や欧州にも波及している。

もう1つ重要な点は，グローバル金融制度の決定過程が整備されたことである。リーマン・ショック以前は，公式には，世界全体の金融制度を決定する場がなかった。しかし，リーマン・ショック後，主要20ヵ国・地域首脳会議（G20サミット），金融安定理事会（FSB）が創設され，これらを軸に，グローバル金融制度が整備されることとなった。

金融市場のグローバル化が進み，しかも，フィンテックは世界的に普及しつつある。そこで，グローバルな視点を重視して考察を進めることが重要となる。たとえば，ドルで決済し，米国金融機関を経由して外国送金すると，米国の法律に抵触することがある。その場合，米国によって厳罰の対象になることがある。そこで，米国を中心とする国際決済，送金に関わるマネーロ

ンダリング規制などの考察も必要になる。結果として，日本のフィンテック法制も，グローバル金融法制の動向に大きな影響を受けると考えられる。

第二に，新しい金融サービスに関連する個別の業法の視点である。急速な技術革新を伴うフィンテックは，これまでの法制度で対応することは困難であり，以下のような視点から，新規の法制度の整備が必要である。

個別業法としては，金融商品取引法，銀行法，保険法，資金決済法，割賦販売法，貸金業法などがある。2016年に，「情報通信技術の進展等の環境変化に対応するための銀行法等の一部を改正する法律」（平成28年法律第62号）として銀行法，農業協同組合法，電子記録債権法，資金決済に関する法律等が一部改正された。今後も，技術の進歩に伴い，多くの金融法制の改正が必要となるであろう。

フィンテックによって全く新しいサービスが生まれることになる。たとえば，「通貨とは何か」という法律的な議論は重要である。ビットコインなどの仮想通貨，あるいは，SuicaやTポイント/Tカードなどの電子マネーが急ピッチで普及している。仮想通貨は，世界中，不特定多数が参加できるビットコインから，今や一定の地域でしか使えない地域通貨，あるいは企業通貨などに進化，発展しつつある。今後，様々な仮想通貨がつくられることであろう。

そして，中央銀行がデジタル通貨を発行する時代がやってくれば，電子マネーやビットコインとは比べ物にならないほど，金融システムを大きく変えることが考えられる。そうなれば，その大変化に対応したルールづくりが必要になる。

これらを踏まえて，フィンテックに関して，日本の企業・金融法制の整備について建設的な議論がなされる必要がある。特に，FSBとも協力しながら，世界的なルールづくりにおいて，日本が主導的な役割を果たすことが期待される。

フィンテックに関わる法律については，すでに，複数の法律事務所から，日本国内の個別業法の解説を中心とする専門書が出版されている。よって，

本書は，グローバル比較を重視し，かつ個別業法よりも，コーポレートガバナンスや財務会計など企業の経営戦略に関わる事象を重視して記述している。

　なお，本書は，一橋大学大学院国際企業戦略研究科修士課程の春学期「フィンテックと金融市場」，秋学期「フィンテックとイノベーション」の指定教科書である。このため，法体系，金融制度，会計などについては，フィンテックとは直接関係ないものもあるが，教科書という性格上，詳述した。

　2017年9月

著　者

目　　次

はじめに　i

第1章　フィンテックとは何か

1．フィンテックとは何か ——————————————— 1

(1) フィンテックの定義　　1

(2) FinTech1.0からFinTech2.0の発展　　2

(3) IT革命がAI革命に進化した　　3

(4) フィンテックを高度化させる取引形態の革新　　5

(5) リテール金融ビジネスが劇的に変化する　　7

(6) フィンテック時代のリテール金融ビジネス　　8

(7) フィンテックで変わる金融サービス　　9

(8) フィンテックは事業会社の金融業参入を促進する　　12

2．世界のフィンテック革命をリードする米国IT企業 ——————— 14

(1) 米国IT企業がフィンテックをリードする　　14

(2) 世界の大手金融機関のフィンテック戦略　　16

(3) フィンテック専業企業では電子決済が急成長　　17

(4) 世界最大手のフィンテック企業はビザ，マスターカード　　18

(5) 決済以外のフィンテック専業企業は苦戦中　　20

(6) 巨大なプラットフォームを持つIT企業が有利　　21

(7) 台頭する中国のフィンテック企業　　22

(8) アフリカにおけるフィンテック企業　　24

(9) 世界のフィンテックベンチャー投資　　24

i

3．ブロックチェーンで進化するフィンテック ——————— 25

(1) 新技術ブロックチェーンの登場　25

(2) 進化するブロックチェーン　26

(3) 仮想通貨の長所　28

(4) 仮想通貨の課題と限界　29

(5) プライベート型と許可型のブロックチェーンの台頭　31

(6) ブロックチェーンと決済・送金　32

(7) 小括：フィンテックは日本の金融サービスを革新する　33

第2章　グローバル金融制度とフィンテック

1．グローバル金融法制の概要 ——————————— 35

(1) 世界の公法と経済法　35

(2) グローバルなハードローとソフトロー　37

(3) 国際経済法におけるソフトロー活用の動き　38

(4) 金融規制は世界的なハードロー化が進む　41

(5) グローバル金融規制の体系　41

(6) ノンバンクに対する世界的な規制強化　44

2．世界のフィンテック法制と政策の概要 ——————— 45

(1) FSBのフィンテック政策　45

(2) フィンテックと金融監督規制　47

(3) フィンテックと金融包摂の関係　49

(4) 融資市場に対する影響　50

(5) 資本市場に対する影響　51

(6) 保険市場に対する影響　53

(7) レグテックとは何か　55

　　　　　　　　　　　　　　　　　　　　　　　目　　次

⑻　フィンテックが規制を革新する　56

⑼　小括：フィンテック法制はグローバル化する　58

第3章　米国のフィンテック法制の整備と展望

1．米国金融制度とフィンテック ——————————— 60

⑴　世界最大の金融市場と金融機関　60

⑵　世界で最も高度に発達した米国金融法制　61

⑶　米国金融規制体系の特徴　63

⑷　フィンテックに影響を与えるドッド・フランク法　64

2．米国のフィンテック法制の概要 ——————————— 67

⑴　世界をリードする米国のフィンテック法制　67

⑵　各政府機関によるフィンテックへの対応　68

⑶　フィンテック企業の銀行業参入　69

⑷　SECのフィンテック政策　71

⑸　投資型クラウドファンディングの解禁　73

⑹　米国金融機関のフィンテック投資規制　74

⑺　銀行によるフィンテック事業進出の制限　75

⑻　米国の決済法制　78

⑼　マネーロンダリングの規制強化　79

⑽　米国の仮想通貨法制　80

⑾　SECが投げかけるビットコインの問題点　81

3．米国の事業会社と金融機関の業際規制 ————————— 83

⑴　米国では事業会社が金融事業から撤退する　83

⑵　事業会社による金融事業参入も難しい　84

iii

(3) 事業会社による金融事業参入の手段　86

(4) 銀行と事業会社の業際規制改革　87

(5) 米国の事業会社による金融事業の事例　88

(6) 小括：トランプ政権による金融規制見直しは実現しよう　90

第4章　欧州のフィンテック法制の現状と展望

1．EUの金融制度とフィンテック ———————————— 92

(1) EUのITと金融の地盤沈下　92

(2) EUの金融規制体系の特徴　93

(3) リーマン・ショック後の資本市場制度改革　95

(4) プルーデンス監督体制の改革　98

(5) デジタル単一市場戦略とフィンテック政策　100

(6) EUにおけるフィンテック法規制の構築　101

(7) EUは投資型クラウドファンディングを重視　102

(8) ブロックチェーンや電子認証の活用　104

(9) EUの決済法制　105

(10) EUにおける仮想通貨の法規制　106

(11) EUにおける事業会社と銀行の業際規制　108

(12) ユニバーサルバンクと事業会社　109

(13) EUの事業会社による金融事業の事例　110

2．英国のフィンテック法制の概要 ———————————— 111

(1) 英国の金融規制体系の特徴　111

(2) 自主規制などソフトローの影響が大きい　112

(3) 英国の金融規制体制の改革　113

(4) 英国のEU離脱の影響　115

(5) 英国におけるフィンテック法規制　116

(6) イングランド銀行によるフィンテック・アクセラレーター設置　117

(7) 英国における事業会社と銀行の業際規制　118

(8) 小括：英国のEU離脱の影響は大きい　119

第5章　日本のフィンテック法制の現状と展望

1．日本のフィンテック法規制の体系 ———————————— 121

(1) 日本の金融規制体系の特徴　121

(2) 日本の金融監督組織の特徴　122

(3) 日本政府の取組み　123

(4) フィンテック法制の整備を主導する金融庁　124

(5) フィンテック企業育成のための制度設計　125

(6) 産業界と金融界の融合を図る経済産業省　126

(7) ベンチャーキャピタルの育成制度　127

(8) 日銀の取組みは決済中心　128

2．日本のフィンテック法制度の体系 ———————————— 129

(1) フィンテック法の規制分野　129

(2) 情報管理やコンプライアンスの視点　131

(3) クレジットカード取引の関連金融法制　132

(4) 資産運用の関連金融法制　133

(5) 保険の関連金融法制　134

(6) 完全自動運転時代の自動車保険　135

(7) 資産調達の関連金融法制　136

(8) 投資型クラウドファンディング　137

(9) 与信・融資の関連金融法制　138

(10) 与信・融資サービスの革新　139

(11) 資本市場インフラの関連金融法制　140

(12) 日本の決済送金法制　141

(13) 決済高度化の国家戦略　142

(14) 電子マネーの法制度　144

(15) 電子マネーの種類　145

3．日本の事業会社と金融機関の業際規制 ———————————— 147

(1) 事業会社による金融事業の事例　147

(2) 事業会社による金融事業参入の成功例は多い　149

(3) ソフトローによる規制が有効　151

(4) 小括：フィンテックが日本経済復活に貢献する　152

第6章　仮想通貨と決済の法制度

1．フィンテック時代の決済法制 ———————————————— 155

(1) 決済はフィンテックの最有望ビジネス　155

(2) 日本の決済市場の動向　156

(3) 日本の決済市場の概要　158

(4) 主要な決済制度の特徴　159

2．求められる仮想通貨の法整備 ———————————————— 161

(1) 仮想通貨の展望　161

(2) 通貨とは何か　163

(3) 中央銀行と通貨　164

(4) 仮想通貨の特徴　165

(5) 仮想通貨の定義と法的性格　166

目　次

 ⑹　ビットコイン2.0と法的問題　　168

 ⑺　仮想通貨の問題点　　169

 ⑻　仮想通貨と税務上の取扱い　　170

 ⑼　企業で利用が進む仮想通貨　　171

 ⑽　仮想通貨と会計基準　　172

3．中央銀行によるデジタル通貨 ——————————— 174

 ⑴　中央銀行の役割と決済　　174

 ⑵　国際決済銀行によるデジタル通貨の研究　　176

 ⑶　デジタル通貨のリスク要因　　177

 ⑷　中央銀行がデジタル通貨を発行した場合の影響　　178

 ⑸　CBDCのメリット　　180

 ⑹　CBDCの最大のリスクはサイバーテロ　　181

 ⑺　ケーススタディ：スウェーデンのキャッシュレス社会　　182

 ⑻　スウェーデンの決済手段の進化　　184

 ⑼　小括：キャッシュレスの国家戦略強化が必要　　185

第7章　フィンテックで変わるコーポレートガバナンス

1．フィンテックは資産運用を変える ——————————— 187

 ⑴　資産運用のAI化が進む　　187

 ⑵　個人金融資産活性化の必要性　　188

 ⑶　米国でリスク資産投資が活発な理由　　189

 ⑷　米国資産運用業界から何を学ぶか　　190

 ⑸　確定給付型年金制度と金融リテラシー　　192

 ⑹　アクティブ運用とパッシブ運用の優劣　　193

 ⑺　低コストのパッシブ運用に資金がシフト　　194

vii

⑻　ETFとロボアドバイザーの組み合わせ　196

⑼　ETFの隆盛　197

⑽　投資家保護の重要性　200

⑾　リテール証券営業とFD　200

⑿　議論を呼ぶフィデューシャリー・デューティー実施　203

⒀　FDとロボアドバイザー　204

2．パッシブ化で変わるコーポレートガバナンス ——————— 206

⑴　米国における敵対的買収と株主アクティビズム　206

⑵　市民権を得たアクティビスト・ファンド　207

⑶　パッシブ化と議決権行使アドバイザーの影響力　208

⑷　アクティビスト・ファンドと議決権行使アドバイザー　210

⑸　公的年金も活発な株主活動を行う　210

⑹　増える大型アクティビスト活動の成功例　212

3．フィンテックが日本の資産運用を変える ——————— 214

⑴　金融リテラシーの差の原因の一つは年金制度　214

⑵　問われる販売業者の姿勢　215

⑶　新しい高コスト商品の販売　217

⑷　歪なETF市場　218

⑸　投資家保護の体制整備が必要　220

⑹　ロボアドバイザーとETF普及の重要性　221

4．資産運用が変わればコーポレートガバナンスが変わる ———— 222

⑴　日本でもパッシブ化が進む　222

⑵　機関投資家による圧力は高まる　224

⑶　米国型エンゲージメントやアクティビズムは日本で普及しにくい　226

⑷　議決権行使の圧力が強まる　228

目　次

　(5)　議決権行使アドバイザーの影響力が高まる　228

　(6)　小括：議決権行使を中心にガバナンス改革が進む　230

第8章　フィンテックで変わる財務会計

1．会計監査制度の重要性 ―――――――――――――――― 231

　(1)　財務会計が変わればコーポレートガバナンスが変わる　231

　(2)　米国会計監査制度の歴史と日米比較　232

　(3)　米国の監査法人改革　235

　(4)　会計監査制度は不祥事とともに発達した　236

　(5)　高まる会計監査人の重要性　239

　(6)　日本の会計監査人制度改革　240

2．財務会計におけるブロックチェーンとAIの重要性 ――――― 242

　(1)　複式簿記から三式簿記への進化　242

　(2)　ブロックチェーンによる三式簿記の発達　243

　(3)　クラウド会計の発達　244

　(4)　フィンテックで進化するクラウド会計　246

　(5)　AIで進化する会計監査　247

　(6)　AIを使う会計監査の実例　248

　(7)　会計の透明性と監査法人の信頼性の向上　250

　(8)　小括：株主総会と会計監査人選任の重要性　251

おわりに　253

ix

第1章 フィンテックとは何か

1. フィンテックとは何か

(1) フィンテックの定義

　フィンテックの公式な定義は存在しない。金融安定化理事会（FSB）によると，フィンテックとは「新しいビジネスモデルや金融商品を生み出すような技術主導の金融革新」である[1]。ダボス会議を主宰する世界経済フォーラムは「金融サービスにおける技術と革新的なビジネスモデル」と定義する[2]。つまり，金融と技術の融合の結果，新しい金融サービスが創造される。

　本書では，フィンテックを「マネーに関わるビッグデータを活用するテクノロジー」と定義する。たとえば，資産運用ではロボアドバイザー，保険ではテレマティクス保険が，マネーに関わるビッグデータの活用例である。ブロックチェーンやビットコインも，マネーに関わるビッグデータの集合体である。

1　Speech by Mark Carney, "The Promise of FinTech-Something New Under the Sun?", Bank of England, Deutsche Bundesbank G20 conference on "Digitising finance, financial inclusion and financial literacy", Wiesbaden, January 25, 2017 p.4.
2　WFE, "The Future of FinTech A Paradigm Shift in Small Business Finance", October 2015, p.7.

現在，情報通信（IT）革命が，人工知能（AI）革命に進化しつつある。これが現在のフィンテックに大きな影響を与えている。AI時代には，ビッグデータを処理するテクノロジーが多く存在する。その分野は，製造工程，医療，教育，行政など数多い。そのうち，マネーに関わるものをフィンテックと呼ぶ。

　フィンテックと言えば，ビットコインなどの仮想通貨やフィンテックベンチャー企業への投資といった狭い分野が注目される傾向にある。しかし，フィンテックは，それにとどまらず，決済・送金，資産運用，保険，資金調達，預金・貸付，資本市場のインフラ（例：証券取引所）など多くの分野で構造的な変化を起こすであろう。

　フィンテックは，インターネット金融サービスにとどまらず，技術の進化により新たな金融サービスを創造する。フィンテックは金融と技術の合体した造語であるが，その主役は金融ではなく，あくまで技術である。このため，AIやブロックチェーンなどの技術革新が進むにつれ，フィンテックはさらに発展するであろう。

　現時点では，従来型の金融サービスからフィンテックへの移行期であるので，本書では，フィンテックを幅広く定義する。その中で，フィンテックが起こしうる最も大きな変化は，産業界と金融界の垣根を低くすることになろう。

⑵　FinTech1.0からFinTech2.0の発展

　フィンテックの発展過程を，FinTech 1.0からFinTech2.0まで2段階で表すことがある。中には，歴史を遡り，FinTech 1.0を1866～1967年，FinTech2.0を1967～2008年，そして，FinTech3.0を2008年以降と定義する例もある[3]。

　本書では，FinTech 1.0などといった表現は用いない。しかし，あえて，

3　Douglas W. Arner and Janos Nathan Barberis, Ross P. Buckley, "The Evolution of Fintech: A New Post-Crisis Paradigm?", Georgetown Journal of International Law, Vol. 47, NO. 4, 2016, pp.1271-1272.

第1章　フィンテックとは何か

区別するとすれば，以下のように表現できると考えられる。

① FinTech 1.0

　20世紀末以降のインターネット金融サービスであり，例として，オンライン証券やオンラインバンキングなどがある。

②FinTech 2.0

　インターネット金融サービスが，AI，ブロックチェーンなどの新しい技術，そして新しいビジネスモデルによって高度化している。

　2010年代に，インターネット金融サービスが，AI，ビッグデータ，IoT（すべてのモノをインターネットにつなぐ），クラウド・コンピューティング，第5世代移動体通信（5G），ブロックチェーン，自動運転，ロボットなど新技術と化学反応を起こして，金融サービスの高度化が進んでいる。さらに，P2P，C2C，ソーシャル・ネットワーキング・サービス（SNS）を用いた取引形態の革新（詳細は後述(4)）が加わり，新しいビジネスモデルが生まれている。

　つまり，フィンテックとは，インターネット金融サービスの進化形であるとも言える。本書では，上述のFinTech 2.0をフィンテックと呼ぶ。

　たとえば，ここでは，従来から存在するオンライン証券だけでは，フィンテックとは呼べない。しかし，これがAIを用いるロボアドバイザーと融合すれば，フィンテックの領域となる。また，クレジットカードだけではフィンテックとは呼べないが，これが，モバイル決済や電子マネーなどを交えて新しいビジネスモデルをつくりだすことができれば，それはフィンテックである。

(3) IT革命がAI革命に進化した

　フィンテックと従来のインターネット金融サービスとの決定的な違いは，

3

前者においてAIが大きな役割を果たしている点にある。現在のAIブームは第３次ブームであると言われる。AIの技術的な特徴は，以下の通りである。

① IoT

　IoTは，すべてのモノをインターネットにつなぐことにより，世界中の様々なデータを，低コストで，かつ瞬時に収集できるものである。現在，第４世代移動体通信技術（４G）が使われているが，これが2020年代には，第５世代移動体通信技術（５G）に移行する。これにより，IoTの性能が大きく向上すると予想される。

② ビッグデータ

　ビッグデータは，単なるデータの集合体ではなく，「生もの」である。これは，IoTによって，常に，アップデートされる。ビッグデータを生んだ技術の一つが，クラウド・コンピューティングである。サーバーと移動体通信技術のコストパフォーマンスが大幅に向上し，データの蓄積をサーバーで行えるようになった。さらに，それが，どこにいても瞬時に取り出せることが重要である。

③ ディープ・ラーニング

　2010年代に入って，機械学習，そして，それがさらに進化したディープ・ラーニング（深層学習）の技術が発達した。人工知能は最も広い概念であり，機械学習はその範疇にある。そして，機械学習の進化系がディープ・ラーニングである。

　機械学習と比較して，ディープ・ラーニングでは，特徴量の検出を実用化していることが技術的なブレークスルーとなった[4]。特徴量とは，知能を構成するモデルを構築するのに，共通して注目する項目である。機械学習では，「何に注目するか」を人間が指定していたが，ディープ・ラーニングは自ら

4

が学習して，それを決めることができる。

AI時代には，我々の生活は革命的に変化することであろう。AIは，すでにチェスや囲碁の世界チャンピオンクラスに勝つほどまでにレベルが上がっている。このため，多くの知的産業は，AIによって代替される可能性がある。

当然，これは，金融にも大きな影響を与える。AIによって，テレマティクス保険などによって，保険が進化すれば，当面，保険収入が増えると予想される[5]。しかし，完全自動運転（レベル5）になれば，運転手による人為的自動車事故がなくなるため，運転手に対する自動車保険が不要になる。

IT革命では，付加価値が比較的低い業務がITに代替された。たとえば，Suicaや磁気カードなどの登場で，駅の改札で切符を切る人はいなくなり，ETCの登場で，高速道路の料金収納をする人も激減した。

AI革命では，付加価値が比較的高い業務がITに代替されるであろう。その代表格が金融である。資産運用において，販売員よりも，ロボアドバイザーによる運用アドバイスのほうが，質が高く，かつ圧倒的に低コストになる日も近いであろう。住宅ローンや消費者金融の審査もAIが行うほうが，低コストで的確な判断ができるようになるであろう。

⑷　フィンテックを高度化させる取引形態の革新

フィンテックでは，新しいテクノロジーが金融をどのように変えるかに注目が集まりやすい。しかし，取引形態の進化が加わることによって，画期的な金融サービスが生まれる。以下のような新しい取引形態を用いることによって，フィンテックはさらに高度化することが期待されることも，技術革新と同じくらい重要なのである。

4　松尾豊「人工知能の未来―ディープラーニングの先にあるもの―」（総務省ICTインテリジェント化影響評価検討会議 第1回 資料8，2016年2月2日）7〜10頁参照。
5　Accenture, "Autonomous Vehicles Will Add US\$81 Billion in New Premiums for Auto Insurers by 2025, According to Accenture Report", May 18, 2017.

① P2P（Peer to Peer）

　P2Pは，仲間対仲間という意味である。仲介業者や中央管理者を省くことによって，その分のコストを減らすことができる。たとえば，通信端末同士をつないで台帳を共有することで情報管理をするブロックチェーンが普及しつつある。その中でも，中央制御機能を持たないビットコインは，P2Pの典型例である。あるいは，P2Pレンディングは，銀行などの資金仲介者を排除することによって，コストが下がる。

② ソーシャル・ネットワーキング・サービス（SNS）

　SNSの代表例はフェイスブックやツイッターである。これらは，コンテンツをつくっているのではなく，参加者がコンテンツをつくっているので，コンテンツ制作コストがほとんどかからない。つまり，フェイスブックやツイッターは場所を提供して，利用者同士をつないでいるにすぎない。

　たとえば，クラウドファンディングは，原則，銀行や証券会社などの仲介者を通さず，SNSなどインターネットの世界で資金調達を実現するものである。P2Pレンディング（ソーシャルレンディング）は，融資型のクラウドファンディングである。クラウドファンディング運営企業も，場所を提供するにすぎないので，資金調達や財務リスクを直接取るなどの必要がなく，低コストで運営できる（投資型，株式型など形態によって財務リスクや規制を受ける場合がある）。

③ C2C

　B2Bは企業対企業，B2Cは企業対消費者，そして，C2Cは消費者対消費者である。たとえば，IT業界では，インテル，シスコシステムズやIBMはB2B，グーグル（アルファベット）やアップルはB2Cが，主なビジネス領域である。

　近年，SNSの台頭によって，利用者同士が評価し合うアマゾン・ドット・

コム（以下，アマゾン），ウーバーなどＣ２Ｃサービスに強い企業が台頭してきた。クラウドファンディングやＰ２Ｐレンディングにおいても，利用者同士が評価し合うことによって，債券格付機関など第三者評価機関を省いてコスト削減ができる。

このように，フィンテックは，従来型のインターネット金融サービスとは，技術のみならず，ビジネスモデルの点でも大きな違いがあることを認識することが重要なのである。

(5)　リテール金融ビジネスが劇的に変化する

AI革命によって進化したフィンテックは，リテール金融ビジネスの在り方を根本的に変える可能性を持つ。その中でも，特に，資産運用，決済・送金は，劇的に変化すると考えられる。

資産運用については，いち早くIT化が進んだ個人投資家の株式売買では，オンライン証券が全体の90％前後のシェアを持つ。同様に，銀行，保険などにおいても，リテール分野を中心に急速な変化が起こるであろう。多くの金融サービスは，スマートフォンでできるようになるだろう。

スマートフォンのみで買い物の決済が済むのであれば，多くの枚数のクレジットカードを持つ必要はなくなる。クレジットカード会社は，購入代金に対し平均４％の手数料を加盟店から徴収する。フィンテック時代にはこれが半分以下になるのではないか。たとえば，AIが顧客の信用リスクを多角的に審査して，貸倒金を減らし，仮想通貨の活用などによって送金コストを減らすことができれば，加盟店からの徴収率は下がる可能性がある。デジタル決済が進化すれば，社会全体の決済コストが大きく低下することとなる。

一方で，ホールセール金融サービスのフィンテック化には時間がかかるであろう。フィンテックでは，クラウドファンディングやＰ２Ｐレンディングといった資金調達を行うことが可能となる。ただし，2010年代に，これらが資金調達の主役になることはあるまい。

⑹　フィンテック時代のリテール金融ビジネス

　一般に，銀行の支店で受けるサービスは，預金，送金，税金などの支払，投信などの資産運用，保険，借入，住宅ローン，貸金庫などがある。現在でも，貸金庫や借入などごく一部を除き，ほとんどのサービスが，コンビニエンスストア（コンビニ），あるいはオンライン銀行でも利用できる。そして，近い将来，スマートフォンで，ほとんどのサービスが利用できるようになるだろう。

　その結果，今後，リテール金融サービスの中核である証券会社や銀行の支店の在り方が大きく変わる可能性がある。現在，ほとんどの銀行の支店で，住宅ローン担当者がいる。しかし，AIが発達すれば，住宅ローンは，スマートフォンで借りられるようになるかもしれない。そうなれば，住宅ローン担当者の多くは不要になる。

　資産運用も同様であり，預金，外貨預金，投信購入などは，いずれもオンラインで可能である。銀行の支店のATMについても，多くの場合，コンビニのATMで代替できるのではないか。

　言い換えれば，金融機関の支店がなくても，金融ビジネスを展開できる時代になるのである。やがて，街からレコード店が消えたように，フィンテック時代には，街から銀行や証券の支店が消えるのではなかろうか。現在，大手金融機関は地価の高い一等地に支店を設置していることが多い。これらの多くが消えれば，街の形が大きく変化するであろう。そうした意味でも，フィンテックは金融のみならず，広く世の中を変えていくことになる。

　そうはいっても，現金がゼロになるわけではない。結果として，ごく限られたATMサービス事業者のみが生き残ることになろう。自前のATMを持たず，提携金融機関のATMで代替しているケースも多い。たとえば，新生銀行の本店に行くと，ATMはすべてセブン銀行のものである。

　ATMサービス事業が中心のセブン銀行の提携金融機関は601社に及び，ATM設置台数は2万台を超える（2017年3月末）。この数は，メガバンク3

行のATMの数よりも多い。セブン銀行はキャッシュレス社会到来に備えて，外国人向けに外国語対応ATMを開発するなど，さらに進化している。

　これらが進むと，銀行や証券の支店は，ごく一部の富裕層向けプライベートバンキング，あるいは，ある一定の規模以上の法人向け金融サービスに絞り込むことになろう。たとえば，１億円以下の小口の住宅ローンや資産運用，もしくは，定型的なリテールサービスの多くは，AIがこなすようになることであろう。

　結果として，大手金融機関の支店は多くが不要になり，または，小型化が可能になる。そして，大胆なコストカットを実行すれば，金融機関の利益は大きく向上することになるだろう。ただし，労働法上解雇規制が厳格であるため，膨大な余剰人員が生まれた場合，実際に利益が大きく増えるかは不明である。

　フィンテックは，すべての金融サービスに大きな影響を与えるが，とりわけ，特定の分野に対する影響が大きい。決済，資産運用，保険の既存ビジネスは，リテール分野を中心に，比較的短期的に，フィンテックに浸食されるであろう。PwCの推計では，2020年までに，資金決済・送金が28％，銀行が24％，資産運用が22％，保険が21％まで市場シェアを失う可能性があるという[6]。

(7)　フィンテックで変わる金融サービス

　フィンテックで大きく変わると予想されるのが，以下の６分野の金融サービスである[7]。これらの中で，決済は最も早く大きな変化をもたらすことだろう。そして，日本において長期的に大きく変化を起こすのが，資産運用に

---

[6]　PwC, "Blurred lines:How FinTech is shaping Financial Services", Global FinTech Report, March 2016.

[7]　World Economic Forum, "The Future of Financial Services How disruptive innovations are reshaping the way financial services are structured, provisioned and consumed", June 2015.

なるであろう。資産運用については，重要性が高いので，別途，第7章で詳述する。

① 決済・送金

　仮想通貨は，特に，国際決済・送金システムを大きく変えることだろう。仮想通貨を使うと，低コストで迅速に国際決済が可能になる。また，電子マネーやICチップ付きのクレジットカードの普及は現金決済を大きく減らすであろう。

② 資産運用

　日本の個人金融資産は巨額だが，株式や投信などリスク資産に対する投資の比率は小さい。このため，フィンテックによって，欧米と比較しても，大きな変化が期待される。運用，アナリストリサーチ，バックオフィス，トレーディングなどにおいて，AI化が進むであろう。たとえば，最近の天気予報は，今日，明日に限れば的中率が高い。同様に，数ヵ月後のマーケットは予想できないが，数時間後のマーケットはAIによって予想できるようになっている。AIによる資産運用が普及し，結果として，株式などで，一般的なアクティブ運用は大きく減ることであろう。

③ 保　険

　損害保険や生命保険は，加入者の個々の事情によって，細かく条件を変えることが可能となる。たとえば，アップルウォッチなどウェアラブルデバイスが発達・普及すると，保険加入者の体調や生活習慣などのデータがリアルタイムで入手できるようになるだろう。保険会社がそのデータを分析して，加入者の生活習慣を改善することができるようになる。生活習慣が良好な人の保険料を下げるということもできる。

　その結果，加入者の長寿化が期待できる。保険会社としては，生命保険の場合，保険で想定している寿命よりも加入者が長生きすれば，保険金が減る

ので，少なくとも短期的には利益が増える（これを死差益と呼ぶ）。こうして，加入者も保険会社も長生きの恩恵を受けることができる。

　自動車保険についても，IoTにより，保険会社は，それぞれの運転者の運転技量や丁寧さなどがリアルタイムで把握できる。運転者が改善すべきこと（たとえば，頻繁な急ブレーキ）を保険会社が指導すれば，事故が減って保険金の減少が期待できる。そして，保険料低下という形で，加入者に恩恵が生まれる。これは，テレマティクス保険と呼ばれ，すでに実用化されている。

④　資金調達

　クラウドファンディングは，資金の出し手と借り手が，インターネットを通じて，資金を直接融通し合う。たとえば，フェイスブックなどを通じて，友人や同窓生に資金の提供を呼び掛け，その資金を元手に起業するという手法が考えられる。

　また，仮想通貨では，IPO（新規株式公開）になぞらえて，ICO（Initial Coin Offering）と呼ばれる資金調達方法が登場している。企業やプロジェクトが独自のトークン（デジタル通貨）を発行し，それを販売する形で資金調達をする手法である。

⑤　与信・貸付

　住宅ローンや消費者金融などは，比較的小口で，顧客が分散しているため，焦付きや貸倒れなどは，ある程度，予想がつく。そこで，利用者の詳細なデータを入力すれば，AIが適切な与信額を計算してくれる。

　小口融資では，P2Pレンディング（ソーシャルレンディング）と呼ばれるサービスが生まれている。資金の調達者と融資者をインターネットなどのプラットフォームを通じて結びつける資金仲介サービスである。また，トランザクションレンディングでは，SNSの情報，オンラインショッピングの購買履歴，会計情報などのビッグデータをもとに，AIが与信判断を行う。

　ただし，企業向けなどの大口貸出は，現時点ではAIにあまりなじまない。

これは，財務諸表の信頼性，反社会的勢力との関係，経営者の評価など，現在のAIの水準では，適切な判断ができない要因が多いからである。このように，与信のノウハウなどのハードルが高いため，貸付けや与信は他のフィンテックによる金融サービスと比べて普及が遅れている。

⑥　資本市場のインフラ

証券取引所なども，フィンテックによって高度化しよう。フィンテックによって，システムコストを下げ，かつシステムがダウンするリスクを減らすことができる。かつて，証券取引所は，株式の売り買いの注文をマッチングして株価を付ける場立ちがいた。しかし，現在では，すべてコンピュータ化され，超高速取引が実現している。

ただし，取引システムの能力向上に伴って，システムコストが嵩んでいる。さらに，大規模なシステム事故が発生することがある。2005年には，大規模システム障害が発生し，当時の東京証券取引所の社長が引責辞任した。そこで，後述のブロックチェーンなどを用いることによって，システムの安定性を高め，同時に，コストを低減することができる。また，すでに電子化されている株式や債券を低コストで管理できる。

(8)　フィンテックは事業会社の金融業参入を促進する

フィンテックは，事業会社の金融業参入を促進することだろう。21世紀に入って，規制緩和とITの発達によって，多くの新規参入が実現した。産業界から金融業に参入して成功している代表例は，以下の通りである。業種別には，消費者との接点が多い自動車や小売が金融ビジネスで活躍している。

①　ソニーフィナンシャルホールディングス

ソニーフィナンシャルホールディングス（以下，SFH）は金融持株会社であり，傘下に，ソニー生命保険，ソニー損害保険，ソニー銀行等の子会社を抱える。金融事業の営業利益はソニー全体の半分強を占める（2016年度）。

第1章　フィンテックとは何か

②　楽　天

　楽天は，オンラインショッピングである楽天市場が祖業であるが，現在では，金融が利益の55％を占めている（2016年度）。ただし，楽天のオンラインショッピングは，海外の買収事業が不振であり，国内もアマゾンの攻勢を受けて苦戦が続く。本業のオンラインショッピングが不振なので，今後，金

図表1-1　主要企業の金融事業（2016年度営業利益（百万円））

会社名	金　融	構成比	中核子会社	事業内容
トヨタ自動車	222,428	11.2%	トヨタファイナンシャルサービス（トヨタファイナンス）	自動車販売金融サービス
日産自動車	183,883	24.8%	日産フィナンシャルサービス，米国日産販売金融	自動車販売金融およびリース事業
ホンダ	178,449	21.2%	ホンダファイナンス，アメリカンホンダファイナンス	製品販売のサポートを目的とした小売金融，リース等
ソニー	166,424	57.6%	ソニーフィナンシャルホールディングス	生保，損保，銀行
楽天	65,587	55.1%	楽天カード	クレジットカード，銀行，証券，生保，電子マネー
イオン	61,904	33.5%	イオンフィナンシャルサービス	クレジットカード，フィービジネス，銀行
三菱商事	60,195	4.5%	MCアビエーション・パートナーズ，三菱商事都市開発等	アセットマネジメント，バイアウト投資，リース，不動産，物流
セブン&アイ・HD	50,130	13.8%	セブン銀行	銀行，カード事業等
日立製作所	21,336	3.6%	日立キャピタル	リース，ローン
三越伊勢丹	5,380	22.5%	エムアイカード	クレジットカード，貸金，損保，生保代理，友の会

注：構成比の分母は，連結財務諸表計上額（営業利益）。楽天は，Non-GAAP営業利益。三菱商事は売上総利益，日立製作所は調整後営業利益，日立キャピタルが2016年10月に持分法適用会社になったことにより，第2四半期累積。出所：各社資料

13

融に一段と注力するであろう。

　金融事業（FinTech事業）は，楽天カード，楽天銀行，楽天証券，楽天生命保険が中核会社である。2016年度の営業利益（Non-GAAPベース）は，カード298億円，証券174億円，銀行170億円，楽天生命16億円である。これらの中で，成長源はクレジットカードなどの決済事業である。

　楽天の他に，流通系大手企業も，金融ビジネスで成功している。日本の電子マネー市場は５兆円であり（2016年），イオンのWAONが利用額の約４割を占める。セブン＆アイ・ホールディングスのセブン銀行，大手百貨店の金融事業など成功例が多い。

　消費者と接点が多い業種はフィンテックにおいて有利である。現在，金融事業に本格的に進出していないが，今後，フィンテックに進出すれば成功が見込めるのが通信，鉄道などの公共事業体である。このように，フィンテック時代には，金融機関は守る側であって，事業会社は攻める側になる。

２．世界のフィンテック革命をリードする米国IT企業

⑴　米国IT企業がフィンテックをリードする

　フィンテックは，事業会社と金融業の垣根を低くすることだろう。そして，世界的に巨大なプラットフォームを持つIT企業が金融業に本格的に参入する可能性がある。

　フィンテックの参入者は，以下に大別できる。

　ⅰ．世界的な大手金融機関

　ⅱ．フィンテック専業企業，フィンテックベンチャー企業

　ⅲ．大手ITサービス企業など非金融事業者

　世界的な大手金融機関が，フィンテックに投資して，自ら変身しようとしている。また，ベンチャー企業に投資をして，それらの技術を取り込む動きがある。ただし，大手金融機関には業務規制があるので，フィンテックベン

チャー企業投資により得た技術を使って，金融関連事業以外の新ビジネスに参入するのは，基本的に，困難である（詳細は後述第3章2(7)）。

フィンテックベンチャー企業への期待も大きい。しかし，IT業界は急速に寡占化が進み，小型企業が勝ち抜くのは著しく困難である。後述のように，巨大IT企業による寡占化が進んでいる。仮に，ニッチ分野で成功を収めても，その市場が大きくなれば，巨大企業が参入するだろう。

図表1-2 世界のフィンテック専業企業時価総額上位10社

	企業名	国	セクター	時価総額 （百万ドル）	純利益 （百万ドル）
1	ビザ	米国	IT	181,545	5,991
2	マスターカード	米国	IT	112,503	4,059
3	アメリカン・エキスプレス	米国	金融	67,802	5,408
4	ペイパル・ホールディングス	米国	IT	47,626	1,401
5	CMEグループ	米国	金融	39,144	1,534
6	インターコンチネンタル・エクスチェンジ	米国	金融	33,608	1,422
7	トムソン・ロイター	米国	一般消費財・サービス	31,924	3,098
8	S&Pグローバル	米国	金融	27,864	2,106
9	フィディリティ・ナショナルインフォメーション・サービス	米国	IT	24,827	568
10	フィサーブ	米国	IT	23,069	930

注：時価総額は2016年末時点。純利益は，2016年度。フィンテックはKBW Nasdaq Financial Technology index対象企業。出所：ブルームバーグ

フィンテック専業企業の中では，ビザ，マスターカード，ペイパル・ホールディングス（以下，ペイパル）など決済サービス企業が急成長している。現時点で，世界最大のフィンテック専業企業はビザである。

世界のフィンテック市場を制覇するのは，アルファベット，アップル，フェイスブック，アマゾン，マイクロソフトといった米国の大手IT企業と，ビザ，マスターカード，ペイパルなど決済に強い米国のフィンテック専業企

業になるだろう。また，アリババ・グループ・ホールディング（以下，アリ
ババ）を中心とする中国企業も，フィンテックの分野での規模が大きい。

(2)　世界の大手金融機関のフィンテック戦略

　マッキンゼーは，金融業にとって，フィンテックは破壊的な影響力をもた
らす可能性があると指摘する[8]。その予測では，フィンテックにより，2025
年までに，銀行の利益の20〜60％，売上の10〜40％が失われると言う。特に，
消費者金融，住宅金融，中小企業の貸出，リテール決済，資産運用の5分野
において，リスクがある。

　米国では，大手金融機関が，モバイルバンキング・決済事業に参入する動
きが見られ，SNSの活用，ビッグデータ，API，ブロックチェーンの開発な
どが行われている。たとえば，シティグループは，シティコインと呼ばれる
独自のデジタル通貨のプラットフォームを開発中である。

　ところが，巨大なリテールネットワークを持っている大手金融機関の従業
員は一般に高給であり，従業員数も多く，その上支店数も多い。今まで，強
みであった全国に張り巡らした支店網が，フィンテック時代には大きな負担
になる可能性がある。

　大手金融機関は，フィンテックによって，コストを下げ，かつ金融サービ
スを高度化することは可能である。したがって，既存の金融機関は，コスト
削減と金融サービス高度化のメリットと，新規参入者との競争激化というデ
メリットが同時に発生することになろう。

8　McKinsey & Company, "The Fight for the Customer McKinsey Global Banking
　　Annual Review 2015", September 2015. 野口悠紀雄「「野口悠紀雄　新しい経済秩序を求め
　　て」銀行の利益が6割減，フィンテックがもたらす破壊的影響」（Diamond Online，2015
　　年11月5日）。

第1章　フィンテックとは何か

⑶　フィンテック専業企業では電子決済が急成長

　フィンテックと決済は相性がいい。当面，フィンテックで最も成長性の高いのは，電子決済を主たる領域とする企業である。世界的にオンラインショッピングなどのEコマース事業が急成長している中で，電子決済サービスが急成長している。

　最大の理由は，モバイルインターネットを使うEコマースが急成長しているからである。特に，中国市場の成長が大きい。世界のEコマース（B2C）市場は，2015年から2019年にかけて倍増し，400兆円（3.58兆ドル）を超える規模になると推測される[9]。また，世界の決済市場は，2019年に250兆円（2.3兆ドル）を超える規模に成長する見通しである[10]。ガートナーは，世界の

図表1-3　世界の各国別B2C　Eコマース市場規模成長率（2015年）

	国	市場規模（10億ドル）	前年比
1	中国	672.0	42.1%
2	米国	340.6	14.2%
3	英国	99.4	14.5%
4	日本	89.6	14.0%
5	ドイツ	61.8	12.0%
6	フランス	42.6	11.1%
7	韓国	38.9	11.0%
8	カナダ	26.8	16.8%
9	ブラジル	19.5	15.5%
10	オーストラリア	19.0	9.3%

注：旅行，チケットを除く。出所：eMarketer 2015，経済産業省商務情報政策局情報経済課平成27年度我が国経済社会の情報化・サービス化に係る基盤整備（電子商取引に関する市場調査）報告書（2016年6月）70頁

9　経済産業省商務情報政策局情報経済課「平成27年度我が国経済社会の情報化・サービス化に係る基盤整備（電子商取引に関する市場調査）報告書」（2016年6月）69頁参照。

10　McKinsey, "Global Payments 2015: A Healthy Industry Confronts Disruption", October 2015.

モバイル決済市場は，2013年の約25兆円（2,354億ドル）の規模から2017年には約80兆円（7,210億ドル）に拡大し，利用者はほぼ倍増すると予測する[11]。また，政府や企業の決済の電子化が進んでいることも追い風である。決済金額が急増しているので，薄利であっても，事業としての成長性は高い。

　今後は，スマートフォンでの決済が増加し，仮想通貨が普及するため，ますますキャッシュレス化が進むだろう。特に，従来型の国際決済のコストが高いため，経済や社会がグローバル化する中で，長期的に，電子決済のニーズは大いに高まる。

⑷　世界最大手のフィンテック企業はビザ，マスターカード

　現時点で，世界最大のフィンテック企業はビザであり，次いでマスターカードである。両社は電子決済技術における世界的なリーダーである。

　ビザは，世界最大のクレジットカードのブランドである。1958年に，バンク・オブ・アメリカがクレジットカードを発行したのがルーツである。2007年に現在の組織になり，翌年，株式公開をした。1966年に複数の銀行によって設立されたマスターカード（2006年上場）は世界2位である。

　誤解されがちであるが，ビザ，マスターカードはクレジットカードを発行しておらず，クレジットカード会社ではない。これらは，金融機関を主たる顧客とする電子決済サービス用ITシステム開発企業である。ビザ，マスターカードから権利を得た業者（銀行など）が，これらのブランドを持つクレジットカードを発行できる。よって，銀行などのカード発行者が信用リスクを取るのであって，ビザ，マスターカードが信用リスクを取ることはない。両社は，カードを発行する金融機関やカード利用会社の金融機関からの手数料が収益源である。

　両社は，世界最大級のカードであるため，高度なITシステムが必要とされる。世界中で数多くの決済がされるため，超高速情報処理ネットワークが

11　Gartner, "Forecast: Mobile Payment, Worldwide, 2013 Update", May 15, 2013.

必要となる。また，ハッキングに対する堅牢性など，高度なシステム構築能力が求められると同時に，一般消費者が使いやすい利便性と相反する技術が求められる。また，クレジットカードに加えて，後払型の電子マネーなどにも進出している。

一方で，アメリカン・エキスプレス，ダイナースカードを発行するディスカバー・フィナンシャル・サービシズ，あるいはJCBは，クレジットカードを発行するクレジットカード会社である。つまり，アメリカン・エキスプレスやダイナースは，自ら与信リスクを負う金融サービス業者だが，ビザ，マスターカードは金融サービスを提供していないので，IT事業者である。

これらの成長力は大変高い。ビザの純利益は2006年度の4.5億ドルから2016年度には60億ドル（13倍の成長），マスターカードの純利益は2006年度の5,019万ドルから2016年度には41億ドルへと急成長している（81倍）。それにつれて，株価は大きく上がっている。

  図表1-4　米国クレジットカード関連企業の時価総額推移

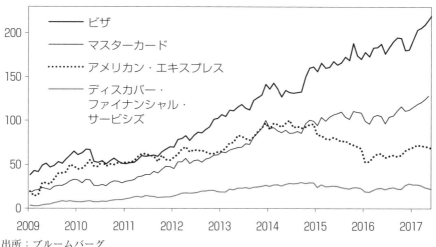

出所：ブルームバーグ

⑸　決済以外のフィンテック専業企業は苦戦中

　比較的新しいフィンテック専業企業の中では，国際決済プラットフォームを提供するペイパルが最大である。1998年に設立されたペイパルは，2002年にイーベイのグループ傘下に入ったが，2015年に分社化され，再上場した。フィンテックらしい専業企業としては，最も成功していると言えよう。

　その他に，フィデリティ・ナショナルインフォメーション・サービス，フィサーブ，ファースト・データなどの決済事業者が台頭している。ただし，今後，アップルなど大手IT企業が本格的に決済事業に進出するため，この分野は競争激化が予想される。一定の規模がないと，成長を持続するのは厳しいのではないであろうか。

　決済以外には，会計ソフトウェアで世界最大手のインテュイットの成長が著しい。北米の会計と納税に対応できるソフトウェアの開発が強い。ただし，これは，狭義の金融業ではなく，フィンテックというよりも会計ソフト開発事業者という色彩が強い。

　CMEグループ，インターコンチネンタル・エクスチェンジも，高度な情報システムを持つ証券取引業者という位置付けである。これも狭義のフィンテックとは分類できない。

　資金調達では，P2Pレンディングのレンディングクラブがあるものの，不祥事もあって，低迷が続く。その他，ロボアドバイザーなどのフィンテック企業の成長力は高くない。このように，決済以外の事業領域では，フィンテックが広がりを見せていない。

　資金調達，借入，資産運用，保険などにおいて，将来性の高いフィンテック専業企業はあまり見当たらない。大手運用会社ブラックロックがロボアドバイザー企業を買収するなど，単独で成長を続ける会社は少ない。

　これらの分野は，電子決済ほど成長性が高くない。さらに，決済とは異なり，サービスの質が，AIに依存するところが大きい。今後，AIの発達を待つ他ないが，2020年までを見据えると，有力企業が誕生する可能性は高くな

い。

(6) 巨大なプラットフォームを持つIT企業が有利

大手金融機関やフィンテック専業企業と比較して，巨大なプラットフォームを持つ大手IT企業が有利である。今後，大手IT企業が，フィンテックに本格的に進出し，フィンテックの領域の拡大と技術の進歩を主導することだろう。

大手IT企業は，以下のような世界的に強力なプラットフォームを持つことが強みである。

```
アルファベット：アンドロイド（スマートフォンの基本ソフト），ネット検索サー
               ビス，オンライン広告
アップル：      iOS（スマートフォンのOS）
フェイスブック：世界最大のSNSサイト
アマゾン：      世界最大級の電子取引サイト，世界最大のクラウド・コン
               ピューティング事業
マイクロソフト：ウィンドウズ（パソコンのOS），世界2位のクラウド・コン
               ピューティング事業
```

前述のように，フィンテックによって最も大きく変化するのが，リテール金融サービスである。フィンテック時代には，スマートフォンで，資金決済や資産運用や保険の加入が容易にできるようになる。したがって，リテール事業に強いIT企業に優位性がある。

過去10年間，IT業界では，弱肉強食が進み，寡占が生じつつある。世界のIT時価総額上位10社合計のIT業界全体に対する構成比は，2006年末の38％から2016年末には50％まで上昇した（図表1-5参照）。

製造業の地盤沈下が起こる一方，ソフトウェア・サービス企業が成長した。結果として，世界のIT企業時価総額上位は大きく入れ替わった。シスコシステムズ，インテル，IBM，ノキアなどB2B（事業会社向け）の製造業が競争力を失い，B2C（消費者向け）のモバイルインターネットサービスに強いアップル，アルファベット，マイクロソフト，アマゾン，フェイスブッ

21

図表1-5 世界のIT企業時価総額上位10社

	2006年末	国	時価総額 (百万ドル)	2016年末	国	時価総額 (百万ドル)
1	マイクロソフト	米国	293,538	アップル	米国	617,588
2	シスコシステムズ	米国	165,967	アルファベット	米国	538,572
3	IBM	米国	146,342	マイクロソフト	米国	483,160
4	グーグル	米国	143,451	アマゾン	米国	356,313
5	インテル	米国	116,762	フェイスブック	米国	332,402
6	ヒューレットパッカード	米国	112,818	テンセントHD	中国	231,853
7	サムスン電子	韓国	97,091	アリババ	中国	219,110
8	オラクル	米国	89,050	サムスン電子	韓国	210,063
9	ノキア	フィンランド	83,587	ビザ	米国	181,545
10	キヤノン	日本	74,974	インテル	米国	171,884

注:一般消費財・サービスのアマゾン追加。出所:ブルームバーグ

クの5社が大きく成長した。逆に,IT業界では,知名度が高くても,ツイッターやヤフーインクなど世界的に強力なプラットフォームを持たない企業は生き残るのが難しい。

(7) 台頭する中国のフィンテック企業

Eコマースの分野で中国は世界最大の市場であり,世界の取引額の40%を占める。それは,中国が世界最大の人口を誇る上,中国政府の検閲を嫌うなどの理由で,米国の有力なIT事業者が事実上活動できないからである。そのため,アリババがアマゾン,テンセント・ホールディングス(以下,テンセント)がフェイスブックやツイッター,バイドゥがグーグルを代替する形で,巨大な中国市場を寡占している。

中国は,インターネットや携帯の普及率は高く,2016年に,インターネット利用者は7億人を突破し,そのうち,9割がモバイルインターネットを利用している。Eコマースの決済事業がフィンテック事業の収益源となっている。中国には,大手スーパーマーケットや全国的な百貨店チェーンがないた

め，リアルの店舗よりもモバイルを使ったEコマースが発達した。

アリババの純利益は6,600億円（60億ドル，2017年3月期）と，アマゾンの2,608億円（24億ドル），楽天の384億円を大きく凌ぎ，実質的に，世界最大のEコマース事業者である。アリババの中国小売市場の売上高のうち8割がモバイルによる。

中国のIT業界では，アリババ（Eコマース），テンセント（SNS），バイドゥ（検索エンジン）の3社が市場を独占している。これらは，シリコンバレーを経験した技術者，世界的な金融機関出身の経営者といった優秀な人材に支えられている[12]。

中国では，金融業の規制，監視が相対的に緩いので，大手ITプレーヤーが決済で活躍している。中国における第三者型決済（非銀行の認可決済会社）市場は，中国銀聯（Union Pay）の子会社チャイナUMSと，アリババによって設立されたアリペイが大手業者であり，テンセントによって設立されたテンペイがこれらに次ぐ。

中国における第三者型のモバイル決済サービスは，アリペイと，テンペイのWeChatPayが中国国内の9割以上のシェアを占めている（2016年Q4，出所：iResearch）。WeChatPayは，テンセントのSNSであるWeChat（中国ユーザー向けはWeixin，微信）で提供されるモバイル決済である。WeChatは，中国最大のSNSである。

中国銀聯は，2002年に中国政府により設立された銀行間決済会社であり，主力はデビットカード・クレジットカード事業である。アリペイやテンペイは，スーパーやコンビニなどの小売業者と提携しており，チャイナUMSの牙城を崩しつつある。

12　経済産業省「中国におけるFinTechの状況」（第4回Fintechの課題と今後の方向性に関する検討会合，2016年10月）10頁参照。

⑻　アフリカにおけるフィンテック企業

　途上国では，銀行やATMが少なく，銀行口座を持たない人も多く，金融インフラが乏しい。一方で，携帯電話の普及率は高く，途上国を中心に，モバイル決済・送金のサービスが普及している。さらに，アフリカならではの事情が以下のようにある。

　ⅰ．治安が悪いため，現金を保有することの危険性が高い。

　ⅱ．物々交換や自給自足が残っているため，貨幣の普及率が低い。

　ⅲ．国土が広く，人口密度が低い国が多い。さらに，金融資産の蓄積が小さく，かつ国民の金融リテラシーが低い。このため，フルラインサービスを行う金融機関の経営が難しい。

　Mペサは，ケニアを中心としたモバイル決済・送金サービスである。2007年に，ボーダフォン・ケニアが，サファリコムを通じ，事業を開始し，4年間で8割の家庭に普及した[13]。サファリコムは，ケニアの電信・電話会社で，かつて国営企業であったが，現在，英国ボーダフォン・グループが株式を間接保有する。現在，10ヵ国でサービスを提供しており，2016年末時点で，Mペサのアクティブ・ユーザーは2,950万人に達した。同様なサービスは，発展途上国で急速に普及することであろう。

⑼　世界のフィンテックベンチャー投資

　世界のフィンテック投資は，中国，米国がリードしており，日本は大きく遅れる。世界のフィンテック投資は，アクセンチュアによると，232億ドルである（2016年）[14]。アジア・パシフィックの投資額は112億ドルと前年の52億ドルから倍増して，北米を抜いた。北米の投資額は92億ドル，欧州は，24

13　World Bank Group, "World Development Report 2016: Digital Dividends", May 17, 2016, p.95.

14　Accenture, "Blockbuster Deals in China Make Asia-Pacific the Leader in Global Fintech Investments, Accenture Analysis Finds", February 27, 2017.

第1章　フィンテックとは何か

億ドルである。

　アジア・パシフィックの112億ドルのうち，中国と香港が102億ドルを占める。アリババの関連会社アント・フィナンシャル，Ｐ２Ｐレンディングの陸金所（平安保険グループ），Ｅコマース大手のJD.comなど大型案件が続いた。日本は，1.5億ドルと前年の6,500万ドルから倍増したが，世界に占める割合は１％弱にすぎない。

　投資額と企業の成長は必ずしも比例するわけではない。しかし，これは，米国，中国でフィンテック企業が成長し，日本や欧州では成長が期待できないことを示唆しているように見える。

3．ブロックチェーンで進化するフィンテック

(1)　新技術ブロックチェーンの登場

　ブロックチェーンは，ビットコインなど仮想通貨をつくるための技術である。ただし，これは画期的な技術であるため，仮想通貨に限らず，様々な用途で活用することが見込まれる。そして，ブロックチェーンの発達に伴い，仮想通貨もますます発展することが期待される。なお，仮想通貨については第6章で詳述する。

　ブロックチェーンは，一定の情報を１つのブロックとしてまとめ，それが最新のブロックとして，過去にできたブロックにつなげられる。ブロックの連鎖なので，ブロックチェーンと呼ばれる。ビットコインであれば，一定時間の取引記録がまとめてブロックとなる。

　ブロックチェーンの特徴は，以下の通りである。

①　ブロックの改ざんが著しく困難である

　ブロックチェーンは分散型台帳技術とも呼ばれ，多くの参加者がブロックチェーン全体の記録を持つため，改ざんが著しく困難である。しかも，ブ

25

ロック作成には他の参加者の承認作業が必要となる。このため，ブロックチェーンを使った仮想通貨などを改ざんすることが事実上できない。ただし，詳細は省略するが，改ざんはまったく不可能というわけではない（51％アタックという方法）。

② システムが安定している

　一般のシステムでは，ホストコンピュータなど中央処理システムがデータを保有，管理している。このため，ホストコンピュータなどがダウンすると，システム全体がダウンする。一方，ブロックチェーンは，分散処理システムである。多くのコンピュータ端末（ノード）に全データがあるため，すべてのノードがダウンしない限り，システム全体がダウンすることはない。

③ 維持費が低い

　ブロックチェーンはメンテナンスコストが著しく低い。しかも，ブロックチェーンのデータは参加者（ノード）が保有するため，ビットコインなどの利用者はシステムのメンテナンスコストをほとんど負担しなくてもいい。

　ブロックチェーンは，仮想通貨が主たる使途にとどまっており，AI技術の影響はそれほど大きくない。しかし，将来は，仮想通貨を超えて，様々な分野でブロックチェーンとAIが融合して，新分野を切り開いていくことであろう。

(2) 進化するブロックチェーン

　ビットコイン2.0として，ブロックチェーンをビットコイン以外に活用する方法が模索されている。金融サービスでは，決済，送金，証券取引，ソーシャルバンキングといった分野が挙げられる。ブロックチェーンを応用すると，日本で，約70兆円の市場に影響があるとの試算がある[15]。

　その一つが，スマートコントラクト（契約の自動執行）である。概念自体は，1990年代から提唱されていたものであるが，ブロックチェーンにより，

第三者の介入なしに，契約条件，履行内容，将来発生するプロセス等を自動的に実行することができる。活用例としては，証券取引の決済，保険料の支払，会社の清算，遺言の執行，印税の支払，選挙記録など多岐にわたる。

今後，シェアリング・エコノミーが進展していく中，ブロックチェーンの活用余地は高い。シェアリング・エコノミーは，空いている資産を有効活用するものであり，プラットフォームを通じて，利用者と提供者をマッチングし，権利，サービス，モノがやり取りされ，最終的に対価が支払われ，決済が完了する。

将来的には，自動運転車を１時間ほどレンタルする際，起動した時点で，契約がスタートし，１時間で車にロックがかかると同時に，１時間分の自動車保険も組み込むことも可能であろう。このように，ブロックチェーンを活用したスマートコントラクトにより，どの産業においても，巨大で潜在的な破壊力を持ちうる[16]。

ブロックチェーンを使ったＰ２Ｐ方式の取引を行う場として，分散型取引所が挙げられる。集権的取引所と異なり，マウントゴックス事件のような特定の取引所への攻撃による事故を防止できるというメリットがある。デンマークのCCEDKは，世界初の分散型取引所（オープンレジャー）を開発し，仮想通貨の取引が行われている。

証券取引の分野では，米国ナスダックが，未公開株式取引システム（Nasdaq Linq）にブロックチェーンを導入することを発表した[17]。そして，ナスダックとシティグループはブロックチェーンを使った決済システムで提携している。オーストラリア証券取引所も，ブロックチェーンを利用した決

15　経済産業省商務情報政策局情報経済課「平成27年度 我が国経済社会の情報化・サービス化に係る基盤整備（ブロックチェーン技術を利用したサービスに関する国内外動向調査）報告書概要資料」（2016年４月28日）９頁参照。野村総合研究所「平成27年度 我が国経済社会の情報化・サービス化に係る基盤整備（ブロックチェーン技術を利用したサービスに関する国内外動向調査）報告書」（経済産業省，2016年３月）46〜63頁参照。

16　McKinsey&Company, "How blockchains could change the world", May 2016.

17　Nasdaq, "Nasdaq Linq Enables First-Ever Private Securities Issuance Documented With Blockchain Technology", December 30, 2015.

済システム導入に向け，テストを行っている。ただし，この分野で，ブロックチェーンが広く利用されるには，さらに時間がかかると見られる[18]。金融以外の産業分野で，当たり前のように利用されるとなると，より一層の時間が必要であろう。

(3) 仮想通貨の長所

　仮想通貨によって，国際的な決済を，短時間で，かつ低コストで実行することができる。これまで，送金期間が1日単位，送金コストが1％単位であったものが，金融機関同士であれば，24時間365日の即時決済が可能となっている。

　ブロックチェーンは，2008年に，サトシ・ナカモトと称する人物が公表した論文をもとに開発され，2009年に，仮想通貨であるビットコインの運用が開始された。仮想通貨の時価総額は11兆円，ビットコイン4兆円と小さい（2017年6月末，CoinMarketCap）。仮想通貨の種類は800以上あるものの，ビットコインが時価総額全体の4割を占める。

　仮想通貨は，ビットコインからスタートし，ビットコイン以外の通貨は，オルトコインと呼ばれる。2016年末には，ビットコインは仮想通貨の時価総額全体の8割を占めていたが，イーサリアム，リップルなどのオルトコインが台頭し，2017年6月末現在では，ビットコインの構成比は，4割にまで低下してきている。

　イーサリアムは，ブロックチェーンの一種であり，仮想通貨に使われる他，分散型アプリケーションやスマートコントラクトを構築するためのオープンソースプラットフォームである。イーサリアムの考案者はヴィタリック・ブテリンであり，2014年にプロジェクト開始が発表された[19]。

　2017年に創設されたエンタープライズ・イーサリアム・アライアンス

---

18 Ronit Ghose, "Digital Disruption: How FinTech is Forcing Banking to a Tipping Point", Citi Research, March 29, 2016, pp.91-92.
19 CoinDesk, "Understanding Ethereum", June 24, 2016.

（EEA）は，イーサリアムのブロックチェーンの活用を共同で取り組む企業連合であり，トヨタ自動車や三菱UFJフィナンシャル・グループ（MUFG）などもメンバーとして新たに加わっている。

リップルは，グローバルな決済ソリューションを提供している。リップルの仮想通貨はXRPと呼ばれ，送金に適切なデジタルアセットと位置付けられている。ブロックチェーンを活用し，低コストでリアルタイムな国際送金を実現するため，世界中の金融機関と提携している。

(4) 仮想通貨の課題と限界

現状では，仮想通貨は，通常の通貨のように使うことは難しい。その理由は，以下の通りである。

① 即時決済ができない

ビットコインでは，新しいブロックが形成されるまでに約10分の時間を要することから，仮想通貨で支払うと決めてから実際の支払額が確定するまでに10分以上かかる（もっと長い場合がある）。

仮想通貨の場合，ファイナリティ（決済完了性もしくは，支払完了性）について見解が分かれる。ファイナリティとは，決済が無条件かつ取消不能となり，最終的に完了した状態と定義される[20]。現金の場合，信用リスクがないため，支払の際決済を直ちに終了できる。しかし，仮想通貨については，決済が完了した状態について，明確化されていない。言い換えると，決済が完成しないこともある。

② 相場が激しく変動する

ビットコインをはじめ，仮想通貨の相場の値動きが一般的に荒いため，決

20　嶋拓哉「資金決済におけるファイナリティ概念について―ファイナリティ概念の多義性を巡る法的検証」（金融庁FSAリサーチ・レビュー2006第3号，2007年2月）2頁参照。

済時間が長いことは，使用者のリスクを大きくする。今後，コンピュータ技術が飛躍的に向上し，決済時間の短縮が期待される。

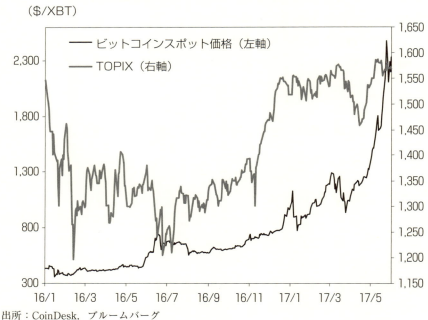

図表1-6　ビットコイン価格とTOPIXの推移

出所：CoinDesk，ブルームバーグ

③　取引所がサイバーテロや不正アクセスに対して脆弱

　ビットコインなど仮想通貨の取引所は，規模が比較的小さい企業が運営している。そのため，サイバーテロや不正アクセスに対して脆弱であるおそれがある。また，取引所に対する政府の監視が十分とは言えないので，不正行為が起こる可能性も考えられる。

　2014年に，世界最大規模の仮想通貨の交換業者であったマウントゴックスが，ハッキング被害を受け，取引を中止し，取引所を閉鎖した。翌年に，同社代表者は，預かり資産の着服（業務上横領）の容疑でも逮捕された。マウ

ントゴックスの破たんにより，顧客の預かり資産は消失し，その損失は，推定数百億円とも言われる。ただし，これらは，ブロックチェーンやビットコインに問題があるのではなく，取引所の運営に問題があったと言える。

2016年には，The DAOがハッキングされ，約50億円が引き出された[21]。The DAOは，非中央集権的な投資ファンドで，イーサリアム（ブロックチェーンの一種）上に，スマートコントラクトを利用したものである（ICOの一種）。1万1,000人から，約156億円（1億2,500万ドル）の資金を調達した。The DAO事件では，イーサリアムの基盤ではなく，DAOのプログラムの脆弱性が狙われ，不正送金が繰り返された。この場合は，セキュリティの堅牢性に問題があった。

(5) プライベート型と許可型のブロックチェーンの台頭

ビットコインは多くの優れた点はあるものの，金融事業において本格的に使うには，技術的な問題が多い[22]。これを解消するために，ブロックチェーンの開発が行われている。

ブロックチェーンには，以下の分類がある。一般には，非許可型ブロックチェーンをパブリックブロックチェーン，許可型ブロックチェーンをプライベートブロックチェーンと呼ぶことが多いが，正式な定義はない。ここでは，以下の3形態に分類した。

① 非許可型ブロックチェーン

ビットコインは，非許可型ブロックチェーンのもっとも代表的なものである。取引（ブロック）を承認するのが不特定多数であって，誰もが承認プロセス（マイニング）に参加できる。誰かが中心になってコントロールしてい

---

21 岩下直行「中央銀行から見たブロックチェーン技術の可能性とリスク」（IBM Blockchain Summit 2016，日本銀行，2016年11月16日）35～38頁参照。

22 妹尾賢俊＝斉藤賢爾「経済産業省・Fintech研究会資料」（経済産業省第5回産業・金融・IT融合に関する研究会（FinTech研究会）配布資料4，2015年11月30日）10～11頁参照。

31

るわけではなく，取引開始にあたって管理者の許可が必要ない。このため広く普及しているというメリットがある。

ただし，取引承認において，採掘（マイニング）の報酬を支払う必要があるため余分なコストが発生する。あるいは，特定の管理者が存在しないため，悪意のある第三者が不正を働く可能性が高まる。しかも，多数が参加するため，ブロックの数が多く，処理速度が遅いという問題点がある。

② 許可型ブロックチェーン（単独型）

特定の企業や団体が，管理者として取引（ブロック）を承認する。ブロックチェーンに関わるルールを，特定の企業や団体が決めることができる。ブロックの数が少ないため，処理の速度が秒単位で可能となる。ただし，参加するには事前の許可が必要なので，誰でも使えるわけではない。このため，広がりに欠けるという短所がある。

③ 許可型ブロックチェーン（コンソーシアム型）

許可型ブロックチェーンの管理者が複数の主体の場合，コンソーシアム型と言う。その代表例が，米国のフィンテック企業R３CEVが主導するコンソーシアムであるR３である。R３は，金融機関向けに，プライベート（コンソーシアム型）ブロックチェーンを開発している。2015年に開始され，50以上の世界的金融機関が参加している。信頼できる世界的な金融機関が集まって，ブロックチェーンの本格的な実用化を目指すものである。

単独型と異なり，ブロックチェーン設計において，コンソーシアムに参加している主体の同意が必要となる。このため，単独型よりも広範囲に仮想通貨を流通できるが，設計や運営などの自由度が落ちる。

(6) ブロックチェーンと決済・送金

ブロックチェーンの金融サービスの応用については，国内外の金融機関が個別もしくはコンソーシアムを通じて，実証実験を行っている。こうした実

証実験は，2017年中に14％，2020年までに，70％が実用化される見込みである[23]。

前述のR3の他，2016年に設立されたコンソーシアムとして，ハイパーレジャープロジェクトがある。リナックス・ファンデーションが主導するオープンソースのブロックチェーンプロジェクトで，証券取引所，大手IT企業，金融機関などが参加している。

ブロックチェーンを活用した国内外の送金について，全銀協は，「ブロックチェーン連携プラットフォーム（仮称）」を立ち上げる予定である[24]。銀行界全体で，ブロックチェーンの知見を共有・蓄積する他，銀行，フィンテックベンチャー，IT事業者，一般事業会社等とともにブロックチェーンを活用した金融サービスを開発する実証実験する場となる。

⑺　小括：フィンテックは日本の金融サービスを革新する

フィンテックは，日本の金融業界を劇的に変化させるであろう。以下のように，日本の金融界は，決済送金の特殊性が強いため，これらにおいてフィンテックの効果は大変大きい。

①　日本では現金を使う習慣が根強い

クレジットカードの構成比は増えているものの，依然として，決済の8割程度が現金である。ECBのサーベイ調査では，金額ベースで，現金決済比率は，米国が23％，フランス15％，ドイツが53％，英国42％である[25]。電子

23　IBM Institute for Business Value, "Blockchain rewires financial markets Trailblazers take the lead", September 2016.

24　ブロックチェーン技術の活用可能性と課題に関する検討会（事務局：全国銀行協会）「ブロックチェーン技術の活用可能性と課題に関する検討会報告書―ブロックチェーン技術が銀行業務に変革をもたらす可能性を見据えて―」(2017年3月16日)。

25　英国については，The UK Cards Association, "UK Card Payments 2015"参照。その他は，John Bagnall, David Bounie, Kim P. Huynh, Anneke Kosse, Tobias Schmidt, Scott Schuh and Helmut Stix, "Consumer Cash Usage A Cross-Country Comparison with Payment Diary Survey Data", ECB Working Paper Series No. 1685, June 2014, p. 38.

決済が普及すれば，やがて現金決済は急速に減るだろう。

② 印鑑や暗証番号が使われる

本人認証の手段として印鑑が頻繁に使われる。これが，指紋や顔面など生物学的認証に置き換われば，印鑑はおろか，暗証番号なども不要になる。

③ カードの種類が多い

日常，様々なクレジットカードや電子マネー，そして，運転免許証，健康保険証，マイナンバーカードといった公的証明書など，我々は多くのカードを持ち歩くことがある。将来的に，これらすべてが，1枚のICチップ内蔵のカードに集約されるだろう。そして，指紋認証や顔面認証によって，印鑑が不要になることだろう。その結果，利用者の利便性は飛躍的に高まり，かつ金融機関のコストは大きく減ることだろう。

このように，当面，決済を中心にフィンテックが普及し，それが，資産運用，資金調達，保険，貸付けなどに，波及していくものと思われる。

第2章 グローバル金融制度とフィンテック

1. グローバル金融法制の概要

(1) 世界の公法と経済法

　本書は，一橋大学大学院修士課程の指定教科書という性格上，第2章第1節において，フィンテックとは直接関係ない金融法制全般の解説をしている。そのため，たとえば，G20とG20サミットの違い，あるいはマクロ・プルーデンスとミクロ・プルーデンスの違いを理解している読者は，第2章第1節は，読む必要がないと考えられる。その場合は，第2章第2節から読み進めていただきたい。

　G20サミットなどを軸に，世界的に企業活動や金融に関わる公法を収斂させる流れがある。フィンテックの法体系を分析するにあたって，グローバル金融規制の体系，フィンテックと公法の関係を理解することが必要不可欠である。本章では，金融法制を中心に法体系を概説し，次章以降で，各国のフィンテック法制を分析する。

　主要な法律の分類として，公法と私法がある。公法は国家と市民との関係を規律するものであり，主に，憲法，行政法，刑法，訴訟法，国際法などがある。私法は市民や企業などの関係を規律するものであり，民法，商法，国際私法などが例として挙げられる。ただし，近年の学説では，公法と私法の

35

融合が見られる[1]。一般に会社法は私法であり，業者を規制する金融法制は一般に公法に属する。

　国際経済活動を規律する国際経済法は，公法的規制と私法的規制に分けられる[2]。国際経済活動とは，貿易，国際投資，国際技術移転，国際金融取引など，国境を越えた経済活動である。国家，国営企業，ソブリン・ウェルス・ファンド，国際組織などの公的主体も国際経済活動に従事することはあるものの，国際経済活動の主要な担い手は，私人や企業である。

図表2-1　国際経済法の分類

公法・私法	国際・国内法	ハード・ソフトロー	法制の例
国際経済活動の公法的規制（広義の国際経済法）	国際法（狭義の国際経済法）	ハードロー	WTO協定，FTA
		ソフトロー	OECDの資本自由化規約，バーゼル合意，UNCTADの技術移転コード
	国内法（対外経済法）		関税法，外為法，法人税法（国際課税）
国際経済活動の私法的規制（狭義の国際取引法）	国際法		私法の統一に関する国際条約
	国内法		法の適用に関する通則法（国際私法）

出所：中川淳司＝清水章雄＝平覚＝間宮勇『国際経済法（第2版）』（有斐閣，2012年）7頁

　国際経済法の公法的規制は，国家が公権力の担い手として公益実現の目的で実施する規律をいう（広義の国際経済法）。世界貿易機関（WTO），経済協力開発機構（OECD），国際通貨基金（IMF）など国際機関の役割は増しているものの，強制執行力を持つのは，基本的に国家である。規律対象として，国際貿易，国際通貨，国際金融，国際競争法，国際租税，国際経済刑法（賄賂，マネーロンダリング等）などがある。

1　吉村良一「民法学から見た公法と私法の交錯・協働」（立命館法学312号，2007年2月）。
2　国際経済法については，中川淳司＝清水章雄＝平覚＝間宮勇『国際経済法（第2版）』（有斐閣，2012年）3〜11頁参照。

第2章　グローバル金融制度とフィンテック

一方，私法的規制は，企業や私人など取引主体間の権利義務関係を規律する実体法，手続法上の規制をいう。狭義の国際取引法と呼ばれることが多い。

(2)　グローバルなハードローとソフトロー

法律には，ハードローとソフトローがある。ハードローは，国家等によって明確に規定され，国家等によって実施，実行を強制される制定法や判例法である。ソフトローは，それ以外の法的拘束力・強制力を持たないルールである。

裁判所がハードローに従って判断を示し，警察や裁判所などの国家権力により，その執行が強制力を持つ。ただし，ハードローには，(i)制定法ゆえ柔軟性を欠く，(ii)裁判や法の制定に時間がかかる，(iii)裁判コストがかかる，といった問題点がある。

ソフトローとは，法的な強制力がないにもかかわらず，現実の経済社会において国や企業が何らかの拘束感をもって従っている規範を指す[3]。その実行において，強制的な執行を担保されない[4]。

ソフトローの強みは，実務的であり，かつ，時代の変化や国際間の制度の相違などについても，比較的柔軟に対応できる。また，一般に，その作成と運営が迅速かつ低コストであることが多い。一方で，ソフトローの弱点は，強制力を持たないことである。

IMFやWTOなどの国際機関で採択された条約は，批准した加盟国にとっては，ハードローである。しかし，気候変動枠組条約のように，加盟国数が増えると，条約内容の改定や議定書の採択に，加盟国の同意を必要とするため，内容がなかなかまとまらない。さらに，その合意に違反した国があったとしても，強制執行力を持たないため，その効力に限界がある。このように，

3　藤田友敬「ソフトロー・プロジェクト：その意義とこれまでの歩み」（ソフトロー研究16号，2010年8月）。
4　瀬下博之「ソフトローとハードロー——何がソフトローをエンフォースするのか——」（ソフトロー研究6号，2006年4月）。

37

グローバルなハードローについては，限界がある。

21世紀に入って，ハードローである条約を批准して各国でハードロー化するのではなく，ソフトローである国際的な枠組みと規則を合意し，それを国内でハードロー化する事例が増えてきた。このため，基本的に同一内容が各国に適用される条約と異なり，各国の国内法化において，各国の事情や主張が反映されやすい。

(3)　国際経済法におけるソフトロー活用の動き

国際租税法，国際競争法の分野では，OECDを中心に，ガイドラインや勧告などのソフトローを活用している。国際貿易は，WTO体制が中核であるが，ハードローを中心とした運営となっており，迅速な対応は難しい。

①　国際貿易

貿易に関する国際ルールを策定しているのは，WTOである。「世界貿易機関を設立するマラケシュ協定（WTO協定）」の下，多角的貿易体制の中核を担う。1947年に，「関税及び貿易に関する一般協定（GATT）」が策定され，1948年に，GATTが発足した。GATTは，暫定組織であったことから，WTOが1995年に発足した。すべての加盟国が参加して行われる貿易自由化交渉は，ラウンドと呼ばれる。

WTO協定は，前文，本文，末文，注釈，4つの付属書から構成される。付属書1～3に掲載されている多角的貿易協定は，全加盟国にとって法的拘束力がある。付属書4については，複数国間貿易協定と呼ばれ，別個に受託を行った加盟国のみが拘束される。WTOルールの違反に対しては，紛争処理手続きがあり，制裁を科すことができる。

WTO体制は，ハードローにより，運営されているが，「ハードローであるがゆえに新たなルール定立ができないというジレンマに陥っている」という[5]。WTOでの意思決定は，原則，コンセンサス方式であり，加盟国が1票を持ち，すべての加盟国が反対の意思を表明しない限り成立する。しかし，

第2章　グローバル金融制度とフィンテック

1ヵ国でも反対があれば，可決できないため，合意形成のハードルは高い。

たとえば，2001年に開始されたドーハ・ラウンドでは，米国と新興国（中国，インド，ブラジル等）が対立し，交渉が難航した[6]。ようやく，2014年に貿易円滑化協定が採択された。こうした弊害を防ぐため，WTO体制とは別に，二国間の自由貿易協定（FTA），経済連携協定（EPA）などの地域間自由貿易協定を通じて，国際貿易のルールが形成されている。

② 国際租税

国際租税の分野では，OECDの租税委員会が中心に，OECDモデル租税条約，OECD移転価格ガイドラインを策定している。いずれも，ソフトローであるものの，最先端の税制や租税条約を反映されたものとして，多くの国の税制や租税条約で，参照されている[7]。

多国籍企業の課税回避行動に関し，OECDを中心に，規制の動きが出てきている。2012年のG20サミットで，「課税ベースの浸食と利益移転（BEPS）」が対処必要な最優先課題として，挙げられたことを契機に，OECDはBEPS行動計画を発表した[8]。BEPSは，多国籍企業が税率の低い国や地域に利益を移転するものであり，多くの場合，合法とされている。

2015年に，OECDは，BEPSに関する最終報告書を取りまとめた[9]。BEPSのフレームワークに100ヵ国（管轄区域）以上が参加している。当該最終報告書は，ソフトローであるものの，今後，各国において，最終報告書の勧告を踏まえて，国内法の整備や租税条約の改正により，ハードロー化が行われ

5　松下満雄「メガFTA 時代におけるWTOの役割―WTOによるFTA ネットワーク構築のすすめ―」（季刊国際貿易と投資100号記念増刊号，2015年）8頁参照。

6　外務省「ドーハ・ラウンド交渉の概要」（2014年11月）。

7　中川淳司＝清水章雄＝平覚＝間宮勇『国際経済法（第2版）』（有斐閣，2012年）429頁参照。

8　OECD, "Action Plan on Base Erosion and Profit Shifting", July 19, 2013. 本庄資「陳腐化した国際課税原則を見直し：新しい国際課税原則を構築する必要性―OECD のBEPS 対策の始動を中心として―」（税大ジャーナル21号，2013年5月）。

9　OECD, "OECD/G20 Base Erosion and Profit Shifting Project 2015 Final Reports", October 5, 2015.

39

る。2017年には，税源浸食及び利益移転を防止するための租税条約関連措置を実施するための多数国間条約（BEPS防止措置実施条約）の署名が行われた。

③　国際競争法（独占禁止法）

　国際競争法は，国境を越えた経済活動の競争制限行為を規律するものである。この分野では，米国やEUなどを中心に，自国市場に影響が及ぶとして，自国の反トラスト法を域外適用する例が多く見られる。米国に対しては，競争法の過度な域外適用であるとの批判がある[10]。

　そこで，各国競争法を調和させるため，国際的な場でルールづくりを行うのは，OECDの競争法・政策委員会である。OECDの理事会勧告として，1979年の「競争政策と適用除外又は規制分野」，1998年の「ハードコアカルテル」（当然違法とみなされるカルテル），2005年の「企業結合審査」，2009年の「競争評価」，2011年の「規制産業における構造的分離」，2012年の「公共調達の入札談合」，2014年の「競争法の審査及び手続に関する国際協力」，が採択されている[11]。これら理事会勧告は，OECD加盟国にとって法的拘束力はないが，従うことが期待されるソフトローである。

　二国間での取組みとしては，独占禁止協力協定（ハードロー）の締結が挙げられ，自国の競争法適用に関し，相手国への通報・協議，執行協力などを盛り込んでいる。FTA，EPA，地域経済協定で，競争法・競争政策についての規定が設けられる例もある。

　国際連合貿易開発会議（UNCTAD）は，途上国向けに，制限的商慣行に関する規制の枠組みづくりを行っている。UNCTADの競争モデル法は，立法のモデルを示したもので，ソフトローの位置付けにある。

10　経済産業省通商政策局編「2016年版不公正貿易報告書　WTO協定及び経済連携協定・投資協定から見た主要国の貿易政策」（2016年6月8日）617頁参照。

11　公正取引委員会官房国際課「OECDの活動と公正取引委員会について」（独占禁止懇談会，2014年4月10日）。

第2章　グローバル金融制度とフィンテック

　米国やEUが中心となって立ち上げた国際競争ネットワーク（ICN）でも，競争法のコンバージェンスが図られている。ICNは，各国・地域の競争当局による非公式なネットワークであり，2001年に発足した。2016年4月末現在で，120ヵ国・地域（133の競争当局）が参加している。ICNの各作業部会において，カルテル，企業結合審査などを協議しており，ここで策定されたガイダンス，推奨は，ソフトローである。

(4)　金融規制は世界的なハードロー化が進む

　世界的に，コーポレートガバナンスなど会社法の分野ではソフトローの役割が高まっている。その一方で，グローバルなプルーデンス規制の分野においては，むしろハードロー化している。リーマン・ショックによって，世界のプルーデンス政策の弱点が露呈しただけに，ハードロー化の流れに大きな変化はあるまい。

　グローバル金融規制の場合，主に，主要20ヵ国・地域首脳会合（G20サミット）を中心に基本方針を決める場と，金融安定理事会（FSB）を中心に制度や規制の詳細を決定する場に分かれる。2008年に，G20サミットが新設され，世界の経済，金融に関してはG8よりも影響力が大きくなった。

　日本の首相を含む首脳全員が合意するのが首脳宣言や行動計画である。ここで発表される宣言は，世界の首脳が集まって合意したものであるため，ソフトローとは言え，事実上，強い拘束力がある。ここで金融規制の大枠を決め，詳細の決定をFSBに対して要請する。

　その意味で，グローバル金融規制の法制化のプロセスは大いに進歩した。ハードロー化が最も進んだのは，プルーデンス政策の分野である。国際的なソフトローが国内のハードロー化している例として，バーゼル規制や国際財務報告基準（IFRS）がある。

(5)　グローバル金融規制の体系

　グローバル金融規制の歴史は比較的新しい。本格的なグローバル金融規制

41

機関は，1975年に発足したバーゼル銀行監督委員会（BCBS）が最初である。そして，グローバル金融規制の取組みは，1980年代に登場したバーゼル規制が最初である。制度整備が進展したのが，21世紀に入ってからのことであり，それも，2008年リーマン・ショック後，ようやく現在の体制になった。

プルーデンス政策は，金融システム全体，または個々の金融機関の健全性を維持することを目的とする。1980年代以降に世界的に金融規制緩和が進行したにもかかわらず，それに対応する十分な金融監督体制が構築できていなかったという指摘があった[12]。

プルーデンス政策は，以下に分類できる[13]。そして，両者は，二項択一的ではなく，相互補完的である。

① マクロ・プルーデンス

マクロ経済，金融機関の行動，金融システム全体からの視点から，金融システム全体の健全性を指すものである。FSB，IMF，国際決済銀行（BIS）は，システミック・リスクを回避するために，プルーデンス・ツールを利用する政策と定義付けている[14]。なお，システミック・リスクとは，個別金融機関の倒産，特定の市場または決済システム等の崩壊が，他の金融機関，他の市場，または金融システム全体に波及するリスクを指す。

② ミクロ・プルーデンス

個別金融機関の視点から，金融システム全体の健全性を指すものである。個別金融機関がすべて健全であれば，金融システム全体は健全になる可能性

---

[12] Thomas F. Hellmann, Kevin C. Murdock and Joseph E. Stiglitz, "Liberalization, Moral Hazard in Banking and Prudential Regulation: Are Capital Requirements Enough?", December 1997, Stanford GSB Working Paper No. 1466.

[13] 日本銀行総裁白川方明「マクロ・プルーデンスと中央銀行—日本証券アナリスト協会における講演—」（2009年12月22日），同「中央銀行の果たす役割—日本金融学会2010年度秋季大会における特別講演—」（2010年9月26日）。

[14] FSB, IMF, and BIS, "Macroprudential policy tools and frameworks Update to G20 Finance Ministers and Central Bank Governors", February 14, 2011.

が高まる。そして，規制・監督はそうしたミクロレベルの健全性実現に焦点をあてることで対応する。

図表2-2 主要なグローバル金融規制の組織

機　関	設立年	役　割
国際決済銀行（BIS）	1930年	BCBS，FSB，IAIS等に運営資金・事務局機能を提供
国際通貨基金（IMF）	1945年	国際的な通貨市場の安定化維持
国際会計基準審議会（IASB）	1973年	IFRS策定
証券監督者国際機構（IOSCO）	1974年	証券当局の国際的な協力と証券市場の国際的な基準設定
バーゼル銀行監督委員会（BCBS）	1975年	銀行の世界的な規制のため，各国監督当局が討議する場
先進国首脳会議	1975年	世界経済の討議の場
先進7ヵ国財務相・中央銀行総裁会議（G7）	1986年	各国・地域の財務大臣と中央銀行総裁が世界の経済・金融問題について討議・枠組み設定
保険監督者国際機構（IAIS）	1994年	保険監督当局の連携，国際保険監督基準の策定
金融安定理事会（FSB）	1999年	世界的な金融規制検討の場
主要20ヵ国・地域財務相・中央銀行総裁会議	1999年	各国・地域の財務大臣と中央銀行総裁が世界の経済・金融問題について討議・枠組み設定
主要20ヵ国・地域首脳会合	2008年	各国・地域の首脳陣が，世界の経済・金融問題について討議・枠組み設定

注：IASB，IOSCO，FSBの設立年は，前身機関の設立された年を基準とする。出所：各機関ウェブサイト

　リーマン・ショックを契機に，グローバルなマクロ・プルーデンス政策の重要性が認識された。金融機関や金融市場がグローバル化する一方で，金融規制のグローバル化が遅れていたので，米国の一証券会社であるリーマン・ブラザーズの破綻が世界に波及し，世界経済は歴史的な不況に陥った。
　1990年代末の国際金融危機，そしてリーマン・ショックを経て，FSBなど国際的な資本市場監督機関が強化されてきた。その中でも，FSBの果たす役割が徐々に大きくなっている。FSBは，グローバル金融規制策定のリーダー

役として，G20，国際会計基準審議会（IASB），バーゼル銀行監督委員会（BCBS），IMFなどの国際機関と大いに連携を強めた。

(6) ノンバンクに対する世界的な規制強化

グローバルな規制として，FSBが，世界的に金融システムの安定上重要な金融機関をG-SIFIsとし，これらに対して，より高い自己資本比率を求めることで対応することとなった。2013年より，FSBが，国際的に金融システムに重要な影響を与える銀行（G-SIBs）を指定しており，バーゼルⅢの自己資本比率規制にサーチャージ（資本の上乗せ）の充足が求められる（リストは毎年更新。重要性に応じて5つのバケットに分けられる）。銀行の規模が大きすぎて，破綻させられない問題（too big to fail）を回避するため，G-SIBsには，再建・破綻処理計画の事前作成の他，総損失吸収力の確保を求める（TLAC規制）。

G-SIFIsのうち，保険会社をG-SIIsと呼び，監督強化，再建・破綻処理計画の作成，資本の上乗せが求められる。G-SIBsと同様，FSBがリストを更新している。2016年時点で，リストに挙げられているのは，エイゴン（オランダ），アリアンツ（ドイツ），AIG（米国），アビバ（英国），アクサ（フランス），メットライフ（米国），平安保険グループ（中国），プルデンシャル・ファイナンシャル（米国），プルデンシャル（英国）の9社である。

さらに，銀行と保険以外のSIFIsについて，NBNI G-SIFIsと呼び，対象となる金融機関の選定方法を検討中であり，今後，リストが公表される予定である。

EUでは，2013年の第4次資本要求指令・規則（CRD Ⅳ・CRR）により，G-SIIs（EU版のG-SIBs）およびその他のシステム上重要な機関（O-SIIs）に対し，自己資本比率規制にサーチャージを求めている。欧州銀行監督機構（EBA）が，G-SIIsとO-SIIsのリストを公表している。EBAのO-SIIsに，フォルクスワーゲンの自動車金融事業を行うフォルクスワーゲン・ファイナンシャル・サービスが入っている。

第2章　グローバル金融制度とフィンテック

図表2-3 G-SIBs一覧（2016年）

バケット（区分）	サーチャージ（資本賦課水準）	G-SIBs
5	3.5%	該当なし
4	2.5%	シティグループ，JPモルガン・チェース
3	2.0%	BoA，BNPパリバ，ドイチェバンク，HSBC
2	1.5%	バークレイズ，クレディ・スイス，ゴールドマン・サックス，ICBC，MUFG，ウェルズ・ファーゴ
1	1.0%	中国農業銀行，中国銀行，バンク・オブ・ニューヨーク・メロン，中国建設銀行，BPCE，クレディ・アグリコル，INGバンク，みずほFG，モルガン・スタンレー，ノルデア，RBS，サンタンデール，ソシエテ・ジェネラル，スタンダードチャータード銀行，ステート・ストリート，SMFG，UBS，ウニクレディト

出所：FSB

　こうして，リーマン・ショック後，バーゼルⅢなど銀行に対する規制は増加・複雑化した。フィンテックは，既存の銀行にとっては脅威であると同時に，うまく使いこなすことで，顧客サービスを強化し，収益性を高めるチャンスでもある。フィンテックの発展により，AIやロボット，ビッグデータなどを通じて，規制に対処するための手続きが自動化され，成長分野に自社の資源や時間を注力することが可能となっている[15]。

2．世界のフィンテック法制と政策の概要

(1) FSBのフィンテック政策

　フィンテックは，新しい分野であり，既存の金融業態を破壊しうる技術で

15　Anthony Caterino, "Banks that understand regulation and fintech are on track for success", Institutional Investor, June 1, 2016.

もある。このため，従来の法規制や法解釈で対応できるサービスがある一方で，新たな立法の手当てが必要なものもある。金融の国際化に伴い，資金の流れがクロスボーダー化していることから，各国当局間，国際機関との協力は欠かせないものとなっている。

　FSBも，フィンテックの動向を注視している。現状，フィンテック企業が，金融安定化にとって，新たなリスク要因になっておらず，効果的に統制されているとの立場をとる[16]。さらに，2017年のFSBのワークプランにも，金融安定化の観点から，フィンテックの規制監督問題を特定していくことがあがっている。

　ただし，FSBのマーク・カーニー議長は，フィンテックの発展が金融の安定性に影響を及ぼしうる分野として，以下を挙げる[17]。

①　決済サービス

　モバイル決済，電子マネー，クロスボーダーの決済，仮想通貨取引など，将来的に，新たなフィンテック企業が，伝統的な銀行主体の決済サービスシステムを置き換える可能性もある。決済サービスの多様化は，金融安定化に有益である一方，規制当局は，新たな集中化を監視する必要がある。

②　顧客との関係

　伝統的な銀行業務がより競争的になり，効率化が改善され，顧客の選択肢が増える。決済サービス事業者やロボアドバイザーなど，顧客がフィンテック企業から直接金融サービスを受けるようになる。そうなると，欧州のユニバーサル・バンキング体制の下では，顧客とのつながりが希薄になることで，

16　FSB, "Chatham House Banking Revolution Conference Global Regulatory Developments and their Industry Impact : Remarks by Svein Andresen, Secretary General, Financial Stability Board", November 3, 2016.

17　Speech by Mark Carney, "The Promise of FinTech – Something New Under the Sun?", Bank of England, Deutsche Bundesbank G20 conference on "Digitising finance, financial inclusion and financial literacy", Wiesbaden, January 25, 2017 pp.10-11.

第2章　グローバル金融制度とフィンテック

クロスセル（関連商品の組み合わせ販売）が難しくなり，銀行の収益を直撃することになる。そして，流動性リスクが高まる可能性がある。

③　個人向け銀行業務

　Ｐ２Ｐレンディングにより，消費者や小規模事業者は，リテールバンキングに代わり，市場で直接的に調達が可能である。一方，資金調達で，Ｐ２Ｐレンディングに依存する者も出てくると見られ，景気後退の際，どの程度安定性を維持できるか（融資基準，貸主の損失許容度）はまだ，実証されていない。将来的なビジネスモデルのリスクとして，満期変換，レバレッジ，流動性のミスマッチ，証券化など，伝統的なリスクが発生しうるかを注視する必要がある。

④　事業者向け銀行業務，市場

　ロボアドバイザーやアルゴリズム取引は，過剰な相場変動やプロシクリカリティ（景気循環増幅効果）をもたらす可能性がある。特に，アルゴリズム取引は，価格変動に過剰反応し，相関性が高い傾向にある。アルゴリズムのトレーダーは，ボラティリティが低いときに活発に投資を行うことで，潤沢な流動性があるとみせかけ，その後，市場が崩壊した際には，最も必要であるにもかかわらず，市場から資金を退避させることがある。

⑤　大口決済，清算・決済インフラ

　ブロックチェーンの進展により，大口決済，清算・決済インフラは，より高い基準の強靱性，信頼性，プライバシー，拡張性を満たす必要がある。

(2)　フィンテックと金融監督規制

　政府の規制・監督当局としては，フィンテック革命に対して，自ら進化する必要がある。これに関して，以下のような提言がなされている。

① 国際通貨基金（IMF）

クリスティーナ・ラガルド専務理事は，フィンテックについて，金融安定性に対するリスクなど，新たなリスクが出現しているとして，2017年にドバイで開催された世界政府サミットでも議題に挙げた[18]。特に，規制上の課題として，仮想通貨の法的地位を明確化し，仮想通貨のクロスボーダー取引によるマネーロンダリングやテロに対する脅威を取り除くよう注意を促している。

また，規制当局との緊密な監督環境下で，新技術の革新が促進されている例として，英国，オーストラリア，シンガポールのようなレギュラトリー・サンドボックス（規制の砂場），アブダビのレギュレトリー・ラボレトリー，香港のフィンテック・スーパーバイザリー・サンドボックスを挙げている。

2016年に，IMFでは，フィンテックに関する部局間ワーキング・グループを設置している。さらに，2017年に，フィンテックのハイレベル諮問グループを設置した[19]。

② 国際決済銀行（BIS）

BISのカルアナ総支配人によると，規制・監督当局に求められるものとして，①民間セクターやフィンテック企業とのエンゲージメントや対話，②規制・監督当局の能力開発，③金融以外の分野の規制・監督当局との協力，シナジー，④国際レベルでの協力，を挙げる[20]。

---

18 Christine Lagarde, "Fintech – A Brave New World for the Financial Sector?", IMFBlog, March 21, 2017.

19 IMF, "IMF Managing Director Welcomes Establishment of High Level Advisory Group on FinTech", March 15, 2017.

20 Welcoming remarks by Mr. Jaime Caruana, "Financial inclusion and the fintech revolution: implications for supervision and oversight", General Manager of the BIS, at the Third GPFI-FSI Conference on Standard-Setting Bodies and Innovative Financial Inclusion - "New frontiers in the supervision and oversight of digital financial services", Basel, October 26, 2016.

第2章　グローバル金融制度とフィンテック

③　世界経済フォーラム（WFE）

　仮想通貨，マーケットプレイス・レンディング（P2Pレンディング），
ビッグデータなどの新技術が金融システムの効率化，アクセス増加をもたら
す一方で，金融システムに対し，リスクを与えるとしている。その上で，民
間セクターと金融監督当局に対し，(i)データの倫理的利用に関する議論，(ii)
金融サービスの変革に関する官民対話（グローバル・フォーラム），(iii)フィ
ンテックによる革新がもたらすリスクをモニター・軽減するためのアプロー
チ基準，(iv)能動的な基準設定，といった提言をしている[21]。

(3)　フィンテックと金融包摂の関係

　フィンテックがもたらした最も大きな影響として，フィナンシャル・イン
クルージョン（金融包摂）が指摘される[22]。これは，金融サービスの恩恵を
受けていない人々にも，恩恵が及ぶようにしようというものである。たとえ
ば，ケニアのMペサや中国のアリペイなど，銀行口座を持てない人々
（unbanked）にとって，モバイルバンキングを通じて，金融商品や金融サー
ビスを使うことができるようになっている。

　世界銀行によると，金融包摂とは，貧困を撲滅し，繁栄の共有を促進する
手段である。個人や企業が，取引，決済，送金，貯蓄，保険など，自身の
ニーズに合った，有用で手ごろな価格の金融商品やサービスへのアクセスを
可能にすることである。20億人以上の人々は，正式な金融商品を利用したこ
とがなく，貧困層の成人の50％以上が銀行を利用していない。フィンテック
は，金融包摂を後押しする手段として期待される。

　G20諸国のプラットフォームとして，金融包摂のためのグローバル・パー
トナーシップ（GPIF，2010年設立）を通じて，金融包摂のための原則や行

21　World Economic Forum, "The Role of Financial Services in Society Understanding the
　　impact of technology-enabled innovation on financial stability", prepared in collaboration
　　with Oliver Wyman, April 19, 2016.
22　Aditya Narain, "Two Faces of Change", Vol. 53, No. 3, IMF Finance & Development,
　　September 2016.

49

動原則を策定し，金融包摂の促進に取り組んでいる。

⑷　融資市場に対する影響

BISのグローバル金融システム委員会（CGFS）とFSBが共同で，フィンテックの融資市場が金融安定化に及ぼす影響を分析している[23]。P2Pレンディングに代表されるように，フィンテックの融資市場は成長している。2015年時点で，中国が，プラットフォーム数，融資金額（997億ドル）とも世界最大であり，次いで，米国（343億ドル），英国（41億ドル）である。日本は4位に位置するが，わずか3億ドルの規模である。

ただし，現在，伝統的な銀行による融資規模と比較して，フィンテックの融資規模は小さいため，金融安定化に対する直接的影響は限定的であるという。将来における潜在的な恩恵として，前述の金融包摂が挙げられる。融資手段の増加は，銀行口座を持たない人や小規模企業や自営業者のように融資を十分に受けることができない人にとって，メリットがある。

借り手にとって低価格で融資を受けることができる一方，貸し手にとっても，リスクに応じたリターンが期待できる。融資プラットフォームが提供する幅広い選択肢から，より自分に適切な融資を選ぶことができる。リスクとしては，融資基準が緩くなり，クレジットリスクが高まる可能性がある。プロシクリカリティ（景気循環増幅効果）の増加や伝統的な銀行の収入浸食なども想定される。

フィンテック融資が普及し，規制管轄外での融資活動が増えると，規制当局が融資活動を監督する上での課題が生じる。特に，報告・開示規制や監督手続きがない場合，信頼性のあるタイムリーな情報を容易に手に入れることはできない。マクロ・プルーデンスの観点からも，公的なセーフティネットが存在しないため，プラットフォームに対し，中央銀行が緊急措置として流

---

[23]　Committee on the Global Financial System BIS and FSB, "FinTech credit Market structure, business models and financial stability implications", May 22, 2017.

第2章　グローバル金融制度とフィンテック

動性を提供することができない。

(5)　資本市場に対する影響

　資本市場に対する影響については，証券監督者国際機構（IOSCO）がレポートを公表した[24]。IOSCOは，証券当局の国際的な協力と証券市場の国際的な基準を設定する場であり，投資家保護，公平・透明・効率的な市場，金融安定化の３つの目的を掲げる。フィンテックが資本市場に与える影響と課題として，次を挙げる。

①　資金調達プラットフォーム

　Ｐ２Ｐレンディングや株式型クラウドファンディング（ECF）など，新たな資金調達手段が登場している。プラットフォームの提供サービスによって，結果的には，公募，証券アドバイス，証券業務など規制活動に該当する可能性がある。また，情報開示が限定的で，開示規制が整備されていないため，プラットフォームによって，提示される情報やデータにばらつきがあり，適切でない場合もある。

　さらに，クロスボーダーで資金調達を行う場合，他国の融資者（投資家）の倒産リスクを完全に把握しづらい。そして，プラットフォームの破たん，詐欺，不正行為リスク，プラットフォーム利用者の詐欺リスクなども想定される。

　こうしたリスクの対応策として，プラットフォームに対する免許・登録制，最低資本規制，公募の該当要件，目論見書の規定等の証券法制の整備，ECFの参加者・投資金額規制（適格投資家に限定），資金調達額の上限規制，流通市場の育成などが挙げられている。

24　OICU-IOSCO, "IOSCO Research Report on Financial Technologies (Fintech)", February 2017.

② 個人投資家向け取引・投資プラットフォーム

　個人投資家向けサービスとして，比較サイト，各種金融口座の総合化，ロボアドバイザー，ソーシャルトレーディグ（ミラートレーディング），リサーチプラットフォームなどの新しいビジネスモデルが登場している。

　こうしたビジネスモデルの場合，証券取次業務，投資アドバイスを未登録事業者が行っているリスクが存在する。自動化アドバイス等のサービスでは，利益相反問題，手数料やコストの情報開示が不十分な場合もある。金融リテラシーの低い投資家が，自動化アドバイスを必ずしも適切に理解しない可能性や，顧客のリスク許容度や資産状況など適切に把握されない可能性，適合性原則に沿わないアドバイスが行われる可能性，マネーロンダリングのリスク，アルゴリズムのエラーなどもある。

　規制当局として，業界がどのように発展すべきかのガイダンスを提供し，既存の規制状況の明確化，業者・投資家にとってのベストプラクティスを公表するといった措置が考えられる。また，規制当局自身が，アルゴリズムやテクノロジーの専門家を雇い，従来よりも頻繁で異なったデータ提出を求めるなど，新たな規制アプローチが必要となる。

③ 機関投資家向け取引プラットフォーム

　機関投資家向け社債取引において，売買注文をマッチングさせる電子取引プラットフォームが活発化している。そうしたプラットフォームが直面する課題として，新規システムの導入コストがある。新しいプラットフォームの導入や理解には時間がかかり，システムが適切に機能しない可能性もある。また，プラットフォームの透明性確保，株式と比較した流動性，ストレス環境下での電子プラットフォームの対応も課題である。

　規制当局として，新たな取引プラットフォームをいかに監視するかを整備する必要がある。マッチングのみ行い執行を行わないプラットフォームなどもあり，既存の規制体制に沿わない場合もある。新たに入手可能なデータを

第2章 グローバル金融制度とフィンテック

増やし，分析ツールやソフトウェアを使って，規制の遵守状況を評価する体制づくりが求められる。

④ 分散型台帳技術（DLT）

米国ナスダックが，未公開株式取引システム（Nasdaq Linq）にブロックチェーンを活用している他，証券市場の決済システムにブロックチェーンを活用する動きがある。クラウドファンディングのプラットフォームの中には，証券保有者の記録にブロックチェーンを利用し，ブロックチェーンを用いた暗号社債を発行した企業もある。株主還元，利払，株式分割，議決権行使など企業行動の記録にDLTやスマートコントラクトを活用する例もある。

ただしこうした試みは，初期の段階で未成熟であるため，広く普及する段階ではない。また，スマートコントラクトの法的位置付けも不明確である。

ビットコインでも指摘されるように，DLTには，スケーラビリティ（拡張性）の問題がある。対応できる取引量が，証券市場の決済量に比較して十分でない可能性がある。DLTと古いシステム，市場参加者すべてのシステム間の相互運用が確保される必要がある。他にも，サイバー攻撃，エラーが発生した場合の修正などに課題がある。

規制当局として，自らがDLTのノードの一部として参加することで，すべてのデータにアクセス可能となる。また，より完全で，追跡可能で，リアルタイムな記録を保有することができる。DLTは，日進月歩な技術であり，調査，研究所，イノベーション・ハブなどを通じて，規制当局者は精通しておくことが必要である。

(6) 保険市場に対する影響

保険分野のフィンテックをインシュアテック（保険とテクノロジーの造語）と呼ぶことがある。インシュアテックは，保険業界に大きな影響を及ぼす可能性がある。それに伴い，業界規制，個別保険会社の監督も対応を迫られる。保険監督者国際機構（IAIS）が公表したフィンテックに関するレポー

53

トでは，保険業界におけるフィンテックの発展状況と保険監督当局が直面する可能性のある課題を分析している[25]。

当該レポートでは，インシュアテックにより起こりうる保険業界の構造変化について，下記3つのシナリオを挙げる。

① 保険会社は顧客との良好な関係を維持し，フィンテック企業をうまく活用することができる。

規制監督や健全性基準として，新規参入や細分化（フラグメンテーション）に対応する必要があるが，基本的に，現行規制から大きな変更は必要ない。

② 保険のバリューチェーンが徐々に分断され，保険会社は，収入を獲得する上で，フィンテック企業との事業関係に依存するようになる。

バリューチェーンの細分化により，保険会社の収入が減少するもしくは変動することになり，資本規制や損失吸収力の基準に影響することになる。また，保険会社と顧客との距離が離れる可能性があり，顧客トレンドの理解が難しくなり，規制当局が潜在的にネガティブな状況を把握しにくい可能性もある。

③ 大手IT企業が自らの技術や分析的優位性を利用して，伝統的な保険会社を駆逐する。

大手IT企業は，一般に多国籍企業であり，その活動もクロスボーダーである。本社とクラウドサーバーの場所は別の国であることもあり，各国当局による規制監督が複雑化する。さらに，保険監督当局は，データ保護，医療倫理，サイバーセキュリティなど，他の監督当局とのより一層の協力が不可欠となる。

---

25 IAIS, "FinTech Developments in the Insurance Industry", February 21, 2017, KPMG 「IAISが「保険業界におけるFinTechの発展」と題するレポートを公表」（2017年4月3日）。

近い将来，保険監督当局が直面する課題として，以下の４つが挙げられている。

i．技術革新がどのように機能しているか理解し，新商品やビジネスモデルの適切な評価を確保する必要がある。

ii．保険契約者と保険業界全体にとっての利点とリスクをバランスし，レギュラトリー・サンドボックスやイノベーション・ハブ（いずれも後述）を通じて，技術革新を育成する環境を考えていく必要がある。

iii．保険監督当局と政策立案者は，変化するリスクとビジネスモデルに適切に対処するため，健全性と事業運営の双方の観点から規制の枠組みを評価し，必要な場合には調整する必要がある。

iv．将来的に，フィンテックを取り扱うことができるように適切な技術リソース，知識およびスキルを準備しておく必要がある。また，技術革新の適切な理解を高め維持するため，他のステークホルダーとの連携を促進する必要がある。

(7) レグテックとは何か

最近では，レギュレーション（規制）とテクノロジーを組み合わせたレグテックと呼ばれる造語も生まれている。世界の民間金融機関が参加する国際的組織である国際金融協会（IIF）によると，レグテックについて，「規制上，コンプライアンス上の障壁をより効果的，効率的に解決するために，新技術を活用すること」と定義する[26]。

つまり，複雑化・多様化する法規制に対し，ITなどの新技術により効率的に対処することである。政府レベルの取組みに加え，民間企業が提供するソリューションもある。実際，ロンドン，ダブリン（アイルランド），ルクセンブルクなどで，クラウドベースで，規制関連のソリューションを提供す

---

26 Institute of International Finance, "Regtech in Financial Services: Solutions for Compliance and Reporting", March 22, 2016.

るレグテック企業が登場している。

　英国政府は，フィンテック推進と同時に，レグテックにも力を入れている。金融行動監視機構（FCA）として，レグテックはフィンテックの一部であるとし，規制上の要求事項と技術革新がどのように両立しうるか，ビッグデータなどの新技術を規制にどう活用するかなどについて，研究を行っている。

　これまでも，技術が規制上の要求に対処するために利用されることはあったが，レグテックがこれまでと異なる点として，機敏さが挙げられる[27]。乱雑で絡み合ったデータをETL技術（データ統合ツール）により，分離し，整理することができる。分析ツールを利用し，既存のビッグデータから，規制がどのように解釈され，どのようなコンプライアンスが求められるかなど，ソリューションを提供することができる。

　フィンテックの法規制の分野では，英国が進んでおり，政府主導で，レグテックの研究やレギュラトリー・サンドボックスを通じたフィンテック企業育成政策が行われている。レギュラトリー・サンドボックスについては，シンガポールも同様な政策を実施している。日立製作所と三菱東京UFJ銀行がブロックチェーンを活用した小切手電子化の実証実験をシンガポールで開始した。

⑻　フィンテックが規制を革新する

　フィンテックは，新しいビジネスモデルを生むために，これまでの規制では対応しきれないことがある。そこで，米国や英国では，フィンテック企業に限って，規制を柔軟化している。これによって，規制と育成を両立させようとしている。

　米国では，消費者金融保護局（CFPB）を中心に，規制を柔軟に適用する

27　Deloitte, "RegTech is the new FinTech?　How agile regulatory technology is helping firms better understand and manage their risks", 2016.

ことによって，フィンテックを推進している[28]。代表例として，以下の制度がある。

① トライアル・ディスクロージャー・ウェイバー（試験的情報開示免除）制度

ドッド・フランク法1032条（e）に基づき，一定のテスト期間であれば，CFPBの承認により，連邦法制上の開示規制の適用除外を認めるものである。フィンテック企業などに課せられる情報開示の負担を緩めることが目的である。

② ノーアクション・レター制度

ドッド・フランク法1021条により，企業からの申請で，不明確な法規制に関し，CFPBの非公式見解（法的拘束力なし）を伝達するものである。フィンテック企業に対して，不明確な法制度の解釈を提示し，リーガルリスクを抑える目的である。

英国は，米国の制度を自国にアレンジして導入した。レギュラトリー・サンドボックス（規制の砂場）は，革新的な金融サービスを提供しようとする業者に対して，未認可の事業でも，審査に通れば現行法の厳しい規制適用を除外し，安全な実験環境を適用しようとするものである。2016年7月に，第一陣が締め切られ，応募した69社のうち，24社が基準を満たすとみなされた。

サンドボックスの審査条件として，①英国の金融サービス市場でFCAの規制管轄内か，②正真正銘の革新的技術と言えるか，③消費者にメリットをもたらすか，④サンドボックスでテストする意義は本当にあるか，⑤企業がテストする準備ができているか，が挙げられている。

日本では，平成28年度の金融行政方針において，金融庁は，レグテックに

28　CFPB, "Project Catalyst report: Promoting consumer-friendly innovation", October 2016.

ついて，「規制当局・法執行機関に関する情報技術革新」と定義している。証券市場におけるITやAI技術の進展などの構造的変化に対応するため，市場監視システムにIT技術のさらなる活用を図ると言う。

(9)　小括：フィンテック法制はグローバル化する

　前述のように，グローバル金融規制策定の頂点にあるのは，各国の大統領や首相が集まるG20サミットである。そして，現在，世界の金融制度改革を主導するのは，FSBである。

　このため，フィンテックについても，まず，FSBが論点整理をして，G20サミットに議題として提示されることになった[29]。G20サミットでは，安倍晋三首相やトランプ大統領を含む世界の首脳が宣言に署名する。こうして，フィンテックの世界的な法整備について，基本方針がつくられ，これに則って，日本を含む主要国の法整備がなされる。

　さらに，各分野の詳細のルール設定に関して，FSBの要請を受けて，BCBS，IOSCO，IAIS，IASBなどが詳細なルールを策定する。たとえば，銀行の自己資本規制であるバーゼルIIIは，バーゼル銀行監督委員会が策定する。これらで定められた規制やルールが，各国で法制化され，ハードローとなる。日本では，主に，金融庁主導で法律化される。

　フィンテックの法制度整備の上での難しさは，(i)フィンテックが新しい技術であり，かつ変化が激しい，(ii)金融法制の専門家の多くはITやAIの専門家ではない，(iii)中央銀行が発行するデジタル通貨のようにマクロ経済に対する影響が大きいものは技術開発と制度設計を同時に進める必要がある，などである。このため，成文法中心のハードローによる規制では，迅速に対応できないことがある。

　よって，変化に対応しやすいソフトローによる規制が，フィンテック法制

---

29 FSB, "FSB assesses implementation progress and effects of reforms", February 28, 2017.

第2章　グローバル金融制度とフィンテック

の中心になることが考えられる。できるだけ，ソフトローによる制度構築を
しながらも，厳しい監視を行い，不正行為に対しては厳罰で臨むことが望ま
しい。つまり，規制緩和と規律の強化を同時に行うことが重要である。

　歴史的に，これらが得意であるのが米国，次いで，英国である。大陸欧州
諸国や日本は，成文法中心のハードローの影響が大きいので，ソフトローを
うまく使うことが求められる。ソフトローの活用や規制緩和には，規制側に
高い実務能力が要求される。その意味でも，日本の場合，金融庁が，グロー
バルな金融規制の動向を十分把握した上で，実務家と十分なコミュニケー
ションを取りながら，迅速で柔軟な対応をすることが期待される。

59

第**3**章

米国のフィンテック法制の整備と展望

1. 米国金融制度とフィンテック

(1) 世界最大の金融市場と金融機関

　米国は，世界最大の金融市場と世界最大の個人金融資産を持つ。しかも，株式や債券のみならず，先物オプションなどのデリバティブやコモディティなど市場の幅が広い。つまり，フィンテックが活躍する余地が大きいといえる。

　同時に，フィンテックの中心的なプレイヤーである金融機関の規模が大きい。しかも，米国の金融機関の時価総額は大きく増加している。

　過去10年間の先進国の金融機関の時価総額ランキングにおいて，米国は順位を上げ，また，カナダ，オーストラリアの銀行が躍進した。一方で，欧州の銀行は時価総額を大きく減らした。このように，米国の影響力は，ますます高まっている。

　米国は，フィンテックの技術，ビジネスモデルの開発をリードしてきた。米国の金融機関，金融市場のみならず，IT技術においても，世界でも最高水準の規模と質を持ち，欧州，日本，中国などを圧倒する。

　また，歴史的に，米国は，金融法制が高度に発達した。フィンテックに関しても，制度設計，改革において，最も熱心な国であるといえよう。

　日本の場合，戦後，米国の占領下で資本市場を含む金融法制が導入された

第3章　米国のフィンテック法制の整備と展望

| 図表3-1 | 世界の株式と国債の時価総額上位10ヵ国 |

	株　式	時価総額 （10億ドル）	構成比	国　債	時価総額 （10億ドル）	構成比
1	米国	25,204	37.7%	米国	6,798	34.3%
2	中国	6,487	9.7%	日本	4,461	22.5%
3	日本	5,084	7.6%	フランス	1,520	7.7%
4	英国	4,015	6.0%	イタリア	1,455	7.3%
5	香港	3,096	4.6%	ドイツ	1,147	5.8%
6	カナダ	1,982	3.0%	英国	1,109	5.6%
7	フランス	1,949	2.9%	スペイン	840	4.2%
8	ブラジル	1,869	2.8%	ベルギー	391	2.0%
9	インド	1,564	2.3%	オランダ	364	1.8%
10	ドイツ	1,465	2.2%	カナダ	326	1.6%

注：2016年末時点。世界国債は，シティ世界国債インデックス対象国。出所：ブルームバーグ，シティグループ

ことから，米国の制度改革は日本に対して大きく影響を与えることが多い。そのため，米国のフィンテック法制が，やや時間をおいて，日本の制度設計に影響を与える可能性が高い。

(2)　世界で最も高度に発達した米国金融法制

歴史的に，米国は，英国と並んで，世界で最も高度な金融法制をつくり上げてきた。大暴落，リーマン・ショックなどの大きな金融危機を生んだことから，世界で，最も詳細で厳しい金融規制となっている。米国の金融法制の特徴は，金融サービスの消費者保護と厳罰主義である。これは，大暴落時やそれ以降の多くの不祥事の反省に立って，つくられたものである。

1929年のニューヨーク証券取引所の大暴落は，大恐慌，そして，世界恐慌につながった。当時，銀行と証券の兼営は可能であったため，株価暴落が銀行経営の破たんをもたらした。

その反省から，銀行と証券の兼営を禁止する1933年グラス・スティーガル

61

図表3-2 先進国の金融機関時価総額上位10社

	2007年末	国	時価総額（百万ドル）	2017年5月末	国	時価総額（百万ドル）	増加額（百万ドル）
1	HSBCホールディングス	英国	198,257	JPモルガン・チェース	米国	291,863	145,241
2	バンク・オブ・アメリカ	米国	183,125	ウェルズ・ファーゴ	米国	255,563	154,294
3	AIG	米国	147,863	バンク・オブ・アメリカ	米国	223,022	39,897
4	シティグループ	米国	146,645	HSBCホールディングス	英国	174,606	−22,864
5	JPモルガン・チェース	米国	146,622	シティグループ	米国	166,682	20,038
6	バンコ・サンタンデール	スペイン	136,088	オーストラリア・コモンウェルス銀行	オーストラリア	102,456	34,272
7	ウニクレディト	イタリア	111,667	ロイヤル・バンク・オブ・カナダ	カナダ	100,686	35,349
8	MUFG	日本	100,817	バンコ・サンタンデール	スペイン	94,728	−41,359
9	ウェルズ・ファーゴ	米国	101,269	MUFG	日本	88,455	−12,362
10	BNPパリバ	フランス	97,981	アリアンツ	ドイツ	88,137	−9,858

注：増加額は，2007年～2017年5月末時点。バークシャー・ハサウェー除く。出所：ブルームバーグ

法が制定された。しかし，1999年に，同法は廃止され，子会社方式で参入を認めるグラム・リーチ・ブライリー法が制定された。これにより，シティコープとトラベラーズ・グループの経営統合が実現し，銀行，証券，保険，カードなどの事業を総合的に展開するシティグループが誕生した。それ以降，米国では，銀行と証券の融合が進んだ。

　しかし，2008年リーマン・ショック後，再度，金融規制が強化された。リーマン・ショックのきっかけは，米国住宅バブル崩壊であった。このため，住宅抵当証券やそれに関連した証券化商品の価格が大きく下落し，これが金融業界全般に伝播した。

　そして，銀行ではない大手金融機関が経営破たんに陥ったのが，世界的な金融危機につながった。破綻した代表例は，住宅抵当証券事業最大手であっ

第3章　米国のフィンテック法制の整備と展望

た連邦住宅抵当公庫（FNMA），世界最大の保険会社であったAIG，名門投資銀行リーマン・ブラザーズである。世界的な金融市場縮小は，大手銀行の経営を悪化させ，欧米では銀行に対する公的資金注入が実施された。

　この反省に立って，2010年にドッド・フランク法（ウォール街改革・消費者保護法）が制定された。これにより，比較的大きな預金取扱金融機関と金融事業を営む非銀行事業者が，厳しく規制されることとなった。事業会社であっても，大規模な金融事業を保有していると，銀行と同様の規制を受ける。ただし，ドッド・フランク法は，膨大な上，枠組み規制が多いため，これを実行するためのSEC規則などの詳細な規則は，すべて完成しているわけではない。そして，金融規制緩和を掲げるトランプ大統領の登場で，再度，振子は振れようとしている。

　フィンテックは，金融界と産業界の垣根を低くし，その結果，産業界から金融界への進出が加速するであろう。しかし，産業界と金融界，そして，銀行（預金取扱金融機関）とそれ以外の金融業（特に，証券業）の境界の在り方は，金融システム全体に大きな影響に大きな影響を与える。

(3)　米国金融規制体系の特徴

　世界的に見ても，米国金融規制は，以下のように複雑である。これらの中でも，日本や欧州と比較して，政府機関に授権された規則，判例法，自主規制の重要性の高いことが特徴的である。

①　連邦レベルの成文法

　米国は，金融市場が巨大で，かつ高度に複雑であるため，独自の法律の影響が大きい。成文法では骨格のみを定め，詳細は，判例法や規則で定まることが一般的である（授権法体系）。

②　政府機関の定める規則

　FRBやSECなど政府機関が，法律に授権された範囲で，詳細な規則を制定

63

する。政府機関は，そのトップや幹部が政権交代の度に大きく入れ替わるため，規則の内容などが政権の意向に影響されることがある。SECは，1933年証券法，1934年証券取引所法，1940年投資顧問法などにより，証券市場に関する法規制について，幅広い規則制定権限および準司法的権限を有する。

③ 判例法

米国では，他のアングロ・サクソン法体系国と同様，先例拘束性の原理に基づく判例法主義が強力である。このため，判例法の役割が大きい。たとえば，公開買付制度（TOB）は，ウィリアムス法にその骨格があるものの，判例法に詳細な定義がある。

④ 自主規制団体（証券取引所など）による自主規制

制定法上の根拠を持つ自主規制（例：ニューヨーク証券取引所上場規則）は，ソフトローに分類されるものの，実質的にはハードローに近い効力を持つ。しかも，自主規制が，詳細で，かつ権限が強いのも特徴的である。

⑤ 州法と地方自治体の政府機関

大手金融機関が本拠を置き，金融市場の中心地でもあるニューヨークは，州や市の司法当局，そして金融規制当局が大きな権限を持つ。特に，金融不祥事の摘発において積極的である。

フィンテック法制に関しては，②の政府系機関の規則の影響が相対的に大きくなると思われる。

(4) フィンテックに影響を与えるドッド・フランク法

米国の金融市場は巨大であり，その上，高度で複雑である。米国の金融規制は，歴史的に，銀行と証券業務を分離し，金融サービス業者と事業会社の分離を厳密に定めてきた。

ドッド・フランク法は，消費者保護と金融システムの安定性に重点を置く。

64

また，規制の目的が，銀商分離規制から，システミック・リスク防止に軸足を移した[1]。モーゲージ（住宅抵当証券），クレジットカードなど，金融商品を購入するアメリカの消費者を保護するため，FRBの下に独立の監視機関として，消費者金融保護局（CFPB）が設立された。

図表3-3 ドッド・フランク法の概要

概　要	内　容
金融安定監督評議会(FSOC)創設	金融システムリスクの特定，システム上重要な金融機関（SIFIs）の指定
"too big to fail" の終焉	SIFIsの破綻処理計画の提出，FDICによる清算処理制度の整備
ボルカー・ルール	自己勘定取引の原則禁止，ヘッジファンド，PEファンドの保有・投資の原則禁止
FRB改革	SIFIsの一元的監督，最後の貸し手機能制限，連銀総裁の選任方法
金融機関の規模抑制	金融システム全体の負債10%以上となるM&A禁止
コリンズ修正条項	銀行資本積み増し，レバレッジの制限
消費者金融保護局設置	7連邦機関の整備，消費者保護強化
連邦保険局設置	保険業界のプルーデンス政策，州規制当局との連携
デリバティブ規制	店頭デリバティブ取引の清算集中，スワップ部門分離
コーポレートガバナンス強化	say-on-pay，ゴールデンパラシュート，プロクシーアクセス
モゲージ市場の投資家保護	サブプライムローンの不正貸付慣行の禁止，罰則
ヘッジファンドの透明化	ヘッジファンドのSEC登録
信用格付機関の監督	SEC内に信用格付局設置

出所：The Dodd-Frank Wall Street Reform and Consumer Protection Act，米国財務省

　ドッド・フランク法では，①500億ドル以上の連結総資産を保有する銀行持株会社（バンクSIFIs），②金融安定監督評議会（FSOC）が決定した非銀行金融機関（ノンバンクSIFIs），を対象に，厳格な規制を適用する[2]。ノン

1　神田秀樹＝森田宏樹＝神作裕之編『金融法概説』（有斐閣，2016年）55頁参照。

65

バンクSIFIsは，FRBの監督下に入る。たとえば，ゴールドマン・サックスやモルガン・スタンレーは，実態的には証券会社であるが，銀行持株会社傘下にあるため，①に該当する。FSBの選定した米国のG-SIBsに対しては，バーゼル規制よりも厳しいサーチャージ（資本の上乗せ）が求められる。

　FSOCは，巨大なノンバンクであるAIG，プルデンシャル・ファイナンシャル，メットライフを，ノンバンクSIFIsに指定している。なお，GEキャピタルは，2013年にノンバンクSIFIsとして指定されていたが，ゼネラルエレクトリック（GE）の金融事業の縮小に伴い，2016年に，ノンバンクSIFIsからの取消しが認められた。

　ボルカー・ルールは，ドッド・フランク法の中核となる銀行の行為規制である（2015年7月施行）。ポール・ボルカー元FRB議長が中心となって策定した。銀行と証券の兼業を認めるが，銀行による証券業務に対して厳しい制限を課すものである。その柱は，自己勘定取引とヘッジファンドやプライベート・エクイティ・ファンドの規制である[3]。

　ドッド・フランク法619条の要請により，銀行持株会社法13条に追加する形で，最終規則が創設された。FRB，FDIC，SEC，先物取引委員会（CFTC），OCCの5連邦監督当局が共同で規則を策定した。その基本的な哲学は，銀行は社会の公共財であるため，銀行が不必要なリスクを取ることを禁じるということである。

　ボルカー・ルールの対象となるのは，付保（FDICに加盟する）預金取扱機関と付保預金取扱機関の親会社，銀行持株会社，その傘下の関係会社および子会社が対象となる。前述のとおり，ゴールドマン・サックスやモルガン・スタンレーは，実態的には証券会社であるが，銀行持株会社傘下にあるため，FRBの管轄下にある。このため，これらはボルカー・ルールの対象

2　小立敬「米国の厳格なSIFI規制と規模に応じた銀行規制―銀行規制システムにおける階層アプローチ―」（野村資本市場クォータリー2016 Vol.19-3，2016年冬号）。

3　SEC, "Agencies Issue Final Rules Implementing the Volcker Rule", December 10, 2013.

となる。

フィンテック法制についても，ロボアドバイザーや消費者保護の分野において，大きな影響を持つとみられる。また，アップルやアルファベットなどが金融業務に本格的に参入する場合，業際規制において，ドッド・フランク法は大きな影響を与える。

2．米国のフィンテック法制の概要

⑴　世界をリードする米国のフィンテック法制

フィンテック時代の到来で，決済，P2Pレンディング，クラウドファンディングの分野において，ノンバンク（非銀行）による伝統的な銀行ビジネス参入が注目されるようになっている。しかし，これらの消費者保護の体制は万全とは言い難く，不正が起こる可能性が残る。不正が頻発するような事業が成長するはずもなく，そのためにも適切な規制が必要となる。

シリコンバレー・バンクの調査によると，フィンテック企業にとって，最も大きな障害は何かとの問いに対する回答は，規制問題が43％と最多であった[4]。米国政府の各機関としては，フィンテックによるイノベーションを注視するとともに，各規制体系にどのような影響を及ぼすか研究を行っている。

新しい分野であるため，既存の規制監督体制で対応できない場合も多く，新たな立法，規則制定，解釈が必要となる。そのため，イノベーションの芽を摘まずに，規制をバランスする方法が模索されている。

マクロ・プルーデンス政策に責任を持つ金融安定監督評議会（FSOC）は，2016年の年次報告書において，P2Pレンディング（マーケットプレイス・レンディング）や分散型台帳システム（ブロックチェーン）など，フィン

4　Silicon Valley Bank, "Fintech Companies Cite Regulatory Hurdles as Biggest Impediment to Growth in 2016, according to Silicon Valley Bank Survey", November 17, 2015.

テックの市場における役割は相対的にまだ小さいとしつつも，近い将来大きな成長が見込まれることもあり，金融当局としても，金融安定化に与える影響を注視していくと述べる[5]。

⑵　各政府機関によるフィンテックへの対応

フィンテック法制に関して，規制の策定，監督においては，以下の政府機関の影響力が強い。

①　SEC

SECは，資本市場に関わるフィンテック法制策定の中心的存在である。ホワイトSEC委員長（当時）は，投資家保護の観点から重視する分野として，ロボアドバイザー，ブロックチェーン，P2Pレンディング，クラウドファンディングを挙げている[6]。

②　FRB

FRB理事会は，フィンテックのイノベーションを総合的に分析する共同ワーキング・グループを設置している[7]。フィンテックについて，重視する分野として，オルタナティブレンディング（P2Pレンディング等），貯蓄・投資・金融プランニング（ロボアドバイザー，自動貯蓄ツール等），電子決済，ブロックチェーン・仮想通貨，データ・テクノロジーエコシステム（API，ビッグデータ等）を挙げている[8]。

5　Financial Stability Oversight Council, "FSOC 2016 Annual Report", June 21, 2016, pp. 126-127.

6　Chair Mary Jo White, "Opening Remarks at the Fintech Forum", SEC Public Statement, November 14, 2016.

7　Lael Brainard, "The Opportunities and Challenges of Fintech", FRB speeches, December 2016.

8　Clement Ancri, "Fintech Innovation: An Overview", Board of Governors of the Federal Reserve System, October 19, 2016.

第3章　米国のフィンテック法制の整備と展望

③　通貨監督庁（OCC）

　財務省の内部機関として，国法銀行に対して監督権限を有するOCCも，フィンテックを推進している[9]。OCCは，フィンテック企業が伝統的銀行システムを破壊している現状について，消費者がメリットを享受する一方，リスクも伴うとの立場をとる。そこで，OCCは，「責任あるイノベーション」の概念の下，メリットとリスクをバランスする適切な規制を模索している[10]。

④　消費者金融保護局（CFPB）

　CFPBは，消費者保護を目的に，ドッド・フランク法によって設立された。CFPBは，2012年に，プロジェクト・カタリストを開始した[11]。これは，適切な規制をしながらも，金融サービスを革新することを目指すものである。

⑤　連邦取引委員会（FTC）

　FTCも，また，消費者保護の観点から，フィンテックに取り組んでおり，様々なフォーラムを開催している。さらに，FTC法に基づいて，消費者に損害をもたらす不公正取引に対し，行政措置等の権限を行使している。たとえば，アプリを使った子供の無断購入について，FTCは，アマゾンに対し，全額払い戻しの訴訟を起こし，連邦裁判所によりその請求が認められている[12]。

(3)　フィンテック企業の銀行業参入

　銀行業務において，フィンテックの伸びる余地は大きい。FDICの調査では，米国家計の32%が，銀行口座を保有していないか，保有していても，銀

9　Office of the Comptroller of the Currency, "Supporting Responsible Innovation in the Federal Banking System: An OCC Perspective", March 2016, p.2.

10　Office of the Comptroller of the Currency, "Recommendations and Decisions for Implementing a Responsible Innovation Framework", October 2016.

11　CFPB, "Project Catalyst report:Promoting consumer-friendly innovation-Innovation Insights", October 2016, p.6.

12　FTC, "Federal Court Finds Amazon Liable for Billing Parents for Children's Unauthorized In-App Charges", April 27, 2016.

行システム以外で金融サービスを利用している[13]。窓口やATMといった伝統的な銀行サービスではなく，オンラインやスマートフォンを通じた金融サービスの需要はあり，これらの成長余地は高い。

　現状，フィンテック企業が銀行業に参入するには，銀行免許を取得するか，既存銀行を買収する方法がある。しかし，リーマン・ショック後，実質的には参入困難な状況にある。1990年から2008年にかけて，2,000以上の銀行が新規に創設されたが，2009年から2013年にかけては，7銀行が創設されたにすぎない[14]。規制上のハードルの高さが，フィンテック企業にとって参入障壁となっているが，FDICは，預金保険の申請において，規制緩和の姿勢を見せている[15]。

　フィンテック企業が，銀行免許を取得する例も，いくつか見られる。プリペイドカード会社のグリーンドットバンクは，2011年に，ボンネビル・バンコープを買収し，銀行持株会社となった。仮想通貨取引所を運営するジェミニとイットビットは，ニューヨーク銀行法に基づき，ニューヨーク州金融サービス局より，銀行免許を取得している。

　P2Pレンディングの場合，銀行免許やその他銀行規制を回避するため，既存の銀行と提携するのが一般的になっている。そこで，FDICとして，銀行と第三者が提携して行う融資事業（サードパーティ・レンディング）に関して，審査ガイダンスを提案している[16]。

　一方で，フィンテック企業に対する銀行規制として，OCCは，フィンテック企業に対し，特別目的国法銀行の免許を求める方針を打ち出している[17]。

13　Robert M. Adams and Jacob Gramlich, "Where Are All the New Banks? The Role of Regulatory Burden in New Bank Formation", Review of Industrial Organization, 2016, vol. 48, issue 2, pp.181-208.

14　FDIC, "2015 FDIC National Survey of Unbanked and Underbanked Households", October 20, 2016.

15　Franca Harris Gutierrez, Bradford Hardin, Jr. and Carleton Goss, "United States: Fintech Regulation: Recent Developments And Innovations", Law360, WilmerHale, May 10, 2016.

16　FDIC, "Examination Guidance for Third-Party Lending", July 29, 2016.

レンディングクラブやオン・デック・キャピタルのような融資を行う企業が想定される。

　業界団体として，アマゾン，アップル，グーグル，インテュイット，ペイパルといった大手IT企業が「フィナンシャル・イノベーション・ナウ（FIN）」を組織しており，フィンテックの技術革新を促進する立場として，法規制に対するロビー活動を行っている。OCCのフィンテック企業に対する銀行免許の提案について，連邦レベルでの免許制度を歓迎しつつも，あくまでも，連邦レベルか州レベルかは，任意（オプション）選択で，過度な規制とならないよう配慮を求めている[18]。

(4)　SECのフィンテック政策

　SECは，主に，以下の分野で，フィンテックの活用が進むと考えている[19]。

①　未公開企業による資金調達
　米国では株式公開前に不特定多数から株式による資金調達を行うクラウドファンディングが増えている。ベンチャー企業への資金調達を促進する目的で，2012年に新規産業活性化法（JOBS法）が成立し，投資型クラウドファンディングが解禁され，JOBS法に基づくSEC規則は2016年に施行された[20]。P2Pレンディングについて，投資家保護に焦点をあて，いかに情報開示規制を進めるか検討している。

17　Office of the Comptroller of the Currency, "OCC Issues Draft Licensing Manual Supplement for Evaluating Charter Applications From Financial Technology Companies, Will Accept Comments Through April 14", March 15, 2017.

18　Financial Innovation Now, "FIN Responds to Comptroller Curry's Request for Feedback on Federal Fintech Charter", January 17, 2017.

19　Chair Mary Jo White, "Keynote Address at the SEC-Rock Center on Corporate Governance Silicon Valley Initiative", SEC, March 31, 2016.

20　SEC, "SEC Adopts Rules to Permit Crowdfunding", October 30, 2015.

②　ブロックチェーンの活用

　ブロックチェーンはビットコインなどの仮想通貨で実用化が進んでいるが，今後，証券管理などの分野で活用される余地が大きい。SECはこれに対応するため，名義書換人規則の改正を進めている[21]。また，分散型台帳技術ワーキング・グループを設置し，仮想通貨やブロックチェーンの動向を注視するとともに，新たに発生するリスクを特定し，SEC内の部局内の調整を行う。証券業の自主規制機関であるFINRAも，DLT（ブロックチェーン）による証券業界への影響を分析するとともに，FINRA規則の改正を検討している[22]。

③　ロボアドバイザー

　顧客自らがオンラインで質問に答える形式で，顧客データの分析が行われ，ポートフォリオやリバランスなどが提案される。フィナンシャルアドバイザー（FA）やラップ口座の手数料が，資産残高に対して年1〜2％であるのに対し，ロボアドバイザーは0.5％以下と低コストである。ETFとロボアドバイザーを組み合わせると，格安で資産運用サービスを提供できる。

　ATカーニーの推計では，ロボアドバイザーに関する資産運用残高は，2016年の33兆円（0.3兆ドル）から2020年に，240兆円（2.2兆ドル）に増加するという[23]。ロボアドバイザーに分類される企業は，世界で76社，そのうち，北米は29社である（2016年調査)[24]。

21　SEC, "Transfer Agent Regulations（Advance Notice of Proposed Rulemaking)", December 22, 2015.

22　FINRA, "Distributed Ledger Technology: Implications of Blockchain for the Securities Industry", January 2017.

23　Teresa Epperson, Bob Hedges UdaySingh and Monica Gabel, "Hype vs. Reality: The Coming Waves of 'Robo' Adoption Principal", A.T. Kearney, June 2015.

24　Francis Groves, "Robo Advisors 3.0 - How to Create the Best Customer Journey: From Onboarding to Reporting", MyPrivate Banking Research, June 9, 2016.

⑸　投資型クラウドファンディングの解禁

　2012年新規産業活性化法（JOBS法）成立以前は，1933年証券法の規制上，投資型クラウドファンディングの実施が困難であった。1933年証券法5条において，証券発行者は，原則，SECに登録届出書を提出しなければならない。そして，適合性の原則により，一般の個人投資家が未公開株を購入するのは，厳しい制限がある。

　また，クラウドファンディングの仲介を行う企業は，ブローカー・ディーラーまたはファンディング・ポータルとして，SECに登録する必要がある[25]。自主規制機関であるFINRAにも加盟義務がある。

　そこで，JOBS法に基づくSEC規則では，登録適用除外要件として，募集総額（年間100万ドルを超えないこと），各投資家の投資額（年収10万ドル未満であれば，2,000ドルまたは年収の5％のいずれか大きい方を超えないこと等），仲介者・オンラインポータルの許可制度，行為規制，発行者の情報開示規制などが定められた。つまり，少額の資金調達であれば，規制を緩和するというものである。こうして，限定的であるものの，適格投資家に該当しない個人投資家もベンチャー企業に株式投資することが可能となった。

　ただし，上記規則の内容に，不満の声が聞かれるという[26]。それは，登録の報告義務が煩雑でコストがかかるにもかかわらず，最大の資金調達額が年間1億円強と少なすぎるからである。そうであれば，ベンチャーキャピタルから出資を受けるほうが効率がいい。

　一方，P2Pレンディングでは，レンディングクラブや，オン・デックのような上場企業が現れているものの，包括的な法規制はまだ整備されていない。日本の匿名組合契約スキームとは異なり，プラットフォームが契約している銀行が，借り手に対する貸付人となり，当該貸付債権をプラットフォー

25　SEC, "SEC Adopts Rules to Permit Crowdfunding", October 30, 2015.
26　ベンチャーエンタープライズセンター編『ベンチャー白書2016』（2016年11月28日）I-87参照。

ムが買い取る[27]。それに対応した証券（ノート）を投資家（貸し手）に発行し，証券の利払い・償還を行う。

　2008年に，SECが，P2Pレンディングを営むプロスパー（非上場）に対し，業務停止命令を出している[28]。プロスパーは，投資家向けに発行した証券（ローン・ノート）が未登録であったことが，1933年証券法5条（a）および（c）に違反するとされた。登録承認まで，9ヵ月間サービス停止となった。

　近年では，公募やVCなどの資金獲得手段として利用される他，高いリターン獲得を目的に，ヘッジファンド，保険，年金基金などの機関投資家が資金の貸し手として参入している。そのため，個人間（P2P）の資金仲介サービスというよりも，マーケットプレイス・レンディングと呼ぶほうがふさわしくなっている。

(6)　米国金融機関のフィンテック投資規制

　金融機関は，フィンテック・ベンチャー企業への投資を積極化させている。ただし，業際規制があるために，フィンテック・ベンチャーへの外部投資よりも，社内のIT投資が大半である。また，金融機関にとって，自社のみで，フィンテックを開発・利用するのは限界があるため，有望なスタート・アップ企業との協働を推進している[29]。

　上述の通り，P2Pレンディングを運営するフィンテック企業は，銀行と提携し，融資事業を行っている。アクセンチュアによると，資金調達で，既存の金融機関と競合するフィンテック企業よりも，金融機関を主要顧客とする協働的なフィンテック企業への投資が増えている。要は，銀行とフィン

27　左光敦「P2Pレンディングの仕組みと法規制：英国のP2Pレンディング規制を中心に」（日本銀行金融研究所，Discussion Paper No. 2017-J-3，2017年2月）8頁参照。

28　SEC, "Order instituting cease-and-desist proceedings pursuant to section 8 A of the Securities Act of 1933, making findings, and imposing a cease-and-desist order", Release No.8984, Administrative Proceeding File No. 3 -13296, November 24, 2008.

29　嶋村武史「米国大手金融機関のFinTechに係る戦略・施策」（野村総合研究所，金融機関経営2016年4月号）。

テック企業が競合するのではなく，協調する方向での動きが見られる。

　米国では，銀商分離が採用されており，原則，銀行による非銀行業務参入は制限されている。1956年の銀行持株会社法（BHCA）により，銀行持株会社（BHC）については，銀行業務と銀行業務に密接に関連する業務に限られる（12 U.S.C.§1843(c)(8)）。

　銀行業務に密接に関連する業務としては，融資業務，リース，信託会社，投資アドバイス，証券取引仲介，自己取引，経営コンサルティング，保険，コミュニティ投資，データ処理などが，限定列挙されている（12 CFR 225.28）。限定列挙の中に，経営コンサルティングとデータ処理があることから，ブロックチェーンなどフィンテック投資については，一般に，この範疇で可能であると解される[30]。

　また，個人の融資業務も限定列挙のリストにあるため，P2Pレンディング，P2P決済，ロボアドバイザーなどのフィンテック企業への投資も行うことができる。仮想通貨に関しては，決済もしくは資金調達として，銀行業務の範囲となる。

　銀行業務と銀行業務に密接に関連する業務以外の場合，「支配的な」投資にならないよう留意する必要がある。「支配的な」基準としては，議決権の25％以上，取締役の過半数の選任権限，経営への支配的影響力行使，が基準となる[31]。なお，BHCによる一般事業会社への投資は，議決権の5％以下であれば可能である（12 U.S.C.§1843(c)(6)）。なお，銀行と非金融業務の業際規制については，後述する。

(7)　銀行によるフィンテック事業進出の制限

　BHCから金融持株会社（FHC）に認定されれば，BHCよりも幅広い業務

30　John L. Douglas and Reuben Grinberg, "Old Wine in New Bottles: Bank Investments in Fintech Companies", Boston University, 2017, pp.16-17.

31　さらに詳細な基準は，非銀行による銀行事業体への出資に関するFRBのポリシー・ステートメントが準用されるものと解される。FRB, "§225.144 Policy statement on equity investments in banks and bank holding companies", September 22, 2008.

75

展開が可能である。グラム・リーチ・ブライリー法（GLBA）により，本源的金融業務とそれに付随する業務，金融業務を補完する業務が認められている（12 U.S.C. § 1843 (k)(4)）。FRBにより，自己資本が充実し，経営管理が良好などの基準を満たしたBHCは，FHCとして認定される。JPモルガン・チェース，バンク・オブ・アメリカ，ウェルズ・ファーゴ，シティグループ，ゴールドマン・サックス・グループなどは，FHCである。

図表3-4 米国における銀行によるフィンテック投資規制

	支配の程度	業務タイプ	その他制限
BHC業務範囲	どの程度でも	銀行業務，銀行業務に密接に関連する業務，銀行へのサービス	取得に際し，FRBの事前承認・通知の必要な場合あり
BHC業務範囲外	支配してはいけない	制限なし	支配を回避
FHC	どの程度でも	本源的金融業務とそれに付随する業務，金融業務を補完する業務	FHC要件維持，FRBによるFHC管轄
FHCマーチャント・バンク業務	支配してもいいが，日常的経営に関与してはいけない	制限なし	投資期間の制限（10〜15年）

出所：John L. Douglas and Reuben Grinberg, "Old Wine in New Bottles: Bank Investments in Fintech Companies", Boston University, 2017

　FHCは，一定要件下で，FRBが認可した場合，補完業務として，非金融業務を行うか，非金融業務を行う企業への資本参加が可能となる。現状，補完業務として認可されているのは，ほとんどが現物コモディティ関連取引業務である[32]。

---

[32] Board of Governors of the Federal Reserve System (Board) Notice of proposed rulemaking, "Regulations Q and Y; Risk-Based Capital and Other Regulatory Requirements for Activities of Financial Holding Companies Related to Physical Commodities and Risk-Based Capital Requirements for Merchant Banking Investments", September 30, 2016.

第3章　米国のフィンテック法制の整備と展望

　FHCの場合，子会社（証券，保険等）を通じて，マーチャント・バンク業務として一般事業会社に投資できる（12 U.S.C.§1843(k)(4)(H)）。ただし，日常的な経営・業務に関与はできず，保有期間は，10〜15年間の制限がある（12 CFR 225.172(b)(4)；225.173(c)）。また，15％以上を保有した場合，連邦準備法23条A，23条Bにより，関連会社との取引制限が課せられる。そのため，フィンテック企業に投資はできるものの，戦略的関係を築くには一定の限界がある[33]。

　BHC傘下の銀行の多くは，OCCが銀行免許を付与した国法銀行である。国法銀行の場合，BHCやFHCよりも，フィンテック投資の柔軟性は高い。手法としては，非支配持分投資，子会社化，銀行サービス会社（銀行サービス会社法）設立，中小企業投資会社（SBIC）への投資，が挙げられる[34]。

　ただし，後述のように，金融機関は，規制の変更がない限り，金融サービス業にとどまらざるを得ない。フィンテック時代に，大手金融機関が世界的なIT企業と戦うためには，自らが金融サービス業を展開する情報システム企業に変身する必要がある。

　そのイメージは，証券取引所である。30年前の東京証券取引所には，立会場があり，場立ちが株価を決めていた。しかし，現在の日本取引所グループで，場立ちはおらず，超高速取引に対応できる情報システムを構築した。つまり，東証は，労働集約型金融サービス企業から，金融サービスに特化した情報システム企業に変身したのである。

　しかし，それには，大手金融機関が，膨大に膨れ上がった支店網，人員，情報システムを大きく削減する必要がある。大きな痛みを伴うリストラが必要であるだけに，経営のリーダーシップが問われる。

33　John L. Douglas and Reuben Grinberg, "Old Wine in New Bottles: Bank Investments in Fintech Companies", Boston University, 2017, p.24.
34　Ibid., p.29.

77

(8) 米国の決済法制

　当面，フィンテックで，有望な業務は決済である。送金・為替業務は，銀行のみに認められた業務ではなく，州法レベルの送金業者法（Money Transmitter Law）に基づき，各州が免許や認可を付与している。このため，決済は，フィンテック企業が進出しやすい業務である。州によって，マネー・サービス法（Money Service Act），小切手販売法（Sales of Checks Act）など名称は異なる。

　全米48州で送金業者法が制定されており，資本金などの財務規制，顧客の資産保全措置，投資制限，定期報告書の提出などの規制がある。対象となる業者は，(i)為替ディーラー・交換業者，(ii)小切手決済業者，(iii)トラベラーズ・チェック，プリペイドカード，電子マネー等の発行者，(iv)トラベラーズ・チェック，プリペイドカード，電子マネー等の販売・買戻し業者，(v)送金業者，である[35]。

　また，統一州法委員全国会議（NCCUSL）が策定した2000年の統一マネー・サービス法では，銀行や預金取扱機関でない決済業者を対象とした法規制の枠組みを定めている。これは，各州政府に，統一州法を採択するよう提案するもので，法的拘束力はない。直近の改定版は2004年に出され，アラスカ，アイオワなど7州が全面的に施行している。

　さらに，モデル州法である米国統一商事法典（UCC）第4編Aにおいて，資金移動（決済）が規定されている。ただし，第4編Aは，銀行システムの枠内の資金決済を対象としたもので，銀行システム以外の事業体による資金決済は対象外である[36]。一般に，大規模決済を想定している。米国では，連邦レベルの商法はなく，各州が規制しているため，アメリカ法律協会（ALI）とNCCUSLにより，UCCが策定され，モデル州法として，第二次法源とし

---

35 Conference of State Bank Supervisors and Money Transmitter Regulators Association, "The State of state money services businesses regulation & supervision", May 2016, pp.4-5.

て機能している。

2016年3月末現在，免許を持つ送金業者は456社あり，そのうち，243が複数の州で事業を運営している（平均10州の免許）[37]。国際的な決済プラットフォームを提供するペイパルが保有する州免許は，54種（52州）である。

連邦レベルでは，電子的資金移動の消費者保護を規定した1978年の電子資金振替法（EFTA）がある。従来，FRBがレギュレーションEを通じて，EFTA下の決済制度を管轄していたが，2010年のドッド・フランク法により，2011年から，規則制定・監督権限が，FRBからCFPBに移行した。

(9) マネーロンダリングの規制強化

米国では，マフィアによる不法行為や中南米からの麻薬の密輸などに対応するために，古くから，マネーロンダリングに対しては厳しい法律がつくられてきた。そして，21世紀に入って，相次ぐテロや事件に対応して，犯罪者の資金源を断つ目的でマネーロンダリング法制が強化されてきた。

マネーロンダリングの観点から，連邦法として，銀行秘密法が決済制度を規制する。銀行秘密法は，1970年に，マネーロンダリングを規制する法律として制定された。そして，同時多発テロ事件を受けて，2001年に米国愛国者法が制定された。これを契機に，銀行秘密法の適用範囲が拡大され，金融取引に関する当局の監視が一段と厳しくなった。マネーロンダリングの監視，口座の本人確認，アンチ・マネーロンダリング（AML）プログラムの策定と実施，疑わしい取引報告（SAR）などが金融機関に対して義務付けられた。

財務省内の金融犯罪取締執行ネットワーク（FinCEN）が銀行秘密法を規制監督する。FinCENは，1990年に，米国政府全体の金融情報分析のネットワーク確立を目的として，財務省により創設された 。1994年に銀行秘密法

---

36 Baker & McKenzie, "Research project regarding payment services, bank group regulations and other for Japan Financial Services Agency Final Report- U.S.A.", March 30, 2015,p.46.

37 Conference of State Bank Supervisors and Money Transmitter Regulators Association, "The State of state money services businesses regulation & supervision", May 2016, p.6.

を管轄することになり，2001年に米国愛国者法によって権限が強化された。2004年には，TFIの一部となり，テロ，金融犯罪，無法国家に対する経済制裁を担当している。金融犯罪の情報を収集・分析し，法執行機関，諜報機関，監督機関に提供している。

　なお，米国では，EUのような決済に関する中間的業者を規制する連邦法・州法はない。業者が提供する事業状況や顧客等との契約形態によって，個別の関連法規制が適用されることになる。

⑽　米国の仮想通貨法制

　仮想通貨は歴史が浅いだけに，米国ですら，制度の整備が遅れている。また，監視体制が不十分であるため，不正が起こりやすい。

　連邦レベルで，仮想通貨交換業者の免許制は導入されていないが，OCCが，フィンテック企業に対する銀行免許制を提案している。州レベルで免許制を導入しているのは，ニューヨーク州金融サービス局（NYDFS）である。

　NYDFSは，2011年に，ニューヨーク州銀行局と保険局の機能を移転して，創設された。1,900以上の銀行・金融機関の監督当局として，設立許可，免許付与，登録，検査も行っている。金融不正・消費者保護も管轄下にあり，金融犯罪に対する捜査を行い，制裁を科す場合もある。

　2015年に，仮想通貨交換業者として，イットビット・トラストがニューヨーク銀行法に基づき，信託会社の免許を取得した[38]。ニューヨーク金融サービス法において，仮想通貨に関する規則が制定され，サークル・インターネット・フィナンシャルが初の仮想通貨免許（ビットライセンス）を取得した。2017年1月現在，仮想通貨交換業者として，5社が，仮想通貨免許を取得している[39]。

---

[38] New York State Department of Financial Services, "NYDFS GRANTS CHARTER TO 'GEMINI' BITCOIN EXCHANGE FOUNDED BY CAMERON AND TYLER WINKLEVOSS Three Virtual Currency Firms Have Now Received Charters or Licenses from NYDFS – Gemini, Circle, itBit", October 5, 2015.

第3章　米国のフィンテック法制の整備と展望

仮想通貨が犯罪に利用され，事件に発展した例がある。リバティ・リザーブ，シルクロード，ウェスタン・エクスプレス・インターナショナルは米国司法省等に摘発されている[40]。2011年に開設された闇サイト「シルクロード」では，ビットコインを通じて，違法薬物，武器等を販売し，合計約12億ドルの収入を得た。FBI，司法省等の各当局が協力の下，2013年に摘発・閉鎖された[41]。

マネーロンダリングに関しては，FinCENが管轄しており，2013年に，仮想通貨のガイダンスを出している[42]。送金業者（マネー・サービス業者）に適用される規則が仮想通貨の管理者や交換業者に適用される。リップル・ラボが，FinCENにマネー・サービス業者の登録をしていない等を理由に，銀行秘密法違反により，70万ドルの罰金が科された[43]。仮想通貨交換業者に対する初の罰金事例である。

⑾　SECが投げかけるビットコインの問題点

米国では，ビットコインの上場投資信託（ETF）は，まだ，実現していない。ウィンクルヴォス・ビットコイン・トラストが，新興取引所であるBats取引所へのETF上場を申請した。しかし，SECは，顧客保護に対する規制，価格操作，風説の流布など不正行為に対する対策が未整備であるとして，申請を却下した[44]。

39　New York State Department of Financial Services, "DFS GRANTS VIRTUAL CURRENCY LICENSE TO COINBASE, INC. Five Virtual Currency Entities Have Received Approval by DFS to Operate in New York", January 17, 2017.

40　Jared A. Kleiman, "Beyond the Silk Road: Unregulated Decentralized Virtual Currencies Continue to Endanger US National Security and Welfare", National Security Law Brief 4, No.1, 2013, pp.59-78.

41　FATF, "Guidance for a risk-based approach to virtual currencies", June 2015, pp.32-35.

42　FinCEN, "FinCEN Issues Guidance on Virtual Currencies and Regulatory Responsibilities", March 18, 2013.

43　FinCEN, "FinCEN Fines Ripple Labs Inc. in First Civil Enforcement Action Against a Virtual Currency Exchanger", May 5, 2015.

44　SECURITIES AND EXCHANGE COMMISSION (Release No. 34-80206; File No. SR-BatsBZX-2016-30), March 10, 2017.

81

コモディティに連動するETFの場合，ETFを上場・取引する国法証券取引所とコモディティの市場が，共に監視責任を分かち合うことが重要である。しかし，現状，ビットコインおよびビットコインのデリバティブの市場と，国法証券取引所（Bats取引所）は，そのような体制を有していない。

　ビットコインの多くは，米国外の取引所で取引されており，資本規制が不十分な上，米国政府当局の規制が及ばないことが多い。特に，ビットコイン価格は，取引量が多い中国などの取引所の影響を受けやすく，実態からかけ離れた投機的な取引，フロントランニング，馴れ合い取引など非倫理的な取引が見受けられる。

　また，SECは，仮想通貨を使ったポンジ・スキームやビットコイン関連の投資リスクについて，警告を発している[45]。ポンジ・スキームは，投資詐欺の一種で，ハイリターン・ノーリスクで資金を呼び込み，実際には資産運用を行わず，新規出資者からの資金を元手に，既存の出資者に配当金を支払う仕組みである。仮想通貨絡みの詐欺や盗難の場合，預金保険のような保護はないため，回収することは極めて困難であり，仮想通貨特有のリスクもある。

　なお，ビットコイン投信は，米国で取引されている。グレイスケール・インベストメンツが運用するビットコイン・インベストメント・トラストは，ビットコイン価格に連動する投資信託である（2013年運用開始）。プロ（適格）投資家向けであるが，FINRAの認定により，2015年に，世界で初めて，OTC（店頭取引）市場で取引されている。

---

45 SEC Investor Alerts, "Ponzi schemes Using Virtual Currencies", SEC Pub. No. 153, July 2013, SEC Investor Alerts and Bulletins, "Investor Alert: Bitcoin and Other Virtual Currency-Related Investments", May 7, 2014.

3．米国の事業会社と金融機関の業際規制

(1)　米国では事業会社が金融事業から撤退する

　米国では，金融機関が非金融事業を行うことにかなり厳しい制約がある。金融機関は，規制によって，金融以外に事業の広がりを持てないため，ITなどの事業会社と比較してハンディが大きい。

　銀行以外のプレイヤーが，銀行システムの中で，新規事業を立ち上げるのは，今に始まったことではない。米国最古の電気通信会社ウェスタンユニオンは，19世紀に，電報事業を活用して，送金事業に参入している[46]。

　米国では，ドッド・フランク法により，連邦準備制度理事会（FRB）に，大手銀行グループの監督だけでなく，金融安定監督評議会（FSOC）の認定を受けた銀行以外の金融機関を監督する権限も付与された。

　証券取引委員会（SEC）は，証券会社を監督する権限を持つが，融資などの救済手段を持たない。このため，リーマン・ショック時に，大手投資銀行ゴールドマン・サックス，モルガン・スタンレーなどは，銀行免許を取得することで，FRBの監督下に入った。

　従来であれば，銀行にのみ厳しい規制を課すと，投資銀行は銀行免許を返上する可能性がある。その場合，銀行以外の金融機関を救済する手段は限定的となる。そこで，銀行免許を返上しても，500億ドル以上の資産（2010年1月1日時点）で，不良資産救済プログラム（TARP）対象の企業は，規制の対象となる（ホテル・カリフォルニア条項）。

　ドッド・フランク法によって，産業界による銀行業務への進出が厳しく規制されている。大規模な金融事業を持つ企業は，FRBの監督下に置かれ，

46　John L. Douglas, "New Wine Into Old Bottles: Fintech Meets the Bank Regulatory World", 20 N.C. Banking Inst. 17 (2016), p. 20.

自己資本規制，ストレステスト，リビングウィル（経営破たん時の事業解体計画）の作成など，規制を受ける。

このため，大規模な金融事業を展開していたGEのように，厳しい規制を嫌って，金融事業から撤退する企業も出ている。つまり，フィンテックによって事業会社による金融事業への進出が容易になるにしても，特に，預金に関わる銀行業務や大きな資産を必要とする金融業務については，参入は進まないであろう。

おそらく，米国では，企業の資産を大きく使わない決済，送金などの分野で，事業会社の金融事業進出が進むであろう。たとえば，アップルによるiPhone などを通じた決済事業進出がこれらに該当する。また，ブロックチェーンを使った決済，送金システム構築などは，IBMやマイクロソフトが注力している。ただし，日本のソニー銀行やセブン銀行のように，事業会社が新規に銀行，証券，保険の子会社を設立し，あるいは買収して参入することは，米国では，容易ではない。

(2)　事業会社による金融事業参入も難しい

米国では，一般に，事業会社と銀行を分離する銀商分離政策が採用されており，歴史的に，抜け穴を埋めるべく，法律が整備されてきた。

1956年銀行持株会社法（事業会社による銀行株式の保有制限），1970年改正銀行持株会社法（銀行を預金と商業貸出業務を行う企業と定義），1987年競争衡平銀行法（預金・商業貸出の一方のみを行うノンバンク銀行を規制），1999年のグラム・リーチ・ブライリー法により，銀商分離原則が強化されている。

それ以前は，貯蓄機関のみを単独で保有する単一貯蓄金融機関持株会社は，業務規制がなかったため，事業会社による銀行業参入に利用されていた。しかし，それ以降，事業会社が，新たに単一貯蓄金融持株会を設立する，もしくは，既存の貯蓄金融持株会社を買収する，ということができなくなった。

事業会社による銀行株式保有についての制限は厳格である。銀行持株会社

84

法により，以下のいずれかに該当すれば，銀行持株会社とみなされる。

ⅰ．直接もしくは間接的に，議決権25％以上を保有する。

ⅱ．取締役もしくは管財人の過半数の選任権限を有する。

ⅲ．直接もしくは間接的に，銀行の経営や政策に支配的影響力を及ぼすと
　　FRBが判断する。

その結果，資本規制，FRBへの報告義務，検査，監督といった規制が及
ぶ（個人投資家を除く）[47]。

図表3-5 米国における事業会社による銀行業参入規制

法　律	保有禁止	保有可能
1956年以前		各種預貯金取扱機関
1956年銀行持株会社法	個別銀行，複数銀行持株会社	単一銀行持株会社，ノンバンク銀行，複数・単一貯蓄金融持株会社，ILC
1967年貯蓄貸付組合持株会社法	複数貯蓄金融持株会社	単一銀行持株会社，ノンバンク銀行，単一貯蓄金融持株会社，ILC
1970年改正銀行持株会社法	単一銀行持株会社（既存の事業会社保有は適用除外）	ノンバンク銀行，単一貯蓄金融持株会社，ILC
1987年金融機関競争衡平法	ノンバンク銀行（既存の事業会社保有は適用除外）	単一貯蓄金融持株会社，ILC
1999年グラム・リーチ・ブライリー法	単一貯蓄金融持株会社（既存の事業会社保有は適用除外）	ILC
2010年ドッド・フランク法	モラトリアム	ILC

注：モラトリアムは，2013年7月に終了。出所：James R. Barth, Tong Li, Apanard
Angkinand, Yuan-Hsin Chiang and Li Li, "Industrial Loan companies:Supporting America's
Financial System", Milken Institute, April 2011, p.34

---

47 FRB, "§225.144 Policy statement on equity investments in banks and bank holding
companies", September 22, 2008.

(3) 事業会社による金融事業参入の手段

　銀商分離が強化される一方で，インダストリアル・ローン・カンパニー（ILC，インダストリアル・バンクとも呼ばれる）による抜け穴が存在している[48]。ILCは，FDICの預金保険の対象となるが，州法によって設立された機関である。銀行とはみなされず，事業会社が保有することも可能である。実際に，事業会社が子会社を通じて金融サービス事業に参入する例がある。

　ILCを利用した銀行設立は，大手証券にも見られる。ただし，リーマン・ショックを契機に，モルガン・スタンレーとゴールドマン・サックスは，銀行持株会社（BHC）に移行している。

　ILCの多くがユタ州に集中しており，他にも，現在，カリフォルニア州，ミネソタ州，ハワイ州，ネバダ州で運営されている[49]。事業会社がILCを通じて，実質的に銀行業参入が可能となっている。

　ウォルマートやターゲットなど大型小売業の銀行業参入は，大きな議論となった。連邦預金保険公社（FDIC）は，ウォルマートの申請を契機に，2006年7月から2007年1月まで，新たなILC設立や経営権変更を凍結するモラトリアムを行った。2007年1月に，モラトリアムが，1年間延長された。

　さらに，ドッド・フランク法603条により，事業会社のILCやクレジットカード・バンクの設立・買収のモラトリアム期間（3年間）が設定された。2013年に，モラトリアム期間が完了したため，現在，参入は可能となっている[50]。ただし，規制強化や低金利によって，銀行業務が収益性の高いビジネ

---

[48]　髙山浩二「アメリカにおける小売業の銀行業参入と銀商分離政策」（経営研究59巻1号，2008年5月）59～60頁参照。

[49]　FDIC, "Statement of Martin J. Gruenberg, Chairman, Federal Deposit Insurance Corporation on De Novo Banks and Industrial Loan Companies before the Committee on Oversight and Government Reform; U.S. House of Representatives; 2157 Rayburn House Office Building", July 13, 2016.

[50]　Kobi Kastiel, "Dodd-Frank Moratorium Ends on Bank Charters for Commercial Firms", Harvard Law School Forum on Corporate Governance and Financial Regulation, September 8, 2013.

第3章　米国のフィンテック法制の整備と展望

図表3-6 事業会社によるILC設立事例

年	ILC	州	最終親会社	現　況
1989	アメリカン・エキスプレス・センチュリオン・バンク	ユタ	アメリカン・エキスプレス	活動中
1992	AT&Tユニバーサル・ファイナンシャル	ユタ	AT&T	1998年売却
1993	GEキャピタル・バンク	ユタ	GE	2016年売却
1998	ピツニーボウズ・バンク	ユタ	ピツニーボウズ	活動中
1999	BMWバンク・オブ・ノースアメリカ	ユタ	BMW	活動中
2000	ボルボ・コマーシャル・クレジット	ユタ	ボルボ	2007年閉鎖
2002	フォルクスワーゲン・バンク・USA	ユタ	フォルクスワーゲン	2007年閉鎖
2004	GMACバンク	ユタ	GM	2009年アライ・バンクに改名
2004	トヨタ・ファイナンシャル・セービングス・バンク	ネバダ	トヨタ自動車	活動中
2004	ターゲット・バンク	ユタ	ターゲット	2015年閉鎖

注：年は，預金保険対象が認められた年。2016年末現在。出所：Kenneth Spong ＆Eric Robbins, "Industrial loan companies: a growing industry sparks a public policy debate", Federal Reserve Bank of Kansas City, Economic Review Fourth Quarter 2007, p.66, 各社資料

スではなくなり，大型企業による銀行業参入は少ない傾向にある。

(4)　銀行と事業会社の業際規制改革

　2016年に，FRB，連邦預金保険公社（FDIC），通貨監督庁（OCC）が共同でマーチャント・バンク業務禁止を議会に対し，提言している[51]。ドッド・フランク法620条に基づくもので，同条では，銀行事業体の安全性と健全性

51　Board of Governors of the Federal Reserve System, Federal Deposit Insurance Corporation, Office of the Comptroller of the Currency, "Report to the Congress and the Financial Stability Oversight Council Pursuant to Section 620 of the Dodd-Frank Act", September 2016.

そして，米国の金融システムに対する脅威となりうる銀行事業体の活動や投資について特定するよう求めている。

共同提言では，金融持株会社（FHC）によるマーチャント・バンク業務，現物コモディティ取引の廃止を求めた。さらに，事業会社が保有するILC，適用除外の単一貯蓄貸付組合持株会社（GUSLHC）の免除廃止も提案している。

上述の通り，事業会社は，ILCを通じて，実質的な銀行業務に参入できる。ILCはBHCAの規制の対象外であり，FRBによる連結グループの規制・監督が及ばない。そのため，事業会社が保有するILCの規制適用除外廃止を求めている。つまり，事業会社による銀行事業進出を厳しく制限するものである。

1999年以前に設立された単一貯蓄金融持株会社は，一定の資産ポートフォリオ等の基準を満たす限り，いかなる事業にも従事できる。SLHCは，1933年住宅所有者貸付法（HOLA）の下，ドッド・フランク法以降，FRBが管轄している。従前は，財務省貯蓄金融機関監督局（OTS）の管轄であった。規制上・事業競争上の公平性の観点から，銀商分離の徹底を求めている。

ただし，この共同提言を実施するには，議会による法改正が必要である。さらに，トランプ大統領が，金融規制の見直しを指示する大統領令に署名したことから，実現へのハードルは高いと想定される。これが実現しないのであれば，アップルやフェイスブックなどが，制限付きながらも，金融事業に進出できることを意味する。

(5) 米国の事業会社による金融事業の事例

日本と比較して，米国では規制が厳しいため，事業会社による金融事業は，縮小傾向にある。以下，米国の主要事業会社による金融事業を紹介する。

① ＧＥ

GEキャピタルの設立は1932年と歴史は古い。その営業利益は，2007年に全体の57％を占め，GEの稼ぎ頭であった（2014年42％）。しかし，GEは，インフラ・テクノロジー事業に特化するため，2015年に事業売却計画を発表

した。営業利益の構成比を最終的に10％にまで縮小する目標である。GEは，ノンバンクSIFIsにも指定されたが，GEキャピタルの縮小に伴い解除された。これにより，GEはFRBによる厳しい監督を免れることとなった。

② ＧＭ

GMAC（現アライ・ファイナンシャル）は，1919年に，自動車ディーラーの販売を支援するため設立された。2000年に，GMACバンクを創設し，貯蓄金融機関の免許を取得した。グラム・リーチ・ブライリー法は，一般事業会社による貯蓄金融機関の免許取得を規制していたが，GMは特別に認められた[52]。

リーマン・ショック後，GMは，連邦破産法11条を申請した。米国財務省は，GMとGMACに対し，不良資産救済プログラム（TARP）を通じて，公的資金を注入した。GMACは，2008年に，ILC免許を銀行免許に転換し，銀行持株会社として，FRBの管轄下に入った。2010年に，アライ・ファイナンシャルに改名し，2014年に株式公開を果たした。

③ ＩＢＭ

IBMの金融事業は，顧客のITシステム，ソフトウェア，サービスの取得を金融面から支援している。当該事業の税前利益は，IBM全体の11％を占める（2016年度）。

④ シアーズ・ホールディングス

シアーズ・ホールディングスは，シアーズ・ローバック（以下，シアーズ）とKマートの持株会社である。シアーズは，1931年に自動車保険事業に参入した（オールステート・インシュランス）。1980年代に，証券，不動産，

---

[52] 髙山浩二「証券化とアメリカ自動車メーカーの金融依存」（経営研究60巻3号，2009年11月）57頁参照。

クレジッドカードに参入し，銀行業にも参入した。1970年改正銀行持株会社法の抜け穴を利用して，シアーズは，1985年に，グリーンウッド・トラスト（現ディスカバー・バンク），ハーリー・ステート・バンク（2002年にシティバンクに売却）を買収した[53]。その後，1990年代に，金融事業を売却し，本業に回帰した。

　元々，事業会社であったものが，金融業者に変身した例がアメリカン・エキスプレスである。1850年に運送業者として創立されたアメリカン・エキスプレスは，1891年に世界初のトラベラーズ・チェックを発行し，本格的な金融業務に進出した。2008年に，アメリカン・エキスプレスと主要子会社がBHCとして認可された。危機時には，FRBや財務省からの金融支援が期待でき，資金調達面で有利になる一方，FRBの監督下に入り，厳しい自己資本比率規制を受ける。

(6)　小括：トランプ政権による金融規制見直しは実現しよう

　トランプ大統領は，2017年の就任直後に，金融規制見直しの大統領令を発した[54]。大統領は，大統領令と呼ばれる指令を発動することができる。この権限は，憲法上明記されていないが，連邦最高裁判所によって，支持されている。大統領令は，一般に，大統領の政治課題を推進・実行するために，新たなプログラムや職責，委員会を設立するなどの目的で行使される[55]。

　大統領令は，連邦政府機関に対する法的拘束力を持ち，連邦議会の承認は不要である。連邦議会は，大統領令の内容を審査する権限がないが，法律を制定することで，大統領令の内容を修正することは可能である。また，大統領令の内容の違憲性について，司法の場で提訴することは可能である。

53　James R. Barth, Tong Li, Apanard Angkinand, Yuan-Hsin Chiang and Li Li, "Industrial Loan companies: Supporting America's Financial System", Milken Institute, April 2011, pp.31-32.

54　The White House, "Presidential Executive Order on Core Principles for Regulating the United States Financial System", February 3, 2017.

55　米国大使館レファレンス資料室「米国の統治の仕組み」（2012年3月第2版）16頁参照。

90

金融規制見直しに関する大統領令では，金融規制のコア・プリンシプルを定めるとともに，財務長官に対し，FSOCの各政府機関責任者と相談の上，金融システムに関して，現行法，条約，規制，ガイダンス等の見直し，大統領令発動から120日以内に，報告書を提出するよう求めている。

ドッド・フランク法の内容は，以下の2つのルートで改革することが可能である。

第一に，法改正である。立法権は，連邦議会に属するが，上院，下院とも与党共和党が多数なので，法改正は可能であろう。2016年の共和党綱領は，ドッド・フランク法について，国内の金融市場に対し，前例のない政府によるコントロールをもたらしたと批判している[56]。おそらく，中小金融機関について規制緩和する方向で制度改革が実施されよう。

第二のルートが，規則の変更である。ドッド・フランク法の個別規定に定められた規則制定の要求により，FRBやSECなどの政府機関は，新たに規則制定を行っている。

新しいSEC委員長には，企業法務弁護士のジェイ・クレイトンが就任した。ウォール街の法務に精通しており，金融機関寄りの規則制定が予想される。FRBの理事も過半数が交代し，トランプ大統領の指名する理事が多数を占めることとなろう。2018年には，オバマ政権が指名したイエレン議長とフィッシャー副議長の退任も予想される。つまり，トランプ大統領の意向が通りやすい体制になる。

現時点で，トランプ政権の金融規制緩和がフィンテックにどのような影響を与えるかは定かでない。しかし，緩和する方向であることは間違いない。そして，ムニューシン財務長官，コーン国家経済会議議長とも，大手投資銀行ゴールドマン・サックス出身であるため，フィンテックを含む金融サービスに理解の深い政策が実施される可能性が高いと考えられる。

56　The Committee on Arrangements for the 2016 Republican National Convention, "Republican Platform 2016", July 2016.

第4章 欧州のフィンテック法制の現状と展望

1．EUの金融制度とフィンテック

(1) EUのITと金融の地盤沈下

　EUは，米国や中国と比較すると，フィンテックの発展が十分でない。特に，大陸欧州諸国においてその傾向があてはまる。

　欧州のIT企業の時価総額上位企業の多くは製造業であり，しかも，いずれも地盤沈下傾向にある（図表4-1）。特に，ノキア，エリクソンなど，通信機器メーカーの地盤沈下が顕著である。これは，欧州は，元々，世界的な規模のITサービス企業が育っていないのに加えて，ベンチャー企業が育つ土壌があまりないことなどが理由であると考えられる。

　さらに，世界の中では，EUの金融市場や金融機関の地位が低下している。過去10年間，米国，カナダ，オーストラリアの金融機関の時価総額が増加する一方で，欧州の金融機関の時価総額の減少額が大きい（図表4-2）。

　このように，フィンテックに欠かせないITと金融両方で，欧州企業の低迷が顕著である。しかも，フィンテックの主戦場は，リテール金融であるが，B2CのITサービス業に弱い。これは，日本と共通する現象である。

92

第4章　欧州のフィンテック法制の現状と展望

図表4-1　欧州IT企業時価総額上位10社

	2006年末	国	時価総額（百万ドル）	世界IT順位	2016年末	国	時価総額（百万ドル）	世界IT順位
1	ノキア	フィンランド	83,587	9	SAP	ドイツ	107,297	15
2	SAP	ドイツ	67,292	12	ASMLホールディングス	オランダ	49,403	24
3	エリクソン	スウェーデン	59,896	14	NXPセミコンダクターズ	オランダ	33,912	36
4	アルカテル・ルーセント	フランス	33,193	23	ノキア	フィンランド	28,240	43
5	STマイクロエレクトロニクス	イタリア	16,887	46	TEコネクティビティ	スイス	24,618	49
6	ASMLホールディングス	オランダ	12,054	62	アマデウスITグループ	スペイン	19,980	61
7	インフィニオンテクノロジーズ	ドイツ	10,529	81	インフィニオンテクノロジーズ	ドイツ	19,744	62
8	リニューワブル・エナジー	ノルウェー	9,047	93	ダッソー・システムズ	フランス	19,697	63
9	キャップ・ジェミニ	フランス	8,962	94	テレフォナクティーボラーゲLMエリクソン	スウェーデン	19,599	64
10	エリコン	スイス	6,980	112	キャップ・ジェミニ	フランス	14,503	81

出所：ブルームバーグ

(2)　EUの金融規制体系の特徴

　歴史的に，ユニバーサルバンクが主流の大陸欧州諸国は，資本市場法制が十分に発達しなかった。さらに，政治，文化，宗教などが異なる国の連合体であるため，制度の統一が遅れた。よって，フィンテック法制は，整備が遅れる傾向にある。

　EUの資本市場法体系は，以下のように，米国と違った意味で複雑である。

　ⅰ．EUレベルでは，英国法を中心とするアングロ・サクソン法（コモン

93

図表4-2				過去10年間先進国金融機関時価総額増減額上位，下位10社（欧州太字）			
	上位10	国	時価総額 （百万ドル）	増加額 （百万ドル）	下位10	国	時価総額 （百万ドル）	増加額 （百万ドル）
1	バークシャー・ ハサウェー	米国	408,124	239,506	AIG	米国	58,674	−128,993
2	ウェルズ・ ファーゴ	米国	255,563	135,031	シティグルー プ	米国	166,682	−102,849
3	JPモルガン・ チェース	米国	291,863	114,806	RBS	英国	39,801	−77,978
4	ブラックロッ ク	米国	66,805	47,046	UBS	スイス	61,266	−76,015
5	チャブ	スイス	66,859	46,627	クレディ・ス イス	スイス	30,718	−61,654
6	オーストラリ ア・コモンウェ ルス銀行	豪州	102,456	42,900	ウニクレディ ト	イタリア	38,958	−59,037
7	トロント・ド ミニオン銀行	カナダ	88,027	38,300	インテーザ・ サンパウロ	イタリア	47,941	−49,125
8	ウエストパッ ク銀行	豪州	76,127	36,263	ファニーメイ	米国	14,635	−47,563
9	PNCファイナ ンシャルサー ビシズ	米国	57,439	31,984	ソシエテ・ジェ ネラル	フランス	42,370	−47,469
10	RBC	カナダ	100,686	31,254	バークレイズ	英国	46,104	−47,419

注：2017年5月末時点。出所：ブルームバーグ

ロー）体系がベースながらも，英国で重視される慣習法や自主規制よりも，大陸法（シビルロー）的に，成文法が重視されている。

ⅱ．資本市場法制は指令（基本的な法体系をEUで合意し，それを各国で法制化する）に基づいて，それを国内法化することが多い。その際に，各国の事情を反映して，国内法制について，多少の相違を認めるため，EU加盟国がまったく同じ金融制度を持っているわけではない。TOB制度のように，各国間の相違が比較的大きいものもある。

ⅲ．税法や会計基準は，EU共通の法制度があると同時に，各国独自の基準が残っている。あるいは，プルーデンス政策（例：公的資金注入等）なども，各国独自の制度がある。

第4章　欧州のフィンテック法制の現状と展望

　21世紀に入って，大陸欧州は先進的な英国の資本市場制度を導入した。しかし，コモンロー体系の英国と，シビルロー体系の大陸欧州では，法体系が大きく異なるため，木に竹を接いだような法制度になりやすい。

　また，EU加盟国は28ヵ国もあるため，経済格差や資本市場の発達の度合いが大きく異なる。このため，金融市場の変化のスピードと比較して，EUの金融規制改革は遅れがちである。

　EUの金融法制の多くは英国の法制度をアレンジしたものである。英国の金融市場や金融機関は規模が大きく，かつ自主規制をベースに高度な金融法制が古くから発達してきた。そして，ロンドンは，EUのみならず，中東，東欧，アフリカ地域を含む国際金融センターとなった。言い換えると，英国の制度は，欧州，中東，アフリカのほとんどで使われていたからこそ，その影響力が大きかったのである。

　しかし，英国のEU離脱が決定したため，今後，英国の制度を大陸欧州諸国が取り入れることは考えにくい。大陸欧州は，金融法制をつくり出す能力は必ずしも高くない。一方で，もはや，大陸欧州には，世界的に展開する大型金融機関やフィンテックで活躍できそうなIT企業は存在しない。よって，英国離脱は，残されたEU諸国にとって，フィンテック産業育成という点ではネガティブである。

(3)　リーマン・ショック後の資本市場制度改革

　EUにおける投資サービス会社を対象にした包括的金融法制は，金融市場取引指令（MiFID[1]）である。フィンテックに関しても，直接，あるいは間接に，MiFIDが適用される。ホーム国で認可を受ければ，他のEU加盟国で別途認可は必要ない（単一パスポート制度）。

1　Directive 2004/39/EC of the European Parliament and of the Council of 21 April 2004 on markets in financial instruments amending Council Directives 85/611/EEC and 93/6 /EEC and Directive 2000/12/EC of the European Parliament and of the Council and repealing Council Directive 93/22/EEC.

2014年に採択された第 2 次金融市場取引指令（MiFID 2 ）[2]および金融商品市場規則（MiFIR）[3]は，MiFIDの内容が大幅に改正された。MiFID 2 は，当初，2017年からの適用開始であったが，技術的問題から，2018年に延期されている。

MiFID 2 の概要は，下記の通りである[4]。

① 市場構造のフレームワーク導入

取引ファシリティとは，株式取引の形態である。現行の規制市場と多角化取引ファシリティ（MTF）に加えて，組織化された取引ファシリティ（OTF）を新たに導入する。これまで規制の枠外にあったクロッシング・ネットワーク（取引当事者が直接交渉し，価格や数量を決定し，取引を成立させる仕組み）やデリバティブを取り込む。

② 非株式型金融商品，ダークプール取引の透明性

債券やデリバティブなどの非株式型金融商品の取引情報（取引前・取引後）について，開示規制を導入する。ダークプール（取引所を通さない私設取引）について，EUにおける取引シェアの上限を設定し，上限に達した場合，当該銘柄の取引を停止する。

③ 商品デリバティブの監督権限の強化

透明性の改善，秩序だった値付け，市場の濫用防止のため，商品デリバティブの監督を強化する。欧州証券市場監督庁（ESMA）が，ポジションの

2　DIRECTIVE 2014/65/EU OF THE EUROPEAN PARLIAMENT AND OF THE COUNCIL of 15 May on markets in financial instruments and amending Directive 2002/92/EC and Directive 2011/61/EU.

3　REGURATION (EU) No.600/2014 OF THE EUROPEAN PARLIAMENT AND OF THE COUNCUL of 15 May on markets in financial instruments and amending Regulation (EU) No.648/2012.

4　European Commission, "Markets in Financial Instruments Directive (MiFID II) : Frequently Asked Questions", April 15, 2014.

第4章　欧州のフィンテック法制の現状と展望

上限を設定する他，トレーダーのカテゴリーにより，ポジションの報告義務
を導入する。

④　金融商品の取引・清算の競争環境促進

取引施設と中央清算機関（CCP）への非差別的アクセスを担保するため，
統一的な体制を構築する。CCPに競争原理を導入し，投資家の取引コストを
低下させる目的がある。非差別的かつ透明な方法により，CCPは，取引施設
の要請に応じて，金融商品の清算を受け入れ，取引施設は，CCPの要請に応
じて，当該取引施設で取引される金融商品の清算を容認する必要がある。

⑤　アルゴリズム取引の管理強化

アルゴリズム取引（コンピューター・アルゴリズムを使って自動的に注文
の決定が行われる取引形態），その一形態としての高頻度取引（HFT）が規
制の対象となる。アルゴリズム取引を行う業者は，投資サービス会社として
登録し，加盟国当局に対する情報提供義務や行為規制が課される。

⑥　投資家保護の強化

個人投資家を保護するため，独立アドバイスと商品介入の規定が設けられ
た。投資アドバイスに際し，独立アドバイスか，広範な金融商品の分析に基
づくか等を明らかにし，関連会社の商品のみを推奨してはならない。

独立アドバイスを提供する投資サービス会社は，顧客へのサービスにおい
て，第三者（運用会社等）からの金銭的・非金銭的便益を受け取れなくなる。
これには，セルサイド・リサーチの費用も含まれる。ESMAおよび各国監督
当局は，金融商品のマーケティング・販売をモニタリングし，特定金融商品
の販売を禁止することができる。

⑦　効果的・調和的な行政制裁

加盟国に対し，MiFID違反の統一的な行政制裁の導入を求める。各加盟国

97

が，行政制裁を科さず，国内法に基づき，刑事的制裁を加えることは可能である。MiFIDの違反の調査・捜査で，加盟当局の協力を強化する。

⑧　第三国企業からの市場アクセス改善

第三国企業に，EU域内での公平な競争の場を提供する枠組みが導入される。第三国の投資サービス業者がプロの顧客および適格カウンターパーティにサービスを提供する際の統一的枠組みである。欧州委員会が，第三国の同等性評価を行う。

フィンテック時代には金融サービスの進化のスピードが高まるであろう。MiFID 2 は，進化した制度になっているが，EUの制度設計と実行は，スピード感が十分でないため，これが，今後の課題と言える。

(4)　プルーデンス監督体制の改革

フィンテックの発達につれ，非金融機関による金融サービス提供の増加が予想される。このため，フィンテック時代には，より高度なプルーデンス監督体制が必要となる。

リーマン・ショックやギリシャ危機時に，欧州では，世界を揺るがす経済・金融危機が生じた。これらを契機に，EUでは，プルーデンス監督体制の不備を是正するため，金融監督体制の抜本的な改革が行われている。

2011年に，EUの金融監督の新体制として，マクロ・プルーデンスを監督する欧州システミック・リスク委員会（ESRB）と，ミクロレベルで個別金融機関の健全性を監督する欧州金融監督システム（ESFS）が設立された[5]。ESFS傘下のESAは，3 業態（銀行・保険・証券）・3 監督体制（EBA・ESMA・EIOPA）である。

5　Council of the European Union, "Financial supervision: Council adopts legal texts establishing the European Systemic Risk Board and three new supervisory authorities", November 17, 2010.

第4章 欧州のフィンテック法制の現状と展望

① 欧州システミック・リスク委員会（ESRB）

システミック・リスクなど，マクロ・プルーデンスを監督する。EUの金融システム全体に対するリスクを特定し，必要に応じ，警告や勧告を発する。欧州中央銀行ドラギ総裁が委員長，イングランド銀行カーニー総裁と欧州保険企業年金監督庁（EIOPA）ガブリエル・バーナンディノ議長が副委員長である。このようにESRBは，欧州の中央銀行と密接な関係を持つ。ただし，ESRBは，各国の金融監督行政においては直接的な強制力を持たないため，その機能は十分ではないとの懸念がある[6]。

② 欧州金融監督システム（ESFS）

ESFSは，ミクロ・プルーデンスを担当し，3つの欧州監督機関（ESA）と合同委員会により構成される。ESAは，欧州銀行監督庁（EBA）・欧州証券市場監督庁（ESMA）・欧州保険企業年金監督庁（EIOPA）によって構成される。これまでの銀行（CEBS），保険（CEIOPS），証券（CESR）の各監督組織が再編成された[7]。ESFSは，これら3機関に加えて，ESAsの合同委員会が構成メンバーである。

ただし，直接的な監督権限は，各国の監督官庁にあり，ESAは，各国監督当局間の調整，規制・監督ルールの設定などの役割を担う。強制的な権限は，金融危機の発生や加盟国当局間の紛争などに限られる[8]。このように，マクロ・プルーデンス，ミクロ・プルーデンス共，各国の金融監督当局の権限が大きく，ESRB，ESFSの権限は限定的である。

---

6 Ellis Ferran and Kern K.Alexander, "Can Soft Law Bodies be Effective? Soft Systemic Risk Oversight Bodies and the Special Case of the European Systemic Risk Board", University of Cambridge Faculty of Law Research Paper No. 36/201, November 4, 2010.

7 the Committee of European Banking Supervisors (CEBS), the Committee of European Insurance and Occupational Pensions Committee (CEIOPS), the Committee of European Securities Regulators (CESR).

8 ジェトロデュッセルドルフセンター「欧州金融監督制度（ESFS）の概要」（ユーロトレンド2011年2月）。

(5) デジタル単一市場戦略とフィンテック政策

資本市場同盟（CMU）は，EUが構築を目指す単一資本市場である[9]。加盟国それぞれの法制，仕組みの下で運営されている株式，債券，デリバティブといった金融商品の取引市場を統合し，企業や投資家がクロスボーダーで，より自由かつ容易に資本市場にアクセスできるようにするものである。2015年のアクションプランでは，フィンテックやクラウドファンディングの推進も網羅されている[10]。

EUは，資本市場に関連して，デジタル単一市場戦略を実施している。フィンテック振興はその一環ともいえる。年間 4,150億ユーロの経済効果，380万人の雇用創出をもたらすとして，デジタル単一市場を政治的優先事項の一つとして掲げている。

2015年に採択されたデジタル単一市場戦略では，消費者と企業がオンラインの商品やサービスを安心かつ効率的にアクセスできるようEコマースに関する統一ルールの策定，個人情報保護，サイバーセキュリティ，オンラインプラットフォームといった適切なネットワーク環境の整備などが政策の柱として挙げられている[11]。

これには，加盟国で異なる法律，制度，通信環境を整備し，統一したルールを創設することで，デジタル経済を大きく成長させる目的がある。成長ド

---

9 EU MAG「EUの資本市場同盟について教えてください」（駐日欧州連合代表部の公式ウェブマガジン，質問コーナー，2015年6月29日）。

10 European Commission, "COMMUNICATION FROM THE COMMISSION TO THE EUROPEAN PARLIAMENT, THE COUNCIL, THE EUROPEAN ECONOMIC AND SOCIAL COMMITTEE AND THE COMMITTEE OF THE REGIONS Action Plan on Building a Capital Markets Union", COM/2015/0468 final, September 30, 2015.

11 European Commission, "COMMUNICATION FROM THE COMMISSION TO THE EUROPEAN PARLIAMENT, THE COUNCIL, THE EUROPEAN ECONOMIC AND SOCIAL COMMITTEE AND THE COMMITTEE OF THE REGIONS A Digital Single Market Strategy for Europe", COM（2015）192 final, June 5, 2015. EU MAG「デジタル単一市場一次代を切り開くEUの成長戦略」（駐日欧州連合代表部の公式ウェブマガジン，特集，2015年6月29日）。

ライバーとして，ビッグデータ，クラウド・コンピューティング，IoTを活用したデータ・エコノミーを推進していく。

デジタル単一市場戦略では，プライバシー保護も重要な課題にあがっており，その一環として，GDPRは，2016年に採択された[12]。2018年より適用開始となる。GDPRは，EU内に居住する個人データを保護する法的規制で，日本の個人情報保護法に相当する。

保護対象の個人データは，名前，写真，Eメールアドレス，銀行口座，SNS情報，医療情報，IPアドレスなどいかなる情報も対象となり，EU域外の企業も遵守する必要がある。GDPRに違反した場合，最大で，2,000万ユーロまたは売上高（前会計年度）の4％のいずれか高いほうが制裁金として科され，非常に厳しい内容となっている。

(6) EUにおけるフィンテック法規制の構築

欧州議会は，欧州におけるフィンテック市場を後押しするため，EUとして，包括的なアクションプランを提示するよう欧州委員会に求めている[13]。

現状，資本市場同盟（CMU），デジタル単一市場戦略（DSMS）の枠組みでフィンテックを推進している。既存のフィンテック関連の法規制としては，一般データ保護規則（GDPR），第2次決済サービス指令（PSD2），第2次金融市場取引指令（MiFID2）が挙げられる。なお，欧州委員会は，2016年にフィンテックのタスクフォースを設置しており，2017年にレビューを公表予定である。

米国同様，EUの金融規制当局は，フィンテックに対し，その経済的恩恵と個人投資家に対するリスクをバランスする手法を採用している[14]。欧州の

---

12 Regulation (EU) 2016/679 of the European Parliament and of the Council of 27 April 2016 on the protection of natural persons with regard to the processing of personal data and on the free movement of such data, and repealing Directive 95/46/EC (General Data Protection Regulation).

13 European Parliament, "DRAFT REPORT on FinTech: the influence of technology on the future of the financial sector (2016/2243 (INI))", January 27, 2017, p.8.

金融監督機関（ESA）として，欧州銀行監督庁（EBA），欧州保険企業年金監督庁（EIOPA），欧州証券市場監督庁（ESMA）は，公式な共同委員会で，金融アドバイスの自動化（ロボアドバイザー），ビッグデータ・AIについて討議している。非公式な委員会として，クラウドファンディング，分散型台帳技術（ブロックチェーン）が議題となっている。

　EBA，EIOPA，ESMAによる金融アドバイスの自動化の報告書では，自動化ツールを利用する際，情報欠如を原因，エラー，機能的な限界を原因とする不適切な投資決定のリスクを指摘している[15]。また，ビジネスモデルによって，アドバイスの自動化の程度も異なり，銀行，証券，保険セクターによって，アドバイスの定義は多様であるという。

　現行，明確に金融アドバイスの自動化について言及した指令や規則はないが，MiFID，MiFID 2，モゲージ信用指令（MCD），保険販売指令（IDD），決済サービス指令（PSD），パッケージ投資商品（PRIIPs）規則が適用される。

　2016年に，3当局は，共同でビッグデータに関するディスカッション・ペーパーを公表した[16]。消費者保護と金融革新を監督する中，銀行，保険，証券セクターにまたがって，ビッグデータの活用が増え続けている。そうした現状を踏まえ，金融機関がビッグデータを利用する場合の便益とリスクを評価し，将来的に，リスクを軽減するための法規制・監督措置を整備する予定である。

(7)　EUは投資型クラウドファンディングを重視

　EUでは，スタート・アップ企業の資金調達手段として，投資型クラウド

14　Patrick Armstrong, "Financial Technology: The Regulatory Tipping Points", ESMA, FMA's FinTech conference – Liechtenstein, September 27, 2016.

15　EBA, EIOPA and ESMA, "Report on automation in financial advice", December 16, 2016.

16　EBA, EIOPA and ESMA, "Joint Committee Discussion Paper on the Use of Big Data by Financial Institutions", December 19, 2016.

第4章　欧州のフィンテック法制の現状と展望

ファンディングを重視している[17]。伝統的な資金調達を補完する手段として，目論見書指令[18]を改正し，目論見書規則が新たに採択された。

　目論見書は，潜在的投資家に発行される法的文書である。年間100万ユーロまでの小規模資金調達やクラウドファンディング・プロジェクトの場合，目論見書が免除される[19]。加盟国の裁量で，上限額を800万ユーロまで引き上げることは可能である（従来は500万ユーロ）。また，非上場の中小企業向け目論見書（EU成長目論見書）も新たに利用可能となっている。

　投資型クラウドファンディングのプラットフォームについては，投資業者として，金融市場取引指令（MiFID）上の資本規制，行為規制等が課される可能性がある[20]。ただし，投資型クラウドファンディングは，広範囲なビジネスモデルがあることから，MiFIDの規制の対象外となるようなものもある。EU加盟国の当局を対象にしたESMAの調査によると，46の事業体（プラットフォーム）のうち，18がMiFIDの投資サービス会社として認可，15がMiFID 3条の選択的適用除外，12がMiFIDの投資サービス会社の関連エージェント，1が国内法上の認可であった[21]。

　P2Pレンディングなど融資型クラウドファンディングについては，EBAが意見書を公表している[22]。EBAは，決済サービス指令がP2Pレンディング業者に対する法規制にふさわしいとする立場を示し，プラットフォームによる信用評価の手続き，消費者保護が現行法制では，不十分であるとしている。

17　日本証券経済研究所金融商品取引法研究会「EUにおける投資型クラウドファンディング規制」（金融商品取引法研究会研究記録56号，2016年7月4日）39頁参照。

18　Directive 2003/71/EC of the European Parliament and of the Council of 4 November 2003 on the prospectus to be published when securities are offered to the public or admitted to trading and amending Directive 2001/34/EC.

19　European Commission, "Capital Markets Union: Commission welcomes agreement to give companies easier access to capital markets", December 8, 2016.

20　日本証券経済研究所金融商品取引法研究会「EUにおける投資型クラウドファンディング規制」（金融商品取引法研究会研究記録56号，2016年7月4日）6～7頁参照。

21　ESMA, "Investment-based crowdfunding Insights from regulators in the EU", May 13, 2015.

22　EBA, "Opinion of the European Banking Authority on lending-based crowdfunding", February 26, 2015.

103

(8)　ブロックチェーンや電子認証の活用

　ESMAは，2016年に，証券市場に利用される分散型台帳（ブロックチェーン）技術のディスカッション・ペーパーを公表している[23]。分散型台帳技術を証券取引に導入した場合，清算，決済，株主記録，開示データの管理，カウンターパーティ・リスク（支払不履行リスク），担保管理などにおけるメリット・デメリットを議論している。

　2014年のeIDAS規則（2016年7月発効）[24]により，eID（デジタルID）を通じ，オンラインでの本人確認が可能となる。そして，適格電子署名は，手書きの署名と同等な法的効力が認められる。他にも，電子シール（法人用の電子署名），電子タイムスタンプ（データにリンクした時間の正確性を保証），電子登録配送サービス（送受信データの法的有効性），ウェブサイト認証が定められている。指令ではなく，規則であるため，EU加盟国に直接適用される。

　2014年に採択された電子請求書（インボイス）指令[25]は，Ｂ２Ｇ（企業・政府間）で，ひな形に沿った電子請求書を可能にする指令で，2018年11月までに，各国の国内法整備が完了する予定である。低コストでの保管，より簡単で素早い手続きが可能となる。当該指令は，Ｂ２Ｇにとどまるが，Ｂ２Ｂ，Ｂ２Ｃに広がることで，フィンテック企業にとってビジネスチャンスとなろう。

23　ESMA, "Discussion Paper The Distributed Ledger Technology Applied to Securities Markets", June 2, 2016.

24　Regulation（EU）No.910/2014 of the European Parliament and of the Council of 23 July 2014 on electronic identification and trust services for electronic transactions in the internal market and repealing Directive 1999/93/EC.

25　Directive 2014/55/EU of the European Parliament and of the Council of 16 April 2014 on electronic invoicing in public procurement Text with EEA relevance.

⑼ EUの決済法制

EUの決済法制は，2007年に採択された決済サービス指令（PSD）を中心とする[26]。EU域内における素早く，簡単な決済を可能にすることを目的とし，単一決済市場を構築するものである。電子決済とあらゆるタイプの非現金決済（クレジットカード，デビットカード，電子マネー，モバイル・オンライン決済）をカバーしている。

銀行，電子マネー事業者，決済サービス事業者を対象に，免許制を採用している。他に，自己資本規制，預金保険制度，顧客資産の保護の他，行為規制が規定されている。なお，電子マネー事業者向けの規制としては，第2次電子マネー指令がある[27]。

2015年に改正された第2次決済サービス指令PSD2[28]では，新たな決済サービス提供者を規制の対象としている。オンライン決済の分野で登場した決済指図伝達サービス事業者（PISP），口座情報サービス提供者（AISP）に対する規制の枠組みを担保するものである。

PISPは，オンライン決済を行う際，他の決済サービス提供者に開設されている口座の利用を可能にするサービスである。AISPは，複数の異なる銀行（電子決済）口座の情報を収集し，1つの場所に統合するサービスを提供する業者である。PSD2は，2018年より施行される。

単一ユーロ決済圏（SEPA）は，ユーロ通貨圏での小口決済の簡素化，低

---

26 DIRECTIVE 2007/64/EC OF THE EUROPEAN PARLIAMENT AND OF THE COUNCIL of 13 November 2007 on payment services in the internal market amending Directives 97/7/EC.

27 Directive 2009/110/EC of the European Parliament and of the Council of 16 September 2009 on the taking up, pursuit and prudential supervision of the business of electronic money institutions amending Directives 2005/60/EC and 2006/48/EC and repealing Directive 2000/46/EC (Text with EEA relevance).

28 Directive (EU) 2015/2366 of the European Parliament and of the Council of 25 November 2015 on payment services in the internal market, amending Directives 2002/65/EC, 2009/110/EC and 2013/36/EU and Regulation (EU) No.1093/2010, and repealing Directive 2007/64/EC (Text with EEA relevance).

コスト化を目指すもので，EU28ヵ国を含む全34ヵ国が参加している[29]。1999年のユーロ導入後，ユーロ圏の決済システムの統一化を目指して，プロジェクトが進められてきた。SEPAでは，クロスボーダーで，口座振込，口座引落，カード取引といったユーロ建て電子決済が可能であり，決済も1営業日以内に完了する。

図表4-3 EUにおける決済関連法制度

	銀　行	電子マネー事業者	決済サービス事業者	決済指図伝達サービス提供者	口座情報サービス提供者
業務内容	預金，融資，資金移動，支払手段の発行等，電子マネーの発行	資金移動，支払手段の発行等，電子マネーの発行	資金移動，支払手段の発行等	顧客の依頼による決済指図の伝達	顧客への口座情報の提供等
免許等	免許			免許	登録
財務要件	自己資本規制			資本金5万ユーロ以上	なし
資産保全	預金保険	他の財産からの隔離・優先弁済		なし	なし

注：銀行，電子マネー事業者，決済サービス事業者共通の行為規制あり，決済指図伝達サービス提供者は，利用者からの資金預かり禁止，責任保険加入義務あり，口座情報サービス提供者は，責任保険加入義務あり。出所：金融庁，EU

⑽　EUにおける仮想通貨の法規制

　米国におけるイーサリウムやリップルのように，ビットコインに対抗しう

---

29 REGULATION (EC) No.924/2009 OF THE EUROPEAN PARLIAMENT AND OF THE COUNCIL of 16 September 2009 on cross-border payments in the Community and repealing Regulation (EC) No.2560/2001, DIRECTIVE 2007/64/EC OF THE EUROPEAN PARLIAMENT AND OF THE COUNCIL of 13 November 2007 on payment services in the internal market amending Directives 97/7/EC, 2002/65/EC, 2005/60/EC and 2006/48/EC and repealing Directive 97/5/EC.

第4章 欧州のフィンテック法制の現状と展望

る有力な仮想通貨は，欧州に存在しない。このため，制度の整備も遅れている。制度の整備が進まないと，仮想通貨の利用も進まないと予想される。

EUでは，仮想通貨に関する統一的な法制はない[30]。このため，加盟国によって異なる法制がいくつか存在する。たとえば，ドイツでは，仮想通貨を法的拘束力のある金融商品である「計算単位（units of account）」とし，一定の事業に対し，銀行免許を含め，認可取得を求めている。フランスは，決済サービス業者に免許取得を求めている。英国は，仮想通貨に関するガイダンスをまだ出していないが，任意で業者が登録・認可等を取得している。

ECBは，仮想通貨について，「価値の電子的表示であり，中央銀行，銀行，電子マネー事業者が発行したものではなく，特定の環境下で，お金の代替手段として利用できるもの」と定義付ける[31]。そして，ボラティリティや不確実性は高いものの，取引量は小さいことから，物価や金融の安定性に対する脅威は，現在のところ，小さいとする。決済システムに対しては，世界的な大手金融機関が仮想通貨のサービスを提供するようになり，利用者や取引量が格段に増えれば，潜在的に，脅威になりうるという。

EBAの意見書によると，仮想通貨が，取引コストの軽減，取引スピードの向上，経済成長への貢献などの恩恵がある一方，70以上のリスクを特定している[32]。そうしたリスク軽減のために，規制措置が必要であるが，短期的には，各国規制当局に対し，銀行，決済業者，電子マネー事業者が，仮想通貨の取引や保有を阻止するよう推奨している。

2016年に，第4次アンチ・マネーロンダリング指令（AMLD）を修正する提案が欧州委員会により行われた[33]。これまで対象外であった仮想通貨取引所を指令の中に盛り込み，テロリストの資金調達に仮想通貨取引所が使用

---

[30]　European Parliamentary Research Service,"Virtual currencies Challenges following their introduction",Briefing, March 2016, p.7.

[31]　ECB,"Virtual currency schemes –a further analysis", February 2015.

[32]　EBA,"EBA Opinion on 'virtual currencies'", July 4, 2014.

[33]　European Commission, "Commission strengthens transparency rules to tackle terrorism financing, tax avoidance and money laundering", July 5, 2016.

されることのないような政策がとられる見通しである。

⑾　EUにおける事業会社と銀行の業際規制

フィンテックによって，事業会社と銀行の垣根が低くなり，利用者にとっては，選択肢が増して利便性が高まる。銀商分離規制を強化してきた米国に対し，欧州では，事業会社による銀行業参入を阻止するような規制はない。このため，フィンテックによって，事業会社による金融業進出が進むことが考えられる。

EUの法令では，銀行は，信用機関と呼ばれる。銀行による事業会社の出資について，制限はない。ただし，適格資本の観点から，規制がある。2013年の第4次資本要求規則（CRR）[34]489条により，対適格資本（Tier 1 資本＋Tier 2 資本）で，1つの事業会社の場合，15％，総額で60％を超えて保有することが禁止される。もしくは，15％，60％を超える保有分は，1,250％のリスクウェイトとなる。

欧州全体で，事業会社による参入は多く見られ，とりわけ，英国では，小売業者を中心に，銀行業参入が多い。ドイツ，フランスでは，自動車メーカーによる銀行設立例が多い。

EUでは，事業会社が銀行に出資することは可能である。ただし，適格保有（qualifying holding）に関する規制がある[35]。2013年の第4次資本要求指令（CRD IV）[36]により，ECBが保有の適合性を審査し，不適切な場合は，却下するか，条件を付すことがある。投資会社，保険会社などその他金融セクターの適格保有についても，各国監督当局による事前審査の制度がある。

34　Regulation（EU）No.575/2013 of the European Parliament and of the Council of 26 June 2013 on prudential requirements for credit institutions and investment firms and amending Regulation（EU）No.648/2012 Text with EEA relevance.

35　ECB, "What is a qualifying holding?", March 18, 2016.

36　DIRECTIVE 2013/36/EU OF THE EUROPEAN PARLIAMENT AND OF THE COUNCIL of 26 June 2013 on access to the activity of credit institutions and the prudential supervision of credit institutions and investment firms, amending Directive 2002/87/EC and repealing Directives 2006/48/EC and 2006/49/EC.

第4章　欧州のフィンテック法制の現状と展望

　適格保有とは，直接ないし間接的に，(i)持株もしくは議決権比率10％以上
を保有するか（20％，30％，50％超の区分有り），(ii)経営陣の過半数を任命
するもしくは経営に著しい影響力を行使できる，場合を言い，事前の承認が
求められる。銀行の場合，審査基準として，承認申請者の社会的信用性，財
務健全性，銀行への影響度，マネーロンダリング・テロとの関連性などがあ
る。EU加盟国の監督当局に申請し，当該監督当局の協力のもと，ECBが決
定を下す。

⑿　ユニバーサルバンクと事業会社

　大陸欧州では，ドイツを中心に銀行と証券を兼営するユニバーサルバンク
が発達した。ユニバーサルバンクの特徴は，株式保有を通じて，産業界に大
きな影響を与えてきたことである。

　ドイツの場合，19世紀後半に発達したユニバーサルバンク制度の下，銀行
が，預金・貸出業務に加えて，証券，信託，投資銀行業務などを幅広く行う
ため，銀行以外の金融機関の役割は小さい[37]。また，株式市場も企業の資金
調達の場としては活発とはいえず，経済規模に比較して，相対的に小さい。
ドイツの代表的な銀行は，アリアンツ，ドイツ銀行である。

　ドイツの金融機関による事業会社の株式保有の歴史は，1870年と古く，経
営危機の際の予備資本という位置付けにあった[38]。第二次世界大戦後，経済
復興の観点から，ドイツ政府は，金融機関による事業会社の株式保有を促進
した。そして，ドイツの銀行は，役員（監査役）を派遣し，議決権の代理行
使を行うなど，事業会社に対し，影響力を及ぼしてきた。

　1990年代に入り，資本市場のグローバル化に伴い，銀行は資本の有効活用
のため，保有株式の売却を進めた。また，2002年に，法人間の保有株式の売

---

[37]　羽森直子「ドイツの金融システムを構成しているものは何か？」（流通科学大学論集—経
　　済・経営情報編—19巻2号，2011年）36頁参照。
[38]　野村総合研究所「ドイツにおける資本市場改革及び金融機関の対応等に係る調査」（金融
　　庁委託調査，2014年6月）1頁参照。

109

却益に対する非課税措置が実施され，銀行の株式売却を促進した（2005年に廃止）[39]。

そのため，現在では，ドイツの銀行による株式保有比率は，2.7％と大きく低下した（2014年5月末，出所：ブンデスバンク）。投信，保険，その他金融機関を含めると，金融機関合計は11.1％である。非金融機関は，29.4％で，個人投資家が11.8％である。その一方で，1990年に17％しかなかった外国人保有比率が2014年に57％に上昇した。大陸欧州の個人投資家は創業家などの政策目的の保有者と，純粋な資産運用目的の保有者が混在している。

EUでは，1989年の第2次銀行指令より，ユニバーサル・バンキングが認められ，商業銀行と投資銀行業務が同じ銀行の中で兼業できる[40]。しかし，リーマン・ショックを契機とした国際金融危機で，欧州の金融当局は，金融機関に公的資金の投入を余儀なくされた。そこで，EUでは，ユニバーサルバンク制度を維持するものの，銀行業のハイリスク事業（自己勘定取引）を分離する構造改革を提案している[41]。

EUの改革を先取りする形で，ドイツでは，2013年に分離銀行法が成立し，預金銀行業務から投資およびリスクの高い活動が分離されることになった[42]。分離対象業務は，自己勘定取引，高頻度取引，ヘッジファンドへの融資，信用供与である。フランスでも，同様に，2013年に，銀行改革法が成立している。

⒀　EUの事業会社による金融事業の事例

大陸欧州の主要上場事業会社による金融事業の主要プレーヤーは，シーメ

39　経済産業省「通商白書2003年」（2003年7月）43頁参照。

40　Second Council Directive 89/646/EEC of 15 December 1989 on the coordination of laws, regulations and administrative provisions relating to the taking up and pursuit of the business of credit institutions and amending Directive 77/780/EEC.

41　European Commission, "Proposal for a Regulation on structural measures improving the resillience of the EU credit institutions", COM（2014）0043.

42　山口和之「銀行の投資業務の分離をめぐる動向」（レファレンス64巻3号，2014年3月）。

ンス，フォルクスワーゲン，ダイムラー，BMW，ルノーなどである。これらは，いずれも，自動車メーカーや電機メーカーによるローンや割賦ビジネスが発展し，総合金融サービスを企業化したものである。

　言い換えると，欧州では，アップルペイやアリペイのように，事業会社によるフィンテックサービスが発達していない。自動車の場合，保険がフィンテックによって大きく変化すると予想される。ただし，自動車事故が減ると，自動車保険市場自体が縮小する可能性があるため，自動車メーカーが保険事業で大きな収益を上げるとは考えにくい。

　EUでは，フィンテックの中核プレーヤーになると思われるITサービス企業の中で，世界的な企業がほとんどない。フィンテックベンチャー投資の金額も小さく，これらが育つとも考えにくい。このため，制度の整備があったとしても，EUにおいて，事業会社がフィンテックの中核プレーヤーになることは考えにくい。

2．英国のフィンテック法制の概要

(1)　英国の金融規制体系の特徴

　歴史的に，成文法が中心で，金融市場が比較的小さい大陸欧州諸国と異なり，英国では，金融市場が比較的大きく，かつ慣習法やソフトローを重視する法体系であった。慣習法やソフトローは柔軟性が高く，変化の激しい金融市場法制には，有効に機能することが多い。

　つくるのに時間がかかり，融通が利きにくい制定法は，金融法の規制にあまりなじまないことが多い。世界の企業・金融法制において，次第に，英米法（コモンロー）体系の優位性が明らかになりつつある。つまり，相対的に柔軟性の高い判例法，慣習法，ソフトローの比重が高いコモンロー体系の国の金融市場のほうが，大陸法（シビルロー）体系の国と比較して，より発達する傾向にある。

111

特に，ソフトローの中でも，自主規制が中心となってきた。これは，ドイツ系ユダヤ資本（ウォーバーグ，クラインオートベンソン，シュローダーズなど）が19世紀後半以降，ロンドンに移住したため，彼らが持つギルドの文化が持ち込まれたためである。

このため，フィンテック法制に関しても，政府による規制を強めないような工夫がされている。その例として，レギュラトリー・サンドボックス（規制の砂場）など，規制しながらも，民間の創意工夫を尊重する法制度がつくられている。

(2) 自主規制などソフトローの影響が大きい

英国では，1970年代末まで，金融監督の規制・監督は，金融業界による自主規制や紳士協定により行われていた。1970年代に，不動産ブームの後，セカンダリーバンク（イングランド銀行の規制監督下にない中小銀行）の経営破たんが相次いだ。そのため，1979年の銀行法改正で，イングランド銀行に銀行監督権限が付与された。1984年のジョンソン・マセイ銀行事件を契機に，1987年に銀行法が改正され，預金者保護と銀行監督権が強化された。

英国は，1986年に，世界に先駆けてビッグバンを実施し，金融自由化で先頭を切った。また，金融サービス機構（FSA）設立など，金融監督体制も早くから整備した。1999年のユーロ導入に伴い，EUの金融サービスを統一することになった。その際，最も発達した金融法制を持つ英国の制度を基本として，制度設計がなされた。つまり，欧州の金融法制が英国化したのである。

1990年代に入ってから，1990年ブリティッシュ・コモンウェルス・マーチャント，1991年BCCI，1995年ベアリングスなど，大型経営破綻が相次いで発生した。1997年に，トニー・ブレア政権が発足し，これを契機にイングランド銀行，財務省，SIB（証券投資委員会）を含む金融監視体制の大幅な改革がなされた[43]。1998年に銀行監督権限が金融サービス機構（FSA）に移管され，イングランド銀行から，500人近い職員がFSAに異動した。

112

英国の資本市場法制は，21世紀に入り，急速にハードロー化している。その最大の理由は，英国がEUに加盟し，EU指令に基づき，ソフトローを制定法化したためである。そして，大型金融危機や不祥事が相次いで発生したため，政府の介入が強まったことも重要な要因である。

図表4-4　英国資本市場法制の歴史

	法規制	ポイント
1986年	金融サービス法 証券投資委員会（SIB）設置	金融ビッグバン 自主規制機関による投資業の規制・監督
1997年	SIBからFSAに組織変更	証券・銀行・保険の横断的・統一的な規制・監督
1998年	イングランド銀行の銀行監督権限をFSAに移譲 コーポレートガバナンス・コード統合規範公表	金融監督の一元化 上場規則としても採用
2000年	金融サービス・市場法	証券・銀行・保険などの金融サービス全般を網羅
2006年	会社法	総合的な会社法典，テークオーバー・コードの明文化
2010年	金融サービス法 スチュワードシップ・コード制定	FSAの権限拡大 機関投資家のためのコード
2012年	金融サービス法	金融監督体制の改革（FSA解体，FPC，PRA，FCA設置等）

出所：FCA

(3)　英国の金融規制体制の改革

英国の金融監督は，21世紀に入って，イングランド銀行，財務省，FSAが連携して担っていた。しかし，FSA中心の監督体制は，2007年以降の国

43　小林譲治「金融サービス市場法のレビュー」イギリス資本市場研究会編『イギリスの金融規制』（日本証券経済研究所，2006年）6頁参照。

113

際金融危機に対応できず，大きくの英国金融機関が経営危機に陥った。リーマン・ショック時に十分な金融監督ができなかったとして，2012年金融サービス法（2013年施行）により，これまで，金融・証券の監督機関であったFSAは廃止された。

現在，英国の金融監督体制は，主に，以下によって運営される。

① 金融政策委員会（FPC）

FPCは，マクロ・プルーデンスを監督する。イングランド銀行内に設置され，金融システムに関するリスクの監視を担当する。イングランド銀行の総裁，副総裁，FCAのCEO，外部委員等で構成されている。

② 健全性規制機構（PRA）

PRAは，イングランド銀行の子会社として，銀行，住宅金融組合，預金取扱機関，保険会社，投資会社（合計1,700の金融機関）の健全性を規制・監督する。つまり，ミクロ・プルーデンス政策はRPAが担当する。

③ 金融行動監視機構（FCA）

FCAは，消費者保護，競争促進，公正性の保護・強化を目的に，5万以上に及ぶ金融機関の行動を監視する。規則制定，捜査，違反に対する執行権限がある。つまり，不正の摘発，指導などが主たる業務である。FCAは，政府からの独立機関であり，運営資金は，監督対象の金融機関からの拠出である。

④ 重大不正捜査局（SFO）

SFOは，英国政府の独立機関として，重大で複雑な不正・腐敗の捜査・刑事訴追を行っている。金融に関連して，為替指標の操作疑惑を巡って，刑事捜査を行っている[44]。

これらの中では，フィンテックについては，FCAが中心となって，規制

114

の整備を進めている。

⑷　英国のEU離脱の影響

　英国は，EU離脱を決断した。2020年前後には，離脱が成立すると予想される。Z/Yenグループの国際金融センターインデックス（GFCI）で，ロンドンは１位である（2017年３月）。EU離脱した後，ロンドンは，世界最大級の国際金融センターの地位から転落するおそれがないとはいえない。ただし，他の欧州の都市がその地位を代替するのは難しい。

　パリは，人口が大きいものの，同ランキング29位であり，ロンドンの代替はできないであろう。チューリッヒ（11位）やフランクフルト（23位）は，人口が少ない小都市であるため，金融人材，会計士，弁護士の数が不足するであろう。

　アイルランドのダブリンは，英語が公用語であり，ユーロに加盟している

図表4-5　国際金融センターインデックス（GFCI）欧州上位10都市（2017年３月）

	都　市	国	世界順位	レーティング
1	ロンドン	英国	1	782
2	チューリッヒ	スイス	11	718
3	ルクセンブルク	ルクセンブルク	18	708
4	ジュネーブ	スイス	20	704
5	フランクフルト	ドイツ	23	698
6	ミュンヘン	ドイツ	27	682
7	パリ	フランス	29	679
8	ケイマン諸島	英国	31	670
9	ダブリン	アイルランド	33	663
10	バミューダ諸島	英国	34	660

出所：Z/YenGroup, Long Finance

44　Serious Fraud Office, "Forex Investigation", July 21, 2014.

ものの，ランキングは33位と低い。おそらく，同じ英米法体系で，英国の文化が強く残るシンガポール（3位）や，ニューヨーク（2位）がロンドンの機能を一部代替するのではないか。

ただし，ロンドンは，EU加盟前から200年以上にわたって，世界の金融センターであった。もちろん，ロンドンの地位低下は避けられないであろうが，大きく地盤沈下するとは考えにくい。ただし，英国企業がITサービスに弱いため，ロンドンが世界のフィンテックの中心になることは容易ではない。

⑸ 英国におけるフィンテック法規制

キャメロン前政権下では，2010年に，英国版シリコンバレーと呼ばれる「テック・シティ構想」を打ち出し，フィンテックのベンチャー企業を奨励してきた。フィンテックの世界的中心地を目指し，FCAは消費者利益の観点から，フィンテックの育成と効率的競争の促進を主導している。

2014年より，FCAで，フィンテックを支援するため，プロジェクト・イノベートが開始された。現在，プロジェクト・イノベート内で，イノベーション・ハブ，アドバイス・ユニット，レギュラトリー・サンドボックスのプログラムがある。イノベーション・ハブでは，フィンテックのスタート・アップ企業に対し，革新的サービスが関連する法規制を調査し，業務認可申請を支援するなどしている。アドバイス・ユニットでは，ロボアドバイザーを行う事業者向けのプログラムで，適格基準を満たした申請事業者に対し，規制上のフィードバックを提供し，事業を支援していく。

国際金融センターのロンドンには，世界的な金融機関が集まり，金融・法律・会計などの専門的な人材が豊富である。ロンドンのフィンテックセクターでは，6.1万人の雇用があり（金融サービスの5％），人材面では，ニューヨークの規模よりも大きい[45]。政策面でも，英国政府が積極的にフィンテックを後押ししている。

---

45 EY, "UK Fintech: on the cutting edge", 2016.

第4章　欧州のフィンテック法制の現状と展望

　Ｐ２Ｐレンディングは，世界に先駆けて，英国のゾーパが2005年にサービスを開始している。英国は，2014年にＰ２Ｐレンディングおよび投資型クラウドファンディングの規制を導入しており，包括的な規制は，金融サービス市場法，規制対象業務は，財務省命令，行為規制はFCAハンドブック，業界団体による業務原則，に分けられる[46]。法的拘束力のある規則，ソフトローである行政指針，自主規制をうまく組み合わせた仕組みがとられている。

⑹　イングランド銀行によるフィンテック・アクセラレーター設置

　イングランド銀行も次の分野で，フィンテックの開発を促す政策を採用している[47]。

　ⅰ．非銀行の決済サービスプロバイダー（PSP）に対し，イングランド銀行の即時グロス決済（RTGS）への参加を拡充

　ⅱ．ブロックチェーンを活用した大口証券決済において，中央銀行マネーへのアクセス

　ⅲ．RTGSを含む中央銀行のコア業務におけるブロックチェーンの実証実験・開発

　ⅳ　フィンテック・アクセラレーターを設置し，フィンテック企業との協働で，中央銀行業務において，フィンテックを推進

　フィンテック・アクセラレーターとは，中央銀行業務の分野で，イングランド銀行とフィンテック企業が提携し，新技術を共同開発していく仕組みである。フィンテック企業にとっては，実際の中央銀行業務で実践を試せるチャンスであり，イングランド銀行の専門知識やフィードバックを得ることができる。イングランド銀行としては，技術革新がどのように金融政策にど

46　左光敦「Ｐ２Ｐレンディングの仕組みと法規制：英国のＰ２Ｐレンディング規制を中心に」（日本銀行金融研究所，Discussion Paper No. 2017-J-3，2017年2月）20〜28頁参照。

47　Mark Carney, "Enabling the FinTech transformation-revolution, restoration, or reformation?", Speech by Mr. Mark Carney, Governor of the Bank of England and Chairman of the Financial Stability Board, at the Lord Mayor's Banquet for Bankers and Merchants of the City of London, Mansion House, London, June 16, 2016.

117

のような影響を及ぼすか理解を深めるメリットがある。現在，金融監督における機械学習やクロスボーダー決済などでフィンテック企業と提携している。

(7) 英国における事業会社と銀行の業際規制

英国政府は，銀行業の新規参入に対し，積極的な姿勢を示す。英国では，銀行の免許付与権限は，健全性規制機構（PRA）にあり，併せて，金融行動監視機構（FCA）の同意も必要である。PRAとFCAは共同で，銀行設立を支援するため，新銀行のスタート・アップ・ユニットを設置している。

銀行業参入の障壁を減らし，銀行業の拡大を目的とする。認可手続きの迅速化・明確化を図るとともに，既存の銀行に適用されるバーゼル規制に関して，新規参入銀行に対し緩和的措置をとっている[48]。そして，必須基準を満たしていれば，すべての基準に満たさなくても，一部業務制限付きで，銀行免許が付与されるオプションも選択できる。

比較的小規模で新規参入を図る銀行は，「チャレンジャー・バンク」と称される。フィンテック企業を中心に，モバイル専業銀行のアトム・バンク（2015年銀行免許取得），モンゾ・バンク（2016年），スターリング・バンク（2016年）などが，銀行免許を取得している。

銀行による事業会社への出資および，事業会社による銀行への出資は，EUと同様，適格資本の規制を除き，制限はない。ただし，EU離脱後は，英国独自の法制が整備されるであろう。

リーマン・ショック後，ターナー・レビューにおいて，国際金融危機の原因分析と銀行規制・監督体制の提言が行われた[49]。そこで，伝統的な銀行業務（ナローバンク）と投資銀行業務の完全分離は現実的でないと結論付けている。しかし，2010年の政権交代を契機に，財務省に，銀行独立委員会

---

48 PRA & FCA, "A review of requirements for firms entering into or expanding in the banking sector: one year on", July 2014.

49 FSA, "The Turner Review：A regulatory response to the global banking crisis", March 2009.

（ICB）が設置され，リテール銀行業務と投資銀行業務の分離の検討が行われることになった。

ICBの最終報告書では，リテール銀行業務と投資銀行業務の分離（リングフェンス）導入の勧告が行われ，2013年金融サービス（銀行改革）法が成立した[50]。預金の受入，当座貸越の提供といったリテール業務を残りの銀行業務から分離し，別の法人を設立しなくてはならない。3年平均250億ポンド以上の預金（個人と中小企業から）を有する大手銀行が対象である。2019年1月より適用開始となる。

英国では，1990年代に，小売業者を中心に銀行設立が活発化した。この背景として，英国は世界的に見て，金融自由化が最も進んだ市場であり，成熟化した英国小売市場にとって，銀行業界の高い収益性は魅力的だったからである[51]。マークス＆スペンサー，Jセインズベリー，テスコなど主要小売業者が金融事業を展開しているが，利益貢献度は高くない。

(8) 小括：英国のEU離脱の影響は大きい

歴史的に，欧州の金融制度は，日本に大きな影響を与えてきた。たとえば，シングルピークモデルの金融監督体制である。シングルピークモデルとは，1つの監督官庁が銀行，証券，保険などすべての金融業を監督するものである。

これは，1980年代に北欧で導入され，1998年に英国がシングルピークモデルである金融サービス機構（FSA）を創設した。日本もこれを倣い，2001年に，シングルピークモデルである金融庁が誕生した。

IFRSも，元々は，英国の会計制度が発展してできあがったものである。英国の会計制度がEU加盟国に強制適用され，それが日本と米国以外の主要

---

50 山口和之「銀行の投資業務の分離をめぐる欧米の動向」（レファレンス64巻3号，2014年3月），北見良嗣「米・英・EU・独仏の銀行規制・構造改革法について」（金融庁金融研究センターディスカッションペーパーDP2014-7，2014年9月）31～39頁参照。

51 CSFI Centre for the study of financial innovation, "Europe's new banks The "non-bank" phenomenon", June 2000.

119

国に普及した。日本でも，日本基準を改訂する形でIFRSとの収斂が進み，IFRSを自主的に選択する日本企業が増えてきた。最近では，米国基準からIFRSに変更する企業も多い。

　しかし，フィンテックに関しては，欧州の制度が日本に影響を与えるとしてもごく限定的なものとなろう。その理由は，以下の通りである。

　第一に，フィンテックは圧倒的に米国で普及するとみられるからである。フィンテックに強い国の条件として，当然のことながら，金融とITの両方に強いことが必要条件である。しかし，欧州の金融機関は，リーマン・ショック，そしてユーロ危機によって，大きく疲弊した。その上，フィンテックに注力する大手金融機関は見当たらない。

　ITにおいても，欧州企業の衰退が顕著である。しかも，その中核ビジネスは，ノキアやエリクソンのようにB2B（企業向け）のITハードウェア，あるいはSAPのようにB2Bのソフトウェアが中心である。フィンテックで重要なB2CのITサービスにおいて世界で通用する企業は，ほとんど存在しない。シリコンバレーのように成長企業を輩出するクラスターもない。

　第二に，英国のEU離脱である。ロンドンが国際金融センターでなくなることはあるまいが，その地位の低下は不可避である。よって，英国が，レギュラトリー・サンドボックスなどによって，規制に工夫を凝らしたとしても，その効果は限定的であろう。

　結論として，フィンテックの金融法制は，世界的に米国が主導する可能性が高いため，米国の動向に最大限の注意を払うことが望ましいであろう。

第**5**章 日本のフィンテック法制の現状と展望

1. 日本のフィンテック法規制の体系

(1) 日本の金融規制体系の特徴

　フィンテックの法制度の整備には，ソフトローなどをうまく使い，規制緩和と規律重視のバランスが必要となる。そして，規制当局の実務理解力と実務者とのコミュニケーション能力の高さが重要となる。いずれも，日本にとっては，ハードルが高いが，金融庁の努力は評価に値する。

　日本の金融規制の特徴は，大陸法，米国法，英国法が混在することにある。日本では，企業，金融活動のベースとなる会社法，税法，会計制度は，大陸法をベースとする。これは，明治維新後，憲法を筆頭に法制度の多くをドイツやフランスから移入したからである。

　戦後，米国の占領下で，米国法をベースに，日本の資本市場法制が形成された。そのため，金融規制の基本的な体系は米国法体系である。さらに，会社法，税法，会計制度なども，数度の法改正などを経て，米国法体系に近づいている。ただし，判例法の蓄積はあまり進まず，金融庁などによる「行政指導」の影響が大きいことが，米国との違いである。

　21世紀に入って，日本は，英国の制度を導入している。シングルピークモデルの金融監督体制（金融庁），英国の金融サービス法に倣った金融商品取

121

引法，英国の会計制度をベースとする国際財務報告基準（IFRS）導入が主たる例である。開示規制としてのコーポレートガバナンス・コード，日本版スチュワードシップ・コードもこの範疇に含められる。結果として，日本の金融法制の基本は米国法体系ではあるが，大陸法や英国法の影響を受けている。

(2)　日本の金融監督組織の特徴

日本の金融監督組織の特徴は，プルーデンス政策において金融庁の権限が強いことである。特に，個別金融機関の監督（ミクロ・プルーデンス）に関しては，直接的，そして自主規制機関を通じて間接的に，金融庁がほとんどの権限を掌握している。

1990年のバブルのピーク以降，多くの金融危機や金融不祥事が発生した。そこで，金融監督行政が整備され，公的資金の注入（財務省，預金保険機構，整理回収機構），政府による株式買取り（銀行等保有株式取得機構，日銀），日銀の緊急融資などが実施された。1998年に金融再生法成立に伴い，金融再生委員会が設立された。2000年に，これが発展解消し，金融庁が発足した。不良債権問題が，重要な政治課題であったため，金融再生委員会委員長（現金融担当大臣）は大臣ポストとなった。

一般には金融担当大臣と呼ばれる内閣府特命担当大臣（金融）に相当するポストは主要国にない。かつては，竹中平蔵など大物が就くポストであり，現在も，麻生太郎財務大臣（副総理）が兼任するなど，その政治的な重要性は高い。

金融庁は，銀行，保険，証券等の金融機関を一元的に所管する（金融庁設置法（平成10年法律第130号）3，4条）。金融庁は行政機関であり，立法機関でないが，準立法作用を持っている。金融庁監督局が，民間の金融機関を監督する。検査局が行う検査結果に基づき，金融機関の健全性をモニターしている。検査と検査の間の期間も，オフサイトのモニタリングも実施する。預金保険，金融危機関連については，監督局総務課信用機構対応室が所管す

122

る。

　実際の金融規制について，法律が政令，内閣府令に規制内容を委任している場合が少なくない。たとえば，金融商品取引法の詳細は，金融庁が作成する内閣府令に規定されている。また，「株券等の公開買付けに関するQ&A」など，金融庁による法の解釈・運用が関係者に対し実質的な拘束力を持っている。

　財務省に関しては，金融庁からの委任を受けて，財務局が地方における民間金融機関等の検査・監督も行っている程度である。しかし，間接的には，プルーデンス監督において，かなり広範囲な権限を持つ（財務省設置法（平成11年法律第95号）4条（所掌事務）56〜61項）。

　預金保険機構は，預金者等の保護と信用秩序の維持を目的としており，主に，金融危機後の事後的介入を担う。監督官庁は，財務省と金融庁である。1990年代の金融危機後，預金者の保護に加えて，破綻処理，公的資金注入，不良債権の回収，金融危機対応など，業務が拡大した。

　海外では，金融危機を機に中央銀行の権限が強化されたが，日本では，相対的に，日銀の権限は縮小している。金融庁は，不良債権処理，消費者金融規制，少額投資非課税制度（NISA），コーポレートガバナンス改革など，次々に政策を打ち，成功している。金融庁長官の任期は他の省庁の事務次官と比べて長い傾向にある。また，大手金融機関（特にメガバンク）のトップは，MOF担（対財務省折衝担当者）経験者であることが少なくないため，金融庁が金融界を統率しやすい。

(3)　日本政府の取組み

　フィンテックは幅広いため，政府の取組みも幅広い。日本政府は，「日本再興戦略2016」で，成長戦略の一つとして，活力ある金融・資本市場の実現を掲げる。フィンテックについては，利用者保護・不正の防止を図る一方，フィンテックによる金融革新と制度面の対応を進め，利用者の利便性の向上や日本経済の成長力強化につなげるとする。

また，2020年に向け，キャッシュレス化を推進し，クレジットカードの決済端末の100％IC化の目標を掲げている。そして，自民党も，フィンテックの戦略的対応について，提言をまとめている[1]。

　ただし，日本では，ものづくりを重視する傾向があり，成長戦略においても，第4次産業革命など，製造業の強化に力点が置かれがちである。金融立国を掲げる英国やシンガポールと比べると，日本政府の力の入れ方は弱い。

　米国では，元々，金融育成のための産業政策は存在しない。そもそも，政府が振興しなくても，ビザ，アップル，アマゾンなど，ITサービス企業が積極的にフィンテック事業に参入している。さらに，民間企業が活躍できるように，SECやFRBがルールの整備を着実に進めている。

　金融庁がフィンテック法制の整備に力を入れているのは評価できるが，フィンテックの領域は，金融界と産業界両方に大きくまたがる。そこで，政治主導で，第4次産業革命やAI革命と並べて，フィンテック革命を，政権の成長戦略の柱の一つとして掲げることが望ましい。

　以下，政府の取組みを説明した後に，個別業法について解説する。そして，仮想通貨，コーポレートガバナンス，財務会計は，フィンテック法制に関して重要性が高いので，次章以降に詳述する。

(4)　フィンテック法制の整備を主導する金融庁

　金融庁は，フィンテックに関する法制度整備を主導している。2015年に，金融審議会「金融グループを巡る制度のあり方に関するワーキング・グループ」と「決済業務等の高度化に関するワーキング・グループ」による報告書が公表された。これらを踏まえ，「情報通信技術の進展等の環境変化に対応するための銀行法等の一部を改正する法律」（以下，銀行法等）が，2017年に施行された。

　平成28年度の金融行政方針において，フィンテックの対応については，次

1　自民党政務調査会「FinTechを巡る戦略的対応（第1弾）」（2016年4月19日）。

の３点を挙げている。

 ⅰ．FinTechの進展等に応じて必要となる制度面の対応について，金融審議会での議論を含め，機動的に検討するとともに，決済インフラの高度化，新たな金融技術の活用を推進

 ⅱ．FinTechが金融機関の既存のビジネスモデルへ与える影響や変革をもたらす可能性について，海外の金融セクターの動向等も調査しつつ検討し，我が国金融機関のタイムリーな対応を促進

 ⅲ．「フィンテック・ベンチャーに関する有識者会議」やFinTechサポートデスクを通じて把握された金融イノベーションの動向や外部有識者の先取的知見を，上記の取組みに活用するとともに，多様な分野の専門家等が連携・協働する中で，FinTechベンチャー企業の登場・成長が進んでいく環境（エコシステム）の形成に向けた取組みを継続

2016年銀行法等の改正によって，銀行持株会社や銀行によるフィンテック関連企業への出資規制が緩和された。銀行持株会社や銀行による事業会社の議決権保有規制がある（銀行持株会社は15％，銀行は５％）。そこで，銀行業の高度化・利用者利便の向上に資すると見込まれる業務を営む会社に対し，金融庁の認可を得て出資することが可能となった。これにより，フィンテックのベンチャー企業の資金調達，買収が行いやすくなる。さらに，決済関連事務の受託が容易になる。システム管理など従属業務（銀行業務のサポート業務）を行う子会社等について，親銀行からの収入依存規制が，従前の50％以上から引き下げられる。

(5) フィンテック企業育成のための制度設計

　欧米に比べて先進的なフィンテック・ベンチャー企業やベンチャーキャピタルが日本に存在しないという現実を踏まえ，2016年に「フィンテック・ベンチャーに関する有識者会議」が設置された。「FinTechエコシステム（フィンテック・ベンチャー企業の登場・成長が進んでいく環境)」の実現を目指す。

125

2015年には，金融庁に，フィンテックに関する一元的な情報交換窓口「FinTechサポートデスク」を設置している。具体的な事業案件・事業計画の相談の他，一般的な意見・要望・提案等も受け付け，IT技術の進展が金融業に与える影響を分析し，金融イノベーションを促進していく。

　2016年に設置された金融庁の決済高度化官民推進会議では，金融審議会「決済業務等の高度化に関するワーキング・グループ」でとりまとめた報告書に基づき，アクションプランをフォローアップし，決済業務等の高度化に向け，官民で意見交換・フォローしている。

　2016年に，フィンテックの法整備へ向けて「金融審議会 金融制度ワーキング・グループ報告—オープン・イノベーションに向けた制度整備について—」が公表された。それに基づき，金融機関とフィンテック企業とのオープンAPIに関わる銀行法改正法が2017年に成立した。電子決済等代行業者に対し，登録制を導入し，利用者保護，情報安全管理等の体制整備，金融機関との契約締結，金融機関のオープンAPIに係る方針策定・公表などを求める。

(6)　産業界と金融界の融合を図る経済産業省

　経済産業省は，フィンテックについて，第4次産業革命を支える新たな金融サービスと捉え，ユーザー目線での金融，行政のあり方を検討し，包括的・統合的な方策を検討している。

　2015年に，「産業・金融・IT融合に関する研究会（FinTech 研究会）」を設置し，世界の動きを含めて，フィンテックの動向，政策上の課題や対応策を議論してきた。その後，「FinTechの課題と今後の方向性に関する検討会合（FinTech検討会合）」では，経済社会に与えるインパクト，フィンテックの課題，今後の政策の方向性などを議論している。

　そして，FinTech検討会合は，2017年に，フィンテックに関わる総合的な報告・提言として「FinTechビジョン」をまとめた。家計（個人）の消費生活や資産形成の充実と企業（特に中小企業）の生産性向上や資金調達の円滑化を目指す。フィンテック社会の実現に向け，キャッシュレス決済比率，中

小企業のサプライチェーンの資金循環速度（SCCC），バックオフィス業務のクラウド化率の３つの政策指標設定，日本版レギュラトリー・サンドボックス活用などの提言を盛り込んでいる。

　ベンチャー投資促進税制として，ベンチャーファンドを通じての出資企業は，出資額の80％を損金算入できる。対象となるファンドは，産業競争力強化法に基づく新規ファンドで，経済産業大臣が認定する。税制措置が対象となる投資家は，認定ベンチャーファンドへの出資を行った国内法人である。一定の要件を満たす適格機関投資家の場合，出資約束金額が２億円以上に限られる。2016年末時点で，６ファンドが認定を受けている。

(7)　ベンチャーキャピタルの育成制度

　日本のベンチャーキャピタル（VC）投資額は小さい。日本籍のVCによる投資は，2015年度に1,302億円（海外向けも含む）にとどまり，ピーク比半減している[2]。米国の７兆円，中国の３兆円と比較すると，圧倒的に小規模である。大手VCとして，SBIインベストメント，ジャフコ（野村ホールディングス系）があるものの，それ以外の大手金融機関の系列のVCには目立った成功例が少ない。

　リーマン・ショック前までは，ジャフコ，SBIインベストメントといった大手金融機関の系列が中心であったが，最近では，グロービス・キャピタル・パートナーズ，Wilといった独立系VCが育ってきた。また，CVCによる投資活発化も近年の特徴である。2015年度の国内向けVC投資金額では，独立系が全体の34％を占め，次いで，証券・生損保系が21％，銀行系18％，政府・地方公共団体系13％，事業会社７％，大学系４％である[3]。

　政府・地方公共団体系VCの国内投資シェアは，意外に大きく，2015年度

2　ベンチャーエンタープライズセンター「2015年度ベンチャーキャピタル等投資動向調査年度速報」（2016年８月10日）。
3　ベンチャーエンタープライズセンター編『ベンチャー白書2016』（2016年11月28日）I-19参照。

127

は13％であり，2014年度は18％であった。官民ファンドである産業革新機構がこの区分に入る。産業革新機構は，オープン・イノベーションを起こすことを目的に設立され，出資金3,000億円，政府保証枠1.8兆円と規模が大きい。2009年に設立され，2016年3月末現在で，累計101件，8,305億円の投資を決定してきた（うち，ベンチャー投資79件）。

さらに，官民イノベーションプログラム（国立大学に対する出資事業）等により，大学系VCも，2015年度より本格始動している。大学の研究成果を活用した新産業を創出するため，文部科学省は，東北大学，東京大学，京都大学，大阪大学の4大学に合計1,000億円を出資し，各大学はVCを設立している。経済産業省の2016年度大学発ベンチャー調査によると，大学発ベンチャー（VB）の数は，1,851社であり，東京大学が216社，京都大学97社，筑波大学76社，大阪大学76社の順である[4]。黒字化を達成したVBは56％を達成している。

高い技術力と膨大な資金力を必要とする主要な分野では，大手金融機関は国内外の巨大IT企業と組むことが期待される。特に，フィンテック・ベンチャーの分野では，メガバンクが中心となって支援している。

(8)　日銀の取組みは決済中心

日本銀行においても，2016年に，決済機構局内に「FinTechセンター」を設置した。フィンテックの動きが金融サービスの向上や持続的成長に資するものとなるよう，一段と取組みを強化していくとする。3回のフォーラムが開催され，生体認証技術，ブロックチェーン技術の実装実例や安全対策，オープン・イノベーション，分散型台帳技術について，議論が行われた。特に分散型台帳技術に注力しており，ECBと共同で，分散型台帳技術の金融市場インフラへの応用可能性を調査するため，共同プロジェクトを立ち上げ

4　経済産業省「平成28年度産業技術調査事業（大学発ベンチャーの設立状況等に関する調査）報告書」（2017年4月）。

た。

日銀は，中央銀行として，決済インフラに対し重要な役割を担っている。日銀ネットは，日本の資金決済システムの9割を担い，日本の決済システムの基幹インフラである。そのため，決済分野を中心に，フィンテックの研究を進めている。

中央銀行が発行するデジタル通貨（CBDC）について，調査・検討を行う中央銀行が世界的に現れている（第6章参照）。日銀としては，現時点で，銀行に代わるデジタル通貨を発行する具体的な計画を持っているわけではないが，ブロックチェーンなどを中央銀行業務にどのように活用するか調査検討していくであろう[5]。

CBDCは，中央銀行の決済システムのアクセスを時間・空間の両面で大幅に拡大し，銀行券を完全に代替する可能性もある[6]。中央銀行の決済インフラは，経済の根幹を支える他，金融システムの安定性に対し責任を持つ中央銀行にとって，新技術による決済システムの安全性について，重要な問題である。

2．日本のフィンテック法制度の体系

(1) フィンテック法の規制分野

フィンテックは，サービス内容が多岐にわたるため，法制度の範囲も広い。金融に関わる法制として，金融取引法と金融監督法に分けられる[7]。前者は金融取引に関する私法ないし民事法の分野で，取引当事者（私人間）の利害

5　中曽宏「フィンテックと金融・経済・中央銀行東京大学金融教育研究センター・日本銀行決済機構局共催コンファランス「フィンテックと貨幣の将来像」における講演」（2016年11月18日）。
6　中曽宏「中央銀行決済システムの将来—経済のグローバル化と情報技術革新の中で—日銀ネットの有効活用に向けた協議会における挨拶」（2017年4月21日）。
7　神田秀樹＝森田宏樹＝神作裕之編『金融法概説』（有斐閣，2016年）1頁参照。

調整を目的とする。後者は，国や金融分野を規制する公法的規制であり，業法とも呼ばれる。

取引当事者のルールとしては，利息制限法（貸付利息），保険法（保険契約），金融商品取引法（金融取引）が挙げられる[8]。業者が守るべきルールとしては，図表5-1の通り，業者に許認可を求める業規制や投資家や消費者を保護するような行為規制などがある。

図表5-1　フィンテックの金融関連法制

サービス	法律	規制内容
決済サービス	銀行法 資金決済法 割賦販売法	銀行免許 プレイペイド（電子マネー等）登録，資金移動サービス登録 クレジットカード登録
融資サービス	貸金業法	貸金業登録
投資・運用サービス	金融商品取引法	証券会社登録，投資運用業登録，ロボアドバイザー，クラウドファンディング
仮想通貨	資金決済法	仮想通貨交換業登録
保険	保険業法	保険業免許，少額短期保険業者登録

出所：金融庁

金融サービスを担う業者は，事業を行うに際して，まず，免許，許可，登録などを取得する必要がある。業者としては，銀行，銀行持株会社，信用組合，労働金庫，信用組合，銀行代理業者，金融商品取引業者（証券会社，投資信託委託会社，投資顧問会社，金融先物取引業者），生命保険会社，損害保険会社，保険持株会社，信託会社，貸金業者，クレジットカード関連業者などが挙げられる。他に，業規制としては，最低資本金規制，兼業規制，登録の拒否要件などが挙げられる。行為規制としては，フィデューシャリー・デューティー（受託者責任），忠実義務，善管注意義務，分別管理義務，虚

8　有吉尚哉＝本柳祐介＝水島淳＝谷澤進編著『FinTechビジネスと法 25講―黎明期の今とこれから―』（商事法務，2016年）16～22頁参照。

偽説明・損失補てん・利益相反行為等の禁止，情報提供義務，適合性の原則などがある。

近年，フィンテック企業の参入や事業構造の変化で，投資型クラウドファンディングの業者登録の規制緩和が行われた他，クレジットカードの加盟店契約会社（アクワイアラ）や決済代行会社（PSP，フィンテック企業等）に登録義務が課されることになった（詳細は後述(3)）。また，仮想通貨交換業者にも登録が求められる。

(2) 情報管理やコンプライアンスの視点

フィンテックのサービスは，ITや個人情報が深く関わるため，情報関連法制も重要である[9]。ビッグデータ，AI，IoTの進展で，膨大な個人情報を取得することが可能となっている。クラウド会計，AI与信，P2Pレンディングなどの金融サービスは，オンライン上の個人情報を収集または，利用・分析するものである。また，オンライン上のビッグデータを収集・加工して，顧客に提供するようなサービスの場合，情報内容によっては，著作権法が関連してくる。

一方で，金融機関やフィンテック企業は，そうした情報を自由に使っていいわけではなく，国内外を含めた個人情報保護法等の法律を遵守する必要がある[10]。2017年に，改正個人情報保護法が施行された。個人情報の定義が明確化され，活用が促進される一方，適切な利用方法の確保が義務付けられた。

また，上記の法律以外にも，フィンテック関連では，犯罪収益移転防止法（マネー・ロンダリング防止），外為法（海外送金），国外送金等調書法（海外送金），マイナンバー法（証券取引，海外送金），電子帳簿保存法（国税関係の帳簿書類），公的個人認証法（本人確認），電子署名法（電子署名，ス

9　有吉尚哉＝本柳祐介＝水島淳＝谷澤進編著『FinTechビジネスと法 25講―黎明期の今とこれから―』（商事法務，2016年）23～31頁参照。
10　保木健次「FinTechの進展への対応～個人情報保護法制について」（KPMG Insight Vol.21，2016年11月15日）。

マート・コントラクト），金融商品販売法（販売規制），特定商取引法（Eコマース事業）など（以上の法律名は略称）も，適用対象となる[11]。

AIやブロックチェーン技術の発展により，貸付，資金調達，資産運用，保険の中でも，リテール金融サービスが大きく変わると予想される。フィンテックで変わると予想される金融サービスについて，関連する主要法制を以下に紹介する。

(3) クレジットカード取引の関連金融法制

近年のクレジットカード取引の構造に対応し，2014年に，経済産業省は，「産業構造審議会商務流通情報分科会 割賦販売小委員会」を設置した。この委員会の報告書を受けて，割賦販売法の改正法が，2016年に成立している。

従来型のクレジットカードの取引主体は，ビザやマスターカードのような決済インフラを提供する会社，クレジットカードの発行会社（銀行等），加盟店（販売会社），クレジットカード会員（最終顧客）が主体であった。しかし，近年，クレジットカードの発行会社が加盟店と行う契約を加盟店契約会社（アクワイアラ）に行わせる形態が増加している。さらに，加盟店契約会社に代わって，決済システムの運用・管理・障害対応などを行う決済代行会社（PSP，フィンテック企業等）が参入している。

そこで，割賦販売法の改正で，現状，規制のない加盟店契約会社と決済代行会社（加盟店契約会社と同等の機能を有する）に対し，登録制を導入する。決済代行会社は，任意の登録である。登録した加盟店契約会社と決済代行会社は，加盟店を管理する義務が生じる。また，キャッシュレス化推進のため，加盟店の書面交付義務が緩和される一方，クレジットカード端末のIC対応化が義務付けられる。

日本では，クレジットカードによる決済比率は低いものの，クレジットカードの利用拡大は増加傾向にある。それに伴い，カード会社にはビッグ

---

11 増島雅和＝堀天子編著『FinTechの法律』（日経BP社，2016年）256～304頁参照。

データが蓄積されており，ビッグデータの有効活用が期待される。実際，クラウド会計のfreee，家計簿アプリのマネーフォワードなどは，クレジットカード会社のデータを用いたサービスを提供している。しかし，カード会社がフィンテック企業とAPIの連携を行う場合，消費者のデータ保護，セキュリティの確保が課題となっている。

そこで，経済産業省は，「クレジットカードデータ利用に係るAPI連携に関する検討会」を設置し，クレジットカード会社とフィンテック企業のAPI連携により創出されるサービス，両社の責任関係，収益配分，費用負担，API技術仕様，法規制等を検討している。

(4)　資産運用の関連金融法制

資産運用に関連するのは，主に，金融商品取引法，投資信託法，信託業法，商品ファンド法等である。特に，顧客資産の運用，アドバイス，金融商品の販売における基本法となるのが，金融商品取引法である。金融商品取引上，金融商品取引業者として，第一種金融商品取引業（証券会社，外国為替証拠金取引業者），第二種金融商品取引業（信託受益権売買業者，ファンド販売会社），投資運用業，投資助言・代理業の登録が必要である。

資産運用において注目されるのは，ロボアドバイザー（ロボットとアドバイザーの造語）である。ETFとロボアドバイザーを組み合わせると，資産運用コストが合計で年1％以下になり，その分，投資家の利益が増える。その意味では，販売手数料や運用手数料の高い日本において，ロボアドバイザーの活躍余地は大きい。

日本では，大手金融機関がロボアドバイザー・サービスを提供している。さらに，ロボアドバイザーを専業とするウェルスナビ（2015年創業），THEO［テオ］byお金のデザイン（2013年），FOLIO（2015年）など，新規参入も増えている。投資一任型のロボアドバイザーで，THEOが預かり資産1位である（2016年9月末時点）。

ロボアドバイザーのサービスは，顧客のプロファイリング，アセット・ア

133

ロケーション，ポートフォリオの構築，有価証券の売買（投資実行），ポートフォリオのリバランス，節税対策，ポートフォリオ分析などに分けられる。日本では，ロボアドバイザーのサービスを提供する場合，原則，金融商品取引法上，金融商品取引業の登録が必要となる（同法29条）。

　ロボアドバイザーがどのような機能を持つかによって，登録の業態は異なるが，国内外の株式，投資信託，ETFなどの投資アドバイスを行う場合は，投資助言・代理業，顧客と投資一任契約を締結し，リバランスを含めた運用業務を行う場合は投資運用業，有価証券の売買・勧誘も行う場合は，第一種金融商品取引業の登録が必要である。

(5)　保険の関連金融法制

　自動車保険の分野で，テレマティクス保険の市場が伸びており，日本では，ソニー損保，あいおいニッセイ同和損害保険，損保ジャパン日本興亜などが販売している。自動車保険は，強制加入の自賠責保険と任意保険に分類され，テレマティクス保険は，任意保険に該当する。

　テレマティクス保険は，PAYD（走行距離連動型）とPHYD（運転行動連動型）に分けられ，前者は，走行距離，後者は，運転手の行動特性に応じ，リスク分析を基に，保険料が個別に設定される。走行距離が少ない場合や，安全運転の場合，保険料が割引される仕組みである。国土交通省は，安全運転の促進や事故の減少が期待されることから，テレマティクス保険を推進している。

　テレマティクス保険の法規制として，新たな保険商品を販売する場合，金融庁より免許を取得する必要がある（保険業法5条）。そして，保険料率についても，同様に認可が求められる。自動車保険の保険料率算出に用いる危険要因として，①年齢，②性別，③運転歴，④営業用，自家用その他自動車の使用目的，⑤年間走行距離その他自動車の使用状況，⑥地域，⑦自動車の種別，⑧自動車の安全装置の有無，⑨自動車の所有台数が掲げられている（保険業法施行規則12条）。これら以外の危険要因を算出に用いることはでき

第5章　日本のフィンテック法制の現状と展望

ない。テレマティクス保険の場合，⑤が該当する。

テレマティクス保険を通じて，保険会社が取得する情報は，多様であり，個人（契約者家族も含めた）のプライバシー，情報保護も適切に扱う必要がある。そして，テレマティクスを通じて得られるデータ量や科学的分析が，まだ十分でないことから，保険料率（リスク）に反映させるロジック（科学的根拠）が未だ不明瞭であるとの指摘がある[12]。

(6)　完全自動運転時代の自動車保険

運転手が運転に関与しない完全自動運転は2020年頃の実用化が見込まれている。その頃には，自動車保険の景色は大きく変わることになるであろう。英国では，エイドリアン・フラックスが，世界で初めて，個人向け自動運転車の保険を発売した[13]。ハッキング被害，システムの更新失敗，人工衛星の故障，ナビの機能停止，ソフトウェアの欠陥，手動運転の切り替え不能による事故などが補償の対象となる。

現状，日本では，自動車事故の損害賠償は，自動車損害賠償保障法（自賠法）3条や民法709条により行われているが，今後は，販売店の損害賠償責任（債務不履行責任）や自動車メーカーの製造物責任の追及が想定される[14]。

完全自動運転実現に向け，自動車メーカーがしのぎを削る中，保険会社も新しい自動車保険に取り組んでいる。たとえば，東京海上日動火災保険は，自動運転の進展を受け，被害者救済費用等補償特約を開発した[15]。

これは，被害者を救済するため，新規の自動車保険で，被害者救済費用等補償特約が付帯される。自動運転車による事故の場合，加害者であるドライ

12　金融庁金融審議会「金融審議会 新規・成長企業へのリスクマネーの供給のあり方等に関するワーキング・グループ報告」（2013年12月25日）2頁参照。
13　Adrian Flux, "Driverless car insurance has arrived", Jun 7, 2016.
14　窪田充見「自動運転と販売店・メーカーの責任—衝突被害軽減ブレーキを素材とする現在の法律状態の分析と検討課題」（ジュリスト1501号，2017年1月）。
15　東京海上日動火災保険株式会社「自動車保険「被害者救済費用等補償特約」の開発」（2016年11月8日）。

135

バー，被害者，自動車メーカー，ソフトウェア業者など，責任関係が不明確で，被害者救済の確定が遅れる可能性を考慮したものである。

(7) 資産調達の関連金融法制

クラウドファンディングは，プロジェクトを立ち上げた個人や法人に対し，不特定多数の人が，インターネットを通じて資金を供与する仕組みである。資金調達方法の分類としては，寄付型，購入型，貸付（融資）型，投資型に分けられる。

金融商品取引法の規制対象となる投資型クラウドファンディングとしては，ファンド型，株式型に分けられる[16]。日本では，貸付型が主流である。P2Pレンディング（ソーシャル・レンディング，マーケットプレイス・レンディング）は，貸付型に分類されるが，後述(9)の与信・融資の関連金融法制で述べる。

図表5-2　クラウドファンディングの分類

タイプ	内　容
ファンド投資型	出資者が事業者と匿名組合契約などの契約を締結して資金提供を行い，配当等を得る。
株式投資型	出資者が事業者に株式等による出資を行い，配当等を得る。
貸付（融資）型	貸金業法等の契約に基づき，資金提供者が事業者に対して融資を行い，元本と利子を得る。
購入型	売買契約などに基づき，資金提供者が調達者に資金を提供し，物品・サービスを受け取る。
寄付型	資金提供者が調達者に寄付を行う。

出所：第二種金融商品取引業協会「ファンド投資型クラウドファンディング規制について」（2015年11月17日）

新規・成長企業にリスクマネーを供給するため，2014年の金融商品取引法改正により，投資型クラウドファンディングの制度整備が行われた。投資型

16　堀田一吉「テレマティクス自動車保険の課題と展望」（自動車交通研究2016, 2016年10月）。

クラウドファンディングは，新規・成長企業等と投資者をインターネット上で結び付け，多数の者から少額ずつ資金を集める仕組みである。少額（募集総額1億円未満，一人当たり投資額50万円以下）の投資型クラウドファンディングを取り扱う金融商品取引業者の参入要件を緩和した。また，インターネットを通じた投資勧誘に関し，投資家保護のルールも整備している。

(8) 投資型クラウドファンディング

投資型クラウドファンディングは，以下に大別できる。

① ファンド型クラウドファンディング

インターネットにより，不特定多数者からファンドに対する出資を募るものであり，商法の匿名組合を利用した投資方法である（同法535条～542条）。資金調達を行うファンド（事業者）が出資者と匿名組合契約を締結して，資金を調達し，事業収益が配当として分配される。

ファンド持分は，みなし有価証券であり，みなし有価証券の募集は，第二種金融商品取引業の登録が必要となる。ただし，2014年の改正で，少額の非

図表5-3 投資型クラウドファンディングの法改正

改正前
• 有価証券を勧誘するためには，「金融商品取引業者」としての登録が必要
• 株式の勧誘：第一種金融商品取引業者，兼業規制あり，最低資本金5,000万円
• ファンドの勧誘：第二種金融商品取引業者，兼業規制なし，最低資本金1,000万円
• 非上場株式の勧誘は，日本証券業協会の自主規制で原則禁止

改正後
• 少額（発行総額1億円未満，一人当たり投資額50万円以下）のもののみを扱う業者について，兼業規制なし
• 登録に必要な最低資本金基準を引下げ（第一種金融商品取引業者 1,000万円，第二種金融商品取引業者500万円
• 詐欺的な行為に悪用されることがないよう，クラウドファンディング業者に対して，「ネットを通じた適切な情報提供」や「ベンチャー企業の事業内容のチェック」を義務付け

出所：金融庁

上場のファンド持分を扱う業者について，第二種少額電子募集取扱業者が新設された（金融商品取引法29条の4の3）。

② 株式型クラウドファンディング

上場企業が行うような公募増資ではなく，ベンチャー企業などの未上場株式を対象に，インターネットを通じて，不特定多数の投資家から資金を募るものである。2014年の法改正により，解禁された。株式の募集は，原則，第一種金融商品取引業の登録が必要であるが，少額の非上場株式の募集の場合，第一種少額電子募集取扱業者の登録となり，規制も緩和されている（金融商品取引法29条の4の2）。2017年に，株式型クラウドファンディングの第1号として，Bank Invoiceが個人投資家から資金を調達した。

クラウドファンディングの問題点は，投資家の適合性の原則である。個人の富裕層であっても，金融知識が十分でない場合が多い。このため，購入金額を小口に抑えざるを得ない。しかし，資金調達額が小さすぎると，企業にとって使い勝手がよくない。市場の監視体制や取引慣行が固まるまでは，かなり時間がかかりそうである。

(9) 与信・融資の関連金融法制

一般に，AI与信では，個人向け住宅ローン，無担保ローン，クレジットカード，自動車ローンなどについて，AIが与信判断を行う。SNSの情報，オンラインショッピングの購買履歴，会計情報などのビッグデータをもとに，低い借入コスト，迅速な与信手続きが可能となっている。

金銭の貸付けまたは金銭の貸借の媒介を行う場合，貸金業の登録が必要となる（貸金業法3条）。日本では，新生銀行や静岡銀行がAI与信を開始している。金利規制（上限金利15〜20％），総量規制（年収の3分の1以下）の他，個人情報保護法上の義務も生じる。

P2Pレンディングは，資金の貸し手と借り手をオンライン上でマッチングさせるプラットフォームであり，クラウドファンディングの一類型である。

上述の通り，投資型クラウドファンディングの法制度は手当てされたが，Ｐ２Ｐレンディングについては，整備されていない。米国も同様な状況であるが，英国ではＰ２Ｐレンディング規制が導入されている[17]。

現行の貸金業法では，資金の貸し手および資金仲介を行うプラットフォームも，貸金業の登録が必要となると解される（貸金業法２条１項）[18]。しかし，貸金業の登録要件は厳格であり，登録期間３年で更新する必要がある。その上，行為規制も課されることから，資金の出し手が，貸金業の登録を行うことは，現実的でない。そのため，実際には，商法上の匿名組合スキームが用いられている（商法535条）。

貸金業登録を行った運用法人を通じて，投資家が借主に資金を供給する方式で，投資家は運用法人に対し，匿名組合出資を行う。そして，匿名組合出資の持分の販売（募集または私募）は，金融商品取引法上，第二種金融商品取引業の登録を行わなければならない（同法29条）。そこで，運用法人が，第二種金融商品取引業の登録を行うか，第三者である第二種金融商品取引業者に委託する必要がある。

ただし，貸金業法の逸脱行為を防ぐため，金融庁の解釈として，①特定の借主の名称等の情報を投資家に開示しない，②貸付先が単一でない，という要件を設けている。要件を満たさない場合，投資家は貸金業の登録が必要となるおそれがある。

⑽　与信・融資サービスの革新

フィンテックに関わる与信・融資サービスは，進化しつつある。

トランザクションレンディングは，オンライン融資サービスで，オンラインショッピングやＥコマースなどの日々の取引履歴をもとに，与信判断を行

---

[17]　左光敦「Ｐ２Ｐレンディングの仕組みと法規制：英国のＰ２Ｐレンディング規制を中心に」（日本銀行金融研究所，Discussion Paper No. 2017-J-3，2017年２月）21頁参照。

[18]　石田康平「Ｐ２Ｐレンディング（ソーシャル金融）を日本で実現するための一考察」（法と経済のジャーナル Asahi Judiciary/西村あさひのリーガル・アウトルック，2016年10月26日）。

い，融資サービスを行うもので，日本では，GMOイプシロンや住信SBIネット銀行が行っている。トランザクションレンディングにより，融資を行う企業は，貸金業の登録が必要となる。

日本で生まれた新たなフィンテックのインフラ制度として，電子記録債権制度がある。電子記録債権制度は，2008年施行の電子記録債権法に基づき，中小企業の資金調達の円滑化を目的に整備された。手形，売掛債権の問題点を克服した金銭債権で，電子債権記録機関の記録原簿に電子記録することで，効力が発生する[19]。電子データの送受信で，電子記録債権の譲渡が可能であり，取引の安全性が確保される他，手形では不可能であった分割が可能である。

電子債権記録機関は，主務大臣の指定を受けた専業の株式会社であり，2016年に，Densaiサービスが指定を受けた。親会社のトランザックスは，電子記録債権を活用したサプライチェーン・ファイナンスを提供しており，より低い金利，審査なしで資金調達が可能な仕組みとなっている。

⑾　資本市場インフラの関連金融法制

ブロックチェーン技術を用いて，新たな資本市場のインフラが開発・検証されている。ブロックチェーンによるP2P方式の取引を行う場として，分散型取引所が挙げられる。集権的取引所と異なり，マウントゴックス事件のような詐欺を防止できるというメリットがある。デンマークのCCEDKは，世界初の分散型取引所（オープンレジャー）を開発しており，現在，OpenLedgerで仮想通貨の取引が行われている。

証券取引や証券決済の分野で，ブロックチェーンの活用が進められている。こうした取引が一般的に利用されるようになるのは，まだ先と見られるものの，想定される法的論点として，ブロックチェーン上の権利が挙げられよう。仮想通貨について，東京地裁の判例（マウントゴックス事件）が所有権の対

19　でんさいネット「電子記録債権とは」参照。

象となる有体物でないと判示している[20]。そのため，ブロックチェーンによる証券発行や取引記録の場合，当該権利の帰属が問題となる可能性がある（詳細は第6章2(6)参照）。

2015年に，日本年金機構がサイバー攻撃を受け年金情報が流出した事件があった。職員の端末に対し，外部からのウィルスメールを通じた不正アクセスがあり，基礎年金番号を含む個人情報（125万件）が外部に流出した。資本市場のインフラがサイバー攻撃を受けた場合，その被害は甚大なものになる可能性がある。

金融分野では，フィンテックの発展，サイバー攻撃の高度化，サイバーテロの脅威などにより，金融機関・金融市場インフラの機能停止，機密漏えい，不正取引等が想定される。そこで，金融庁は，2015年に，「金融分野におけるサイバーセキュリティ強化に向けた取組方針」を公表している[21]。サイバーセキュリティ強化に向け官民一体となって取り組むため，金融機関との建設的対話，金融ISAC等を活用した情報共有，業界横断的演習，サイバーセキュリティの人材育成，金融庁としての態勢構築などの方針が掲げられている。

⑿　日本の決済送金法制

日本において，資金決済に関する法律（以下，資金決済法）が対象とするサービスは(i)資金移動業，(ii)前払式支払手段の発行業務，(iii)仮想通貨交換業，(iv)資金清算業であり，銀行送金，クレジットカード決済が代表的である[22]。ポイント，収納代行，代金引換は，資金決済法の枠外である。

銀行送金は，銀行法上の為替取引であり，国内に資金がとどまる場合は，内国為替取引と呼ばれる。海外送金など，日本と海外との資金決済は，外国

---

[20]　ビットコイン引渡等請求事件・東京地判平27・8・5判例集未登載（LEX/DB25541521）。

[21]　金融庁「金融分野におけるサイバーセキュリティ強化に向けた取組方針」（2015年7月2日）。

[22]　堀天子『実務解説　資金決済法（第3版）』（商事法務，2017年）2～4頁参照。

	銀　行	資金移動業	プリペイド カード業	仮想通貨 交換業	貸金業	クレジット カード業者
サービス	預金，融資，決済	決済（100万円以下）	決済	仮想通貨取引	融資	クレジットカード取引
法令	銀行法	資金決済法	資金決済法	資金決済法	貸金業法	割賦販売法
免許・登録	免許	登録	登録	登録	登録	登録
財務規制	自己資本規制等	業務の的確な遂行に必要な財産的基礎	最低純資産（1億円）	純資産マイナスでない，資本金1千万以上	最低純資産（5千万円）	最低純資産・資本金
資産保全	預金保険	全額供託	半額供託	顧客財産の分別管理	－	－
マネロン（本人確認等）	○	○	－	○	○	○

図表5-4　日本における決済関連法制度

出所：2016年の割賦販売法改正で，アクワイアラ，PSPにも登録制導入。出所：金融庁

為替取引である。内国為替には，現金を物理的に運搬せずに，資金の受渡しを行われ，送金，振込，代金取立がある。

　資金移動業とは，銀行以外の事業者が行う少額の為替取引である。前払式支払手段は，プリペイドカード，ギフト券，商品券がその例であり，電子マネーのタイプもある（詳細は後述⒂）。仮想通貨交換業は，仮想通貨の交換・売買等を営む業者をいう。資金清算業は，銀行間の資金決済を担う資金清算機関（例：全銀ネット）が行う業務である。

⒀　決済高度化の国家戦略

　日本の個人消費における決済は，現金の構成比が著しく高い。一方で，クレジットカードの構成比が低く，デビットカードはほとんど普及していない。

　米国は，クレジットカードとデビットカードの構成比が高く，しかも，今後，一段と成長する見通しである。米国では，個人消費の決済手段としてデビットカードは25.3％を占め，クレジットカードの30.7％に次ぐ規模である（2015年，出所：Nilson Report）。

第5章　日本のフィンテック法制の現状と展望

　米国では，小切手を使う習慣が古くから普及していた。つまり，銀行の口座にある預金残高から，小切手を使って引き出す仕組みである。デビットカードも，預金残高から引き出すという点では同じである。このため，小切手の習慣が残る米国では，デビットカードが普及したが，小切手を使うことがほとんどない日本では普及しなかった。

　日本政府は，キャッシュレス化を推進している。2014年に公表された「キャッシュレス化に向けた方策」によると，2020年の東京オリンピック・パラリンピックの開催に向け，クレジットカード利用促進を軸に，キャッシュレス化の普及を図るという[23]。

図表5-5　日米個人消費に対する決済手段シェア（%）

	日本 2015年度		米国 2015年	2020年 予測	増減 ポイント
現金他	49.5	クレジットカード	30.7	38.7	8.0
振込・口座振替	19.9	デビットカード	25.3	27.9	2.6
クレジットカード	16.0	現金	15.8	12.2	−3.6
プリペイド・電子マネー	5.6	振込・口座振替	14.5	13.5	−1.0
ペイジー	5.2	チェック	9.5	4.2	−5.3
コンビニ収納	3.5	プリペイド・その他	4.1	3.5	−0.6
デビットカード	0.2				

注：米国2019年数値はNilson推計。出所：クレディセゾン2016年度決算説明会資料（2017年5月15日）36頁参照

　決済高度化の戦略として，2016年に，決済インフラの強化のため，金融庁では，官民連携によるフォロー・意見交換を目的に，決済高度化官民推進会

―――――――――――――

23　内閣官房＝金融庁＝消費者庁＝経済産業省＝国土交通省＝観光庁「キャッシュレス化に向けた方策」（2014年12月26日）。

143

議が設置している。「日本再興戦略2016」では，企業間の銀行送金電文を2020年までを目途に国際標準のXML電文に移行し，送金電文に商流情報の添付を可能とする金融EDI実現を掲げる。金融EDIとは，企業のコンピュータを通信回線で接続し，標準化フォーマットを用いて，電子的に商取引データを交換する仕組みである。

　安価で急がない国際送金（ロー・バリュー送金）については，金融審議会・決済業務等の高度化に関するワーキング・グループ報告で示された決済高度化のためのアクション・プラン（以下，アクション・プラン）では，2018年を目途にサービス提供する予定である。大口送金の利便性向上については，全銀システムにおける送金可能桁数の拡大や日銀ネットでの振替の活用が検討されている。非居住者送金の効率性向上について，全銀システムでの取扱いに向け，検討中である。

図表5-6　日本の電子決済市場の予測

	2015年 金額（兆円）	比率	2020年（予測） 金額（兆円）	比率	増減 （ポイント）
現金決済	231.3	80.6	204.9	71.4	−9.2
電子決済	55.7	19.4	82.0	28.6	9.2
プリペイドカード	8.0	2.8	16.0	5.6	2.8
デビットカード	0.7	0.3	1.4	0.5	0.2
クレジットカード	47.0	16.4	64.6	22.5	6.1
合計	287.0	100.0	287.0	100.0	

出所：電子決済研究所編『電子決済総覧2015-2016』（カードウェーブ，2015年），山本国際コンサルタンツ「2020年の国内電子決済市場は82兆円を突破　電子決済比率は30％へ～プリペイドカード決済の市場規模は16兆円に迫る～」（2015年5月25日）

⒁　電子マネーの法制度

　電子マネーとは，金銭的な価値を持つ電子データで，現金と同様に，モノやサービスを購入し，その移転により，決済が完了する。1990年代後半より実用化が図られ，2000年以降，普及を開始した。

144

第5章　日本のフィンテック法制の現状と展望

　現在では，スマートフォンやカードをかざすことで，ショッピングの決済が可能である。電子マネーは，IC型（スイカ，楽天Edy等），サーバ型（WebMoney，Amazonギフト券，スターバックスカード等）に分けられる。

　電子マネーは，発行会社別，発行形態別など，多様に分類できるが，支払時期により，①前払型（プリペイド型），②後払型（ポストペイド型），③即時払型（デビット型）に分けられ，適用法令も異なる[24]。

　前払式支払手段は，紙型（ギフトカード，お米券，ビール券等），磁気型（QUOカード等），電子マネーがある。スイカ，楽天Edyなど電子マネーの代表的な形態である。前払式支払手段の年間発行額は，24兆円（2015年度）と毎年拡大しており，発行媒体別には，IC型が13兆円と最も多く，次いで，サーバが7.5兆円である[25]。

図表5-7　電子マネーの法分類

支払時期	例	金融規制上の定義	適用法令
前払型 （プリペイド型）	Suica，楽天Edy	前払式支払手段	資金決済法
後払型 （ポストペイド型）	iD，QUICPay	割賦信用購入あっせん業	割賦販売法
即時払型 （デビット型）	VISAデビットカード	預金または為替取引	銀行法，資金決済法

注：資金決済法や割賦販売法には，適用除外が設けられているため，規制に服さないものも存在する。即時払いの電子マネーの中には，様々なものが混在し，前払いの電子マネーに類するものもある。出所：増島雅和＝堀天子編著『FinTechの法律』（日経BP社，2016年）112頁参照

(15)　電子マネーの種類

　電子マネーは，以下に分類され，それに対応する法律が異なる。

24　増島雅和＝堀天子編著『FinTechの法律』（日経BP社，2016年）110〜112頁参照。
25　一般社団法人日本資金決済行協会「第18回発行事業実態調査統計（平成27年度版）」（2016年10月31日）。

145

① 前払型

電子マネーのうち，前払式支払手段（プリペイドカード）の発行は，資金決済法の領域である。資金決済法の前身は，1989年施行の前払式証票の規制等に関する法律であり，2010年に，新たに，資金決済法として施行された。

前払式支払手段の定義は，以下，4つの要件が備わっているものを指す（資金決済法3条）[26]。

i．金額または物品・サービスの数量（個数，本数，度数等）が，証票，電子機器その他の物（証票等）に記載され，または電磁的な方法で記録されていること。

ii．証票等に記載され，または電磁的な方法で記録されている金額または物品・サービスの数量に応ずる対価が支払われていること。

iii．金額または物品・サービスの数量が記載され，または電磁的な方法で記録されている証票等や，これらの財産的価値と結びついた番号，記号その他の符号が発行されること。

iv．物品を購入するとき，サービスの提供を受けるとき等に，証票等や番号，記号その他の符号が，提示，交付，通知その他の方法により使用できるものであること。

② 後払型

後払型支払手段は，割賦販売法に規定があり，経済産業省が監督する。割賦とは，代金を後から分割で支払うことであり，クレジット取引等が対象となる。電子マネーとしては，NTTドコモのiDやJCBのQUICPayが挙げられ，利用金額を後からクレジットカードの請求とともに，支払う仕組みである。

③ 即時払型

即時払型の電子マネーの場合，デビットカード機能を利用したものであり，

26　一般社団法人日本資金決済業協会ウェブサイト「前払式支払手段発行業の概要」。

決済は即時に行われ，自分の銀行口座から利用代金分が引き落とされる。利用限度額は，口座残高の範囲内に設定されている。日本でのデビットカードによる決済比率は，1％にも満たない。日本では，約9割のキャッシュカードがデビットカードとして利用可能である（J-Debit）が，実際に用いられることはあまりない。

　法規制としては，銀行が行う預金や為替取引として銀行業として規制される場合や，資金移動業者（銀行等以外で，100万円相当額以下の為替取引を行う業者）が為替取引として資金決済法で規制される場合がある[27]。

　また，仮想通貨を対象とする法律の整備が徐々に進み始めている。2016年の資金決済法の改正により，仮想通貨に関する法制度が整備された。仮想通貨が法的に定義付けられ，仮想通貨と法定通貨の交換業者について，登録制を導入した。

　交換業者への行為規制として，情報の安全管理，利用者保護，利用者財産管理などが義務付けられた。マネーロンダリング・テロ資金供与対策の規制として，口座開設時に，本人確認を義務付ける他，利用者が預託した金銭と仮想通貨の分別管理のルールを整備した。仮想通貨制度の詳細は，第6章を参照されたい。

3．日本の事業会社と金融機関の業際規制

(1) 事業会社による金融事業の事例

　フィンテック時代には，事業会社による金融サービス業進出が進む。それ自体は，新しいサービスを提供できるため好ましいが，一定の規律が必要である。

　金融機関は，金融取引を仲介する機関であり，預金取扱機関（銀行），証

27　増島雅和＝堀天子編著『FinTechの法律』（日経BP社，2016年）111頁参照。

券，保険などが含まれる。銀行の場合，顧客との銀行取引については，私法的分野である民法や商法の規定が適用され，銀行自身は銀行法上の行為規制など公法的規制を受ける[28]。なお，1998年の金融持株会社解禁により，持株会社形式の金融コングロマリットは認められるようになったが，欧州のようなユニバーサルバンキングは認められていない。

銀行には，他業禁止規制があり，銀行の業務範囲は，固有業務，付随業務，他業証券業，法定他業に制限されている（銀行法10条，11条，12条）。固有業務は，主に，預金の受入れ，資金の貸付け，為替取引であり，付随業務は，債務の保証，有価証券の貸付け，両替など銀行法10条2項の各号に掲げられているものである。さらに，「その他の銀行業に付随する業務」として，コンサルティング業務，ビジネスマッチング業務，M&Aに関する業務，事務受託業務，電子マネー発行業務が認められている。

銀行持株会社の業務範囲は，子会社の経営管理ならびにこれに付帯する業務である。銀行持株会社および銀行の保有できる子会社は，銀行，金融機関（証券，保険，信託等），外国金融機関，金融関連業務会社，従属業務会社，投資専門子会社（VC等），商品現物取引会社（銀行の子会社とすることはできない）である[29]。

さらに，銀行持株会社や銀行による事業会社の議決権保有規制がある。銀行持株会社は15％（銀行法52条の24），銀行は5％である（同法16条の3）。例外として，銀行は，投資専門子会社を通じて，ベンチャー企業や事業再生企業に出資することは認められている。一定の要件で，銀行本体が事業再生企業に直接出資することも可能である。

また，地域経済を活性化する事業を行う企業への出資も，議決権保有規制の例外である。そして，独占禁止法11条により，銀行（単体）は，原則，国

28　神田秀樹＝森田宏樹＝神作裕之編『金融法概説』（有斐閣，2016年）24頁参照。
29　金融庁総務企画局「事務局説明資料（金融グループを巡る制度の変遷等）」（金融審議会金融グループを巡る制度のあり方に関するワーキング・グループ 第1回 資料3，2015年5月19日）15頁参照。

第5章　日本のフィンテック法制の現状と展望

内の会社（銀行，保険業除く）の議決権の5％を超えて保有することはできない。

2016年改正銀行法によって，銀行持株会社や銀行によるフィンテック関連企業への出資規制が緩和された。そこで，銀行業の高度化・利用者利便の向上に資すると見込まれる業務を営む会社に対し，金融庁の認可を得て出資することが可能となった。これにより，フィンテックのベンチャー企業の資金調達，買収が行いやすくなる。

日本において，事業会社の銀行業参入は，子会社を通じて，銀行業の営業の免許を取得すれば可能である（銀行法4条1項）。銀行とは，内閣総理大臣の免許を受けて，銀行を営む者を言い（銀行法2条），認可権限は，内閣総理大臣から金融担当大臣に委任されている。

(2)　事業会社による金融事業参入の成功例は多い

金融庁所管の金融機関は，業態に応じて，免許・許可・登録等が求められる。銀行の場合，銀行免許が必要となるが，事業会社の参入例としては，イオン銀行，セブン銀行，ソニー銀行，楽天銀行が挙げられる。なお，楽天銀行の場合，2009年に楽天がイーバンク銀行買収で参入した。

銀行を子会社とする持株会社を設立する場合，認可が必要である（銀行法52条の17第1項）。銀行持株会社は，事業会社系では，ソニーフィナンシャルホールディングス（金融持株会社），イオンフィナンシャルサービスが挙げられる。

戦後，長い間，商業銀行の新規設立は行われてこなかったが，2000年のジャパンネット銀行設立を契機に，インターネット銀行やコンビニ店舗網にATMを設置する業態の銀行が設立されるようになった。特段，銀行業参入を抑制する法制度があったわけではなく，監督当局側と潜在的な新規参入者双方で，抑制的なマインドがあったという[30]。2000年以降，暗黙的な参入障壁が取り払われ，金融技術の革新，銀行業界の競争促進が期待されるようになった。2000年に，金融再生委員会・金融庁は，異業種による銀行業新規参

149

入に関する指針を公表している[31]。

図表5-8 事業会社が主要株主の銀行，保険，証券

	純利益 （2015年度，百万円）	設立年	主要出資企業
ソニー生命	37,096	1979年	ソニーフィナンシャルホールディングス
セブン銀行	24,716	2001年	セブン&アイ・ホールディングス
楽天証券	15,299	1999年	楽天
イオン銀行	12,877	2006年	イオンフィナンシャルサービス
楽天銀行	10,105	2000年	楽天
ソニー銀行	3,905	2001年	ソニーフィナンシャルホールディングス
ソニー損保	2,586	1998年	ソニーフィナンシャルホールディングス
ジャパンネット銀行	2,312	2000年	三井住友銀行，ヤフー
じぶん銀行	1,275	2008年	KDDI，三菱東京UFJ銀行
セコム損保	941	1950年	セコム
日立キャピタル損保	314	1994年	日立キャピタル
楽天生命	189	2007年	楽天
ソニーライフ・エイゴン生命	−3,292	2007年	ソニー生命，エイゴン・インターナショナル

注：事業会社の間接保有含む。楽天銀行，イオン銀行の開業は設立年の翌年。出所：各社資料

　事業会社から銀行業への参入は認められる一方，銀行業から事業会社への参入は厳しい制限がある（One way規制）[32]。事業会社側には，銀行の株主としての規制がある。銀行もしくは，銀行持株会社の議決権の5％超を保有す

30　吉田康志「第4章「失われた20年」と銀行をめぐる環境の諸変化」（研究資料（兵庫県立大学）258号，2014年3月）48頁参照。

31　金融再生委員会＝金融庁「異業種による銀行業参入等新たな形態の銀行業に対する基本的な考え方」（2000年8月3日）。

32　全国銀行協会金融調査研究会「現代的な「金融業」のあり方〜顧客価値を創造する金融業の拡大〜」（2016年3月）6〜8頁参照。

る場合，届出および変更届が必要となる（銀行法52条の2の11，52条の3）。また，銀行の議決権20％以上の保有者は，銀行主要株主として，規制の対象となる。

銀行主要株主は，金融庁より，あらかじめ認可を受ける必要がある。特に，事業会社により銀行主要株主の認可申請が行われた場合，事業会社の財務状況，銀行の公共性への理解度，子銀行経営の独立性確保，社会的信用，事業会社が経営悪化に陥った場合の措置なども審査対象となる[33]。

(3) ソフトローによる規制が有効

産業界から金融業への進出は，歓迎すべきことであるが，リーマン・ショックの反省に立って，野放しにするわけにはいかない。逆に，厳しく監視しすぎると，産業界から金融業への進出が停滞し，フィンテックによる革新を妨げることになりかねない。

企業・金融法制では，証券取引所の作成する上場規則，日本証券業協会などの自主規制団体の作成する自主規制などがある。上場規則や自主規制団体（例：日本証券業協会）の規則は，ソフトローの範疇ではあるが，金融商品取引法の規制の対象となる。これらの規則は，金融監督当局（例：SEC，金融庁）による承認を必要とするので，上場企業や金融機関に関しては，事実上，ハードローに近い強制力を持つ。これは，米国型である。

金融は変化が激しいが，テクノロジーはそれ以上に変化が激しい。このため，フィンテックに関する法制度は，つくるまでに時間がかかるハードロー（特に制定法）のみで対応することは好ましくない。よって，ソフトローを交えて対応することが望ましい。

ソフトローと言っても，制定法に根拠を持つ上場規則のようにハードローに近いものから，女性活用の目標のようなスローガン的なものまで幅広い。

---

[33] 金融庁「Ⅶ　銀行業への新規参入の取扱い」「主要行等向けの総合的な監督指針」（2016年3月）。

ここでは，金融庁や経済産業省などが研究会をつくり，その中で産業界から金融業への進出するルールについて，強制力のないガイドラインを公表することが望ましいであろう。そのためには，以下のような設計が考えられる。

　　i．研究会であれば，数ヵ月でガイドラインをまとめ上げることができるため，迅速なルールづくりができる。

　　ii．研究会を常設機関として，必要に応じて，随時，ガイドラインをアップデートすることが可能となる。

　　iii．研究会には，産業界や金融界の有識者を加えて，当局とのオープンな意見交換の場とすることにより，利益誘導やロビイング活動を防ぐことができる。

ガイドラインの具体例としては，事業会社の経営危機時の金融子会社売却の事前計画策定などが考えられる。これらの中から，ハードロー化していくものもあるだろう。

金融庁が事業会社を過度に監視することを防ぎながらも，有事に備えて準備だけはしておく必要があろう。つまり，治療よりも予防を重視するものである。

⑷　小括：フィンテックが日本経済復活に貢献する

フィンテック革命は以下を通じて，日本経済の成長に貢献することが期待される。

①　リスクマネーが経済，企業活動を活性化する

フィンテックは，マネーの流れを変え，安全資産を中心に投資されている個人金融資産を，日本株を含むリスク資産に向かわせることだろう。さらに，ハイテクベンチャー企業に資金が向かい，未公開企業の成長を促進するであろう。

第5章　日本のフィンテック法制の現状と展望

②　金融収益の増加が経済成長率を引き上げる

　仮に，日本の金融資産の投資収益率が年1ポイント上昇すれば，年18兆円（GDPの3％以上）の所得が発生する。これを実現すれば，個人消費を増加させ，経済成長率が上がることが考えられる。

③　事業会社が金融業に進出して，利益を増やすことができる

　トヨタ自動車やソニーなどの消費財メーカーはすでに1,000億円単位以上の利益を金融事業から得ている。楽天，イオンなど小売業も，金融事業からの利益が順調に増加している。フィンテックは事業会社による金融業進出を促進するため，企業の収益増に貢献する。

　経済の血液であるマネーが敢然とリスクを取って成長分野に向かうようになれば，日本経済は長年の停滞を脱却して本格成長へ向かうことであろう。

　日本の金融ビジネスは，世界と比較して歪である。その代表例として，(i)現金決済の比率が高い，(ii)高齢者に金融資産が偏在しており，高齢者に対する金融犯罪が多い，(iii)個人金融資産の大半が安全資産に投資されている，などがある。世界と比較して，歪さが大きい分，フィンテックによって改善する余地が大きいと言える。

　たとえば，電子決済を拡大すれば(i)は解消に向かう。声紋認識など生体認証の技術を高めれば，(ii)の対策になりうる。(iii)についても，リスク資産の投資のコストが下がれば，グローバル投資が活発化するかもしれない。とりわけ，個人金融資産運用活性化の重要性は高い。

　これらを適切に実行するために，ルールづくりは大変重要である。ところが，フィンテックは，(i)前例が少ない，(ii)技術の変化が激しい，(iii)グローバルな配慮が必要となる，などの要因があるため，制度設計は難しい。そのために各国規制当局は，グローバルに密接な関係を保って，世界のフィンテック法制構築を図ることが期待される。

　以上，世界のフィンテック法制の整備を検討してきたが，金融庁が，海外と比較しても，十分に迅速，かつ適切に制度設計をしていると考えられる。

153

少なくとも，世界基準で比較して，制度の遅れが著しいものは少ない。

しかし，仮想通貨，資産運用，コーポレートガバナンス，財務会計の分野では，特に，変化や技術革新が激しいため，制度設計は容易でない。そこで，次章以降，これらの制度設計の現状と課題を，グローバルな視点で解説する。

第**6**章 仮想通貨と決済の法制度

1. フィンテック時代の決済法制

(1) 決済はフィンテックの最有望ビジネス

　決済の電子化は，フィンテックの中で最も成長性が高く，その上，企業にとって収益性の高いビジネスであると考えられる。特に，日本は，現金決済の比率が高いため，この分野の有望性は高いであろう。

　フィンテックにおいては，(i)クレジットカードや電子マネーなどの電子決済，(ii)仮想通貨，(iii)中央銀行によるデジタル通貨の３つの論点がある。当面は，(i)と(ii)の重要性が高いが，長期的には，(iii)が経済，金融システムに対して大きな影響を与えることとなろう。

　現金（紙幣，貨幣）の保有コストは，高い。電子マネーやクレジットカードなどと比較して，現金の短所は，いずれも多額の場合，(i)重くてかさばり，輸送コストがかかる，(ii)犯罪に巻き込まれるリスクが高まる，(iii)銀行に現金を持ち込むなどの事務手続きが必要となる，などがある。このため，古くは小切手，その後，クレジットカード，デビットカード，そして最近は，電子マネーやスマートフォン決済が，現金決済を代替するものとして登場した。

　経済産業省によると，キャッシュレスのメリットとしては，消費者にとって，大量の現金を持たずに買い物が可能で，ネット取引に不可欠な他，カー

155

ド紛失・盗難時の被害リスクが減り，自らの消費者履歴情報管理，自動家計簿サービス等の利便性が向上することを挙げる[1]。また，事業者にとっても，従業員による現金喪失・盗難のトラブルが減少し，紙幣に触れるより衛生的である。さらに，現金の搬出入回数が減少する。

ビジネス戦略という点では，訪日外国人のインバウンド需要を取り込みやすく，個人購買情報を蓄積し，ビッグデータとして活用することが可能である。公共的観点からは，脱税の減少，マネーロンダリングの抑制が期待できる。

そして，クレジットカードは，平均で約4％（ただし，販売店の業態により異なる）の手数料を徴収している。これは，言い換えると，販売者が，利用金額の4％を支払ってまでも，現金よりもクレジットカードの価値があると判断しているからである。

前述のように，世界的には，ビザ，マスターカードが決済市場で大きく成長している。日本の現金流通残高は100兆円を超す。海外と比較すると，電子化する余地が大きいため，フィンテックによるビジネスの機会がその分大きいと言える。

(2)　日本の決済市場の動向

日本は，小口決済で，現金の利用が突出して高いという特徴がある。2016年末現在の，日本の通貨流通高は，銀行券が102.5兆円，貨幣が4.7兆円で，米国に次ぐ規模である。BISによると，日本の通貨流通高（対GDP比）は，主要国で最大の19.4％と高く，キャッシュレス化の進むスウェーデンの1.7％と比較して，10倍以上の水準である（2015年）。

特に，1万円札の流通比率が高く，流通現金の88％を占める。貯蔵手段としてのニーズが高く，1万円札の発行残高の38％が貯蔵されているという試

1　経済産業省商務流通保安グループ「キャッシュレスの推進とポイントサービスの動向」（地域経済応援ポイント導入等による消費拡大方策検討会（第1回）配付資料3，2016年12月2日）。

第6章　仮想通貨と決済の法制度

図表6-1　通貨流通高と対GDP比の国際比較（2015年）

国・地域	通貨流通高 （百万ドル）	対GDP比 （%）	国・地域	通貨流通高 （百万ドル）	対GDP比 （%）
日本	856.5	19.4	メキシコ	72.0	6.8
香港	48.0	15.5	韓国	73.9	5.6
インド	250.8	12.3	トルコ	36.1	5.4
スイス	76.3	11.8	オーストラリア	55.3	4.6
ユーロ圏	1,210.4	10.6	カナダ	58.8	4.1
ロシア	117.1	10.6	ブラジル	57.7	3.8
シンガポール	27.2	9.5	英国	103.1	3.7
サウジアラビア	53.0	8.2	南アフリカ	6.2	2.4
米国	1,424.9	7.9	スウェーデン	8.6	1.7

注：通貨流通高は年末値。出所：BIS

算がある（2007年末時点）[2]。

　現金は，信用リスクがないため，支払の際決済を直ちに終了できる（ファイナリティ，支払完了性）。さらに，誰が，いつ，どのようなモノを買ったかといった価値情報はないため，匿名性が担保されるといったメリットがある[3]。

　日本では，電子決済（クレジットカード，デビットカード，プリペイドカード）の普及率が低く，現金決済の比率が高いため，決済の電子化や高度化の余地が大きい。電子決済市場は，2015年の56兆円から，2020年に82兆円に急拡大すると予想される[4]。現在，電子決済の中で，クレジットカードのシェアが圧倒的に大きい。

2　大谷聡＝鈴木高志「銀行券・流動性預金の高止まりについて」（日銀レビュー2008-J-9，2008年8月）。
3　日本銀行決済機構局「BIS 決済統計からみた日本のリテール・大口資金決済システムの特徴」（2017年2月）。
4　電子決済研究所編『電子決済総覧2015-2016』（カードウェーブ，2015年），山本国際コンサルタンツ「2020年の国内電子決済市場は82兆円を突破　電子決済比率は30％へ～プリペイドカード決済の市場規模は16兆円に迫る～」（2015年5月25日）。

157

一方で，多様なキャッシュレス決済が登場しており，銀行送金，口座振替，ペイジー決済，デビットカード，クレジットカード，電子マネー，プリペイドカード，収納代行（通信事業者の課金，コンビニ収納等）などが代表的である[5]。スマートフォンなどでの決済が普及すれば，やがて現金決済は急速に減るだろう。その結果，ATMが不要になるなど，銀行経営に大きな影響が出るであろう。

(3) 日本の決済市場の概要

日本の決済市場は，小口決済，海外送金，証券取引など，様々な清算機関（全銀ネット，手形交換制度，日本証券クリアリング機構，ほふりクリアリングなど）を経由し，最終的に，日本銀行金融ネットワークシステム（日銀ネット）で決済される[6]。日銀ネットは，世界の中央銀行でも，決済金額第4位，決済件数第9位である。また，日銀ネットは，日本の資金決済システムの9割を占める（金額ベース）。

資金決済については，銀行が大きな役割を果たす。銀行は，一般に，預金の受入れを行う金融機関で，預金取扱金融機関を指す。銀行の機能は，(i)金融仲介機能，(ii)信用創造機能，(iii)決済機能の3つに分けられる。

銀行業の本質は，金融仲介機能である[7]。企業や国・地方公共団体といった資金需要者が株式，社債，国債等を発行して，市場から直接資金を調達する手法を直接金融と呼ぶ。一方で，最終的な貸し手から借り手に資金が流れる際，金融仲介機関が介在することを間接金融と呼ぶ[8]。

決済機能とは，モノやサービスの売買において，売った側には代金を受け取る権利（債権）が生じ，買った側には代金を支払う義務（債務）が生じ，

5　山本正行「キャッシュレス決済入門第1回　キャッシュレス決済とは」（国民生活37号，2015年8月）31頁参照。
6　日本銀行決済機構局「BIS 決済統計からみた日本のリテール・大口資金決済システムの特徴」（2017年2月）14頁参照。
7　神田秀樹＝森田宏樹＝神作裕之編『金融法概説』（有斐閣，2016年）6頁参照。
8　福田慎一『金融論：市場と経済政策の有効性』（有斐閣，2013年）4〜5頁参照。

第6章　仮想通貨と決済の法制度

図表6-2　日本の決済システム（2016年中の1営業日平均）

	システム	件　数	金額（億円）
資金決済システム	日銀ネット当預系	67,326	1,373,000
	全銀システム	6,433,000	118,590
	外国為替円決済制度	28,242	160,556
	東京手形交換所	77,000	6,635
証券決済システム	日銀ネット国債系	17,999	869,455
	証券保管振替機構（短期社債）	433	21,128
	証券保管振替機構（一般債）	573	4,371
	証券保管振替機構（投資信託）	4,912	3,877
	証券保管振替機構（株式等）	1	13
清算機関	日本証券クリアリング機構（国債店頭取引)		308,779
	日本証券クリアリング機構（取引所取引)		1,912
	ほふりクリアリング		7,184
	東京金融取引所		125

注：清算機関はネッティング後の資金決済金額。出所：日本銀行

お金の受け渡しを通じて，債権・債務の関係を解消することをいう。銀行は，振込み，手形，小切手を通じて決済を行う。なお，大口決済の場合，銀行間決済となり，日銀の当座預金での振替が行われる。銀行法上，為替取引も銀行の固有業務に位置付けられており（銀行法2条2項，10条3項)，決済機能も重要である。

(4)　主要な決済制度の特徴

以下が，主な決済制度である。

①　全国銀行データ通信システム（全銀システム）

1億円未満の内国為替取引は，全国銀行データ通信システム（全銀システム）において，決済される。全銀システムは，銀行間の内国為替取引をオン

159

ライン・リアルタイムで中継し，取引に伴う資金決済を行うための銀行間ネットワークシステムである。これは，全国銀行資金決済ネットワーク（全銀ネット）が運営する。

② 日銀ネット

1億円以上の決済は，日銀ネットの即時グロス決済（RTGS）が行う。日銀ネットは，日銀と銀行の間の資金や国債の決済をオンラインで行うネットワークで，日銀が運営している。資金決済システムである「日銀ネット当預系」と，国債決済システムである「日銀ネット国債系」に分かれる。

前者は，当座預金の振替を通じた短期金融市場での取引，国債取引にかかる資金決済や，全国銀行内国為替制度，手形交換制度，外国為替円決済制度などの民間決済システムに関わる決済である。後者は，売買に伴う国債の決済，国債発行時の入札・発行・払込みなどの処理である。

2015年に，最新IT技術を採用し，変化に対する柔軟性が高いシステムを構築し，アクセス利便性の高い新日銀ネットが稼働を開始した。2016年には，日銀ネットの稼働時間を21時に延長し，海外市場との決済時間帯が増え，クロスボーダーの資金・国債決済が図られた。

日銀ネットで行われる即時グロス決済（RTGS）は，日銀に持ち込まれた時点で，1件ずつ決済する手法である。世界的に，RTGSは，中央銀行決済の国際標準となっている。それに対し，時点ネット決済は，多数の支払をネット決済する仕組みで，一定時点まで支払指図が蓄えられ，受払差額が一斉に決済される。外国為替円決済，全銀システム，手形交換制度の決済は，原則，時点ネット決済である。

③ 手形交換制度

企業や個人が発行する手形や小切手について，受取額と支払額の差額を決済する仕組みであり，日銀もしくは手形交換所で行われる。手形交換所は，各地の銀行協会が運営する（2017年1月，184ヵ所）。交換所の幹事銀行が決

済し，毎日行われている。全銀協が運営する東京手形交換所は，枚数で，全国の3割を占める。

④ 証券決済

　国債，株式，投資信託，一般債，短期社債，デリバティブなど様々な証券があり，決済方法もそれぞれ異なる。最初に，日本証券クリアリング機構，証券取引所，決済照合システム（証券保管振替機構）等で取引の照合を行う。その後，日本証券クリアリング機構，ほふりクリアリング，東京金融取引所で清算を行う。投資信託，一般債，短期社債には，清算機関はない。

　証券決済は，DVP決済で行われる。証券の引渡しと資金の支払を同時に行う手法である。国債は，日銀ネット当預系と国債系の連動処理であり，民間証券決済システムは，日銀ネット当預系とDVP決済を行う。

2．求められる仮想通貨の法整備

(1) 仮想通貨の展望

　仮想通貨は，技術や規格が未完成であるものの，様々な将来性を持つ。それは，ビットコインなど民間の仮想通貨のみならず，中央銀行が発行するデジタル通貨も含む。

　仮想通貨の中で，当面，有望であるのが，許可型ブロックチェーン（単独型）であると考えられる。今後，許可型ブロックチェーン（単独型）を軸に，仮想通貨が発達する可能性が高い。前述のように，ビットコインは，(i)価格の変動が大きい，(ii)改ざんされるリスクがゼロではない，(iii)決済が瞬時にはできない，(iv)取引者やマイナーが中国に集中することがある，といった問題点がある。

　これを解決しうるのが許可型ブロックチェーン（単独型）である。これには，(i)仮想通貨の価格変動をなくすことができる（例：1コイン＝1円)，

161

(ii)決済時間を短縮できる，(iii)改ざんに対するリスク管理ができる，(iv)取引者を管理しやすい，(v)マイナーをなくしてコストを下げることができる，といった特徴がある。

　もちろん，許可型であったとしても，悪意を持った参加者が存在する可能性を否定はできない。しかし，管理手法次第では，その可能性はビットコインと比べるとはるかに小さくすることはできる。

　許可型ブロックチェーン（コンソーシアム型）は参加者が多いため，特定の企業のニーズに合わせた設計が困難になる。船頭が多いと，機動的に動くことが難しく，また，参加者が増えると不正などのリスクが高まる。

　大手銀行がMUFGコインやみずほコインを開発中であるという。これは，許可型ブロックチェーン（単独型）であると見られる。参加者を自行の顧客に絞れば，管理がしやすく，低コストで迅速な送金を実施できる。そして，銀行の取引先の多くが使えるようになれば，国際送金などのコストを大きく減らすことができる。

　また，特定の地域しか使用できない地域通貨なども，これに該当する。たとえば，地銀が営業地域でしか使えないコインをつくりだすことは可能である。

　現在の技術では，完全無欠の仮想通貨は存在しない。そのため，当面，非許可型ブロックチェーンを用いるビットコインなどと，許可型ブロックチェーンを用いる企業通貨や地域通貨などが共存することとなろう。

　結論として，仮想通貨の中では，現在は，ビットコインが優勢だが，将来は，許可型ブロックチェーンを用いる企業通貨や地域通貨が優勢になることが考えられる。そして，中央銀行が発行するデジタル通貨は，かなり時間がかかるものの，長期的には，金融政策を含め，経済，金融市場に大きな影響を与えるものとみられる。

　以下，仮想通貨の将来性を展望しつつ，その法制度の整備の在り方について論じる。

第6章　仮想通貨と決済の法制度

(2)　通貨とは何か

　仮想通貨の議論を深める前に，そもそも通貨とは何なのかを，法制度上の視点から明らかにする。

　一般に，通貨とは，政府や中央銀行が発行する銀行券および貨幣（硬貨）を指す。狭義では，現金通貨を指すが，広義では，決済機能を持つ預金通貨も含む[9]。貨幣の関連用語として，現金，金銭，資金等様々な言葉があり，用いられる文脈によって，多義的である。民法，商法，小切手法，刑法，破産法，外国為替及び外国貿易法（外為法），労働基準法などで，整合的・体系的な用語が用いられているわけではない[10]。

　外為法において，本邦通貨は，日本円を単位とする通貨で，外国通貨は，本邦通貨以外の通貨を指す（6条）。資金決済法上，本邦通貨もしくは外国通貨で表示される資産を通貨建資産といい，債務の履行などに用いられる（2条6項）。金融商品取引法上，通貨は，金融商品に該当する（2条24項3号）。

　経済学・金融論の観点から，貨幣（通貨）は，(i)価値尺度機能，(ii)流通手段機能，(iii)貨幣としての貨幣の機能，を有する[11]。価値尺度機能とは，たとえば，本1冊1,000円といった具合に，モノ（財）やサービスなどの価値尺度を示すものである。流通手段機能とは，売り手から買い手へのモノやサービスの流通を貨幣が媒介するものである。貨幣としての貨幣の機能は，貨幣所有者の手元に蓄えられる蓄蔵貨幣，支払手段，世界貨幣（国際決済）としての機能である。

　国家は，通常，自国通貨を発行するが，ジンバブエやエルサルバドルのように，自国通貨を放棄し，米国ドルを採用する例がある。また，EUでは，

9　林康史編『貨幣と通貨の法文化』（国際書院，2016年）9頁参照。
10　古市峰子「現金，金銭に関する法的一考察」（金融研究14巻4号，1995年12月）102〜104頁参照。
11　松浦一悦『現代の国際通貨制度』（晃洋書房，2015年）31〜35頁参照。

163

単一通貨ユーロを導入している。米国ドルは，かつてのような基軸通貨としての地位にはないものの，国際通貨として，為替取引シェアは世界最大である。

(3) 中央銀行と通貨

日本の法定通貨（法貨）は，日本の通貨制度の枠組みを定める「通貨の単位及び貨幣の発行等に関する法律」（以下，通貨法）と日本銀行法（以下，日銀法）に規定がある。法貨とは，強制力を与えられた通貨と解され，金銭債務の弁済として，その受領が強制されることを意味する[12]。

金本位制のように，金に交換することが保証された紙幣を兌換紙幣と呼び，金や銀との交換が保証されない紙幣を不換紙幣と呼ぶ。つまり，日本の現在の法貨は，不換紙幣である。

通貨法2条3項で，通貨は，政府が製造・発行する貨幣と日本銀行が発行する銀行券であると定義する。貨幣には，硬貨も含まれる。日銀法46条において，「日本銀行は，銀行券を発行する」とあり，日本銀行券は，法貨として無制限に通用する（46条2項）。一方，貨幣は，額面価格の20倍までに限り，法貨として通用する（通貨法7条）。

日銀券は，独立行政法人国立印刷局が製造し，日銀が製造費用を払って引き取る。金融機関が日銀の当座預金から銀行券を引き出すことで，マネーが世の中に供給され，個人や企業が現実経済のやり取りや資金決済に利用する。貨幣については，政府が発行する。独立行政法人造幣局が製造を行い，日銀に交付され，この時点で，貨幣が発行されたことになる。財務省が貨幣製造枚数を定めている。

海外においても，国家または中央銀行の発行する通貨が法貨とされ，中央銀行が銀行券を発行し，政府が貨幣を発行する例が多い。背景には，通貨価

12　日本銀行金融研究所「「中央銀行と通貨発行を巡る法制度についての研究会」報告書」（2004年8月）53頁参照。

164

第6章　仮想通貨と決済の法制度

値の安定性確保，偽造防止，決済システムの効率化などの観点から，通貨の発行を民間の自由競争に委ねるのは適切でないとの考えがある[13]。

⑷　仮想通貨の特徴

仮想通貨は，中央銀行や政府の発行する通貨と異なり，政府は法整備に着手したばかりの分野である。仮想通貨は，通貨を発行する政府当局を介さずに，取引される通貨である（Ｐ２Ｐでの電子的交換）。

分散型元帳という技術を用いて，個人間で，特定の第三者機関を介在させずに支払決済を行うといった特徴を持つ[14]。仮想通貨は，デジタル通貨と呼ばれることもあるが，デジタル通貨には，法律で承認された電子マネーを含む場合もある。

FATF（金融活動作業部会）の定義によると，仮想通貨は，(i)電子的に取引可能で，(ii)交換媒体，(iii)計算単位，(iv)価値貯蔵手段として機能する価値の電子的表示であり，(v)いかなる法域でも法定通貨に位置付けられないものをいう[15]。いかなる法域により発行・保証されるものではなく，利用者のコミュニティ内の合意のみに基づいて，上記機能を果たす。また，不換紙幣，電子マネーにも該当しない。

仮想通貨は，様々なモノやサービスとの交換が可能であり，決済，送金，ATMの利用も可能となっている[16]。仮想通貨と法定通貨の交換は，取引所（交換所）を通じて行われ，保管，送信，受信は，ウォレットと呼ばれるアプリが利用されている。ビットコインを扱う小売業者は10万以上あると言われる。

13　日本銀行金融研究所「「中央銀行と通貨発行を巡る法制度についての研究会」報告書」（2004年8月）32〜33頁参照。

14　BIS, "Digital currencies", November 2015, p.3.

15　FATF, "FATF REPORT Virtual Currencies Key Definitions and Potential AML/CFT Risks", June 2014, p.4.

16　ビットバンク株式会社&『ブロックチェーンの衝撃』編集委員会『ブロックチェーンの衝撃』（日経BP社，2016年6月）37頁参照。

165

図表6-3 ビットコイン，法定通貨，電子マネーの比較

	ビットコイン	法定通貨（日本円）	電子マネー（第三者型前払式支払手段）
発行者	システムによる自動的発行	日本政府（通貨），日本銀行（紙幣）	電子マネー事業者
管理者	P2Pネットワーク参加者	日本政府，日本銀行	電子マネー事業者
発行上限	有り（2,100万BTC）	なし	事前入金額の範囲で発行
価値裏付け	システムへの信用	日本政府への信用	供託された日本円（入金額の半分），電子マネー事業者への信用
送金	双方向	双方向	利用者→加盟店
送金処理時間	約10分間隔でブロック作成，約60分で確定	国際送金，高額の場合時間がかかるケースあり	数日〜1ヵ月程度
送金手数料	少額，送金者負担	高額，場合によって両方負担	加盟店負担
取引の匿名性	有り	高い	低い
取引履歴	公開	非公開	一般に非公開

出所：野村総合研究所「平成27年度 我が国経済社会の情報化・サービス化に係る基盤整備（ブロックチェーン技術を利用したサービスに関する国内外動向調査）報告書」（経済産業省，2016年3月）5頁参照

(5) 仮想通貨の定義と法的性格

　日本では，2016年の資金決済法改正（2017年4月施行）により，仮想通貨に関する法制度が整備された。仮想通貨が法的に定義付けられ，仮想通貨同士の交換，仮想通貨と法定通貨の交換業者について，登録制を導入した。金融庁・財務局での登録を受けた事業者以外による仮想通貨の売買が禁止される。登録を受けるには，株式会社であり，資本金1,000万円以上など一定の要件がある。

　仮想通貨交換業者への行為規制として，情報の安全管理，利用者保護，適

切な情報提供，利用者財産管理などが義務付けられた。マネーロンダリング・テロ資金供与対策の規制として，口座開設時に，本人確認を義務付ける他，利用者が預託した金銭と仮想通貨の分別管理のルールを整備した。

改正資金決済法２条５項および６項により，仮想通貨は，次の要件を満たすものに限られることになった[17]。

　ⅰ．物品を購入し，もしくは借り受け，または役務の提供を受ける場合に，これらの代価の弁済のために不特定の者に対して使用することができ，かつ，不特定の者を相手方として購入および売却を行うことができるもの（これと相互に交換を行うことができるものも含む）で，

　ⅱ．電子的に記録された財産的価値で，電子情報処理組織を用いて移転することができ，

　ⅲ．法定通貨建で表示され，または法定通貨をもって債務の履行等が行われる通貨建資産には該当しない。

図表6-4　仮想通貨と商品の規制比較

	法　貨	金融商品	商　品	地域通貨	ポイント	電子マネー	仮想通貨
発行主体	日銀，財務省	企業，国，地方公共団体	業者	地域共同体	小売業，航空業等	小売業，運輸業等	なし
形態	紙幣，貨幣	有価証券（株式，債券，投信），通貨	金，原油	振興券	カード	カード，サーバ	電子情報
監督官庁	日銀，財務省	金融庁	経産省等	なし	なし	金融庁	金融庁
法律	日銀法，通貨法等	金融商品取引法	商品先物法	なし	なし	金融庁	資金決済法
規制状況	刑法等	業規制	業規制	なし	なし	供託	業規制

出所：林康史編『貨幣と通貨の法文化』（国際書院，2016年）67頁より筆者作成

17　堀天子「FinTechニュースレター（No.4）―仮想通貨法―」（森・濱田松本法律事務所 Financial Regulation Bulletin 2016年５月号）。

つまり，通貨法上の法貨に該当せず，金融商品取引法上の金融商品にも該当しない。不換紙幣との交換は行われるが，仮想通貨は不換紙幣ではない。いわゆる電子マネー，ゲーム内通貨，ポイントは，上記 i の要件を満たさないので，仮想通貨には該当しない。資金決済法上，国債，地方債，預金通貨，社債などが，通貨建資産に位置付けられるが，仮想通貨は含まれない。

(6) ビットコイン2.0と法的問題

このように，資金決済法で，仮想通貨が支払手段として位置付けられた。しかし，仮想通貨の法的性格が，明確に定まっているわけではない。東京地裁の判例（マウントゴックス事件）は，所有権の対象となる有体物はなく，排他的支配可能性を有するとは認められないと判示している[18]。

そのため，仮想通貨のみならず，ブロックチェーンによる証券発行や取引記録の場合，当該権利の帰属が問題となる可能性がある。ただし，仮想通貨の財産的価値は認められ，マウントゴックス事件での破産処理では，ビットコインの破産請求権は，破産債権として取り扱われている[19]。

ビットコイン2.0として，仮想通貨以外に，決済，送金，証券取引，ソーシャルバンキング，スマートコントラクトなどで，ブロックチェーンを活用すべく，開発や実証実験が進んでいる。ブロックチェーンの応用は，新しい分野であるため，既存のシステムと比べ，関連法制が特定されていない[20]。ブロックチェーンは，「デジタル技術」と「分散型」の特徴を有するのに対し，既存の法制度は，「紙技術」や「集中型処理」を前提とし，法制度のギャップを解消し，情報やデータ保護に対応する必要がある[21]。

18　ビットコイン引渡等請求事件・東京地判平27・8・5判例集未登載（LEX/DB25541521）。
19　堀天子『実務解説　資金決済法（第3版）』（商事法務，2017年）352頁参照。
20　BIS, "Distributed ledger technology in payment, clearing and settlement An analytical framework", Committee on Payments and Market Infrastructures, February 2017, pp.16-17.
21　柳川範之＝山岡浩巳「ブロックチェーン・分散型台帳技術の法と経済学」（日本銀行ワーキングペーパーシリーズNo.17-J-1，2017年3月）12～13頁参照。

スマートコントラクトの場合，契約の法的性格，法的拘束力，事情変更の
リスク，当事者間の紛争など，不明確な面が多い。そのため，民法，商法，
倒産法，執行法，損害賠償法など，多岐にわたる法整備が求められよう。

　仮想通貨交換業者，発行者や利用者・債権者等の当事者合意に委ねられる
と解されるが，裁判で争われた場合，準拠法，手続法の整備が求められよ
う[22]。さらに，海外との取引の場合，国際私法の管轄となり，詐欺的行為や
不適切取引が行われるようであれば，金融当局による法規制も必要となる。

(7)　仮想通貨の問題点

　ブロックチェーンやビットコイン自体は，改ざんすることは著しく難しい
ため，不正が起こりにくい。しかし，これらを取り巻くインフラや監視体制
が未成熟なので，不正に巻き込まれることがある。

　2014年に，世界最大規模の仮想通貨の交換業者であったマウントゴックス
が，ハッキング被害を受け，取引を中止し，交換所を閉鎖した。翌年に，同
社代表者は，預かり資産の着服（業務上横領）の容疑でも逮捕された。マウ
ントゴックスの破たんにより，顧客の預かり資産は消失し，その損失は，推
定数百億円とも言われる。

　ただし，これらは，ブロックチェーンやビットコインに問題があるのでは
なく，取引所の運営に問題があったためである。当局による適切な監視があ
れば，こうした事件は防げる可能性がある。今般，資金決済法で，仮想通貨
の定義が定められたが，規制や監視体制が十分に構築されておらず，ビット
コイン全体の信頼性は十分とは言い難い。

　もっと深刻な課題として，仮想通貨は，匿名で利用可能であり，その移転
が迅速で容易であることから，資金洗浄に使えることにある。そこで，国際
的な資金洗浄監視機関であるFATF（金融活動作業部会）がガイドラインな

---

[22]　森下哲朗「講演録　FinTech時代の金融法の課題」（月刊資本市場374号，2016年10月）
　　65頁参照。

どを公表し，仮想通貨の規制について，国際的な取組みを行っている。マネーロンダリング防止（AML）とテロ資金対策（CFT）の観点から，FATFのガイドラインでは，取引所（交換所）への登録・免許制導入，顧客の本人確認義務などの推奨が盛り込まれている[23]。

IMFは，仮想通貨およびブロックチェーンが及ぼすリスクとして，マネーロンダリング，テロ資金の他に，脱税の危険性も指摘する[24]。仮想通貨の参加者は，匿名であり，Ｐ２Ｐの取引で，国際取引が可能であることから，脱税の温床になりやすいという。

(8) 仮想通貨と税務上の取扱い

仮想通貨に係る消費税は，非課税対象取引と規定されていなかったが，2017年7月以降，消費税非課税となった。消費税法では，国内の資産譲渡，貸付，役務の提供については，消費税を課す一方，課税になじまない一定の取引については，非課税となっている（消費税法6条）。通貨，小切手，手形等は，外為法上の支払手段として，消費税法上，非課税扱いである。資金決済法上，電子マネーなどの前払式支払手段は，消費税法上，物品切手に類するものの範囲に該当し非課税となる。

EUや米国ニューヨーク州で，仮想通貨による取引は，非課税とされている。ニューヨーク州の税務当局は，2014年に，仮想通貨は無形資産であるとして，消費税（sales tax）は，原則，非課税であるとの立場を示している（消費税の係る財やサービスと交換する場合等を除く）[25]。EUでは，2015年10月に，EU司法裁判所が，ビットコインは通貨等の支払手段と同様の機能を有するため，付加価値税（VAT）を課すべきではないと判示した[26]。

---

23 FATF, "Guidance for a risk-based approach to virtual currencies", June 2015.
24 IMF Staff Team, "Virtual Currencies and Beyond: Initial Considerations", IMF Discussion Note, SDN/16/03, January 2016, p.30.
25 New York State Department of Taxation and Finance Taxpayer Guidance Division, "Tax Department Policy on Transactions Using Convertible Virtual Currency", December 5, 2014.

米国内国歳入庁は，2014年に，仮想通貨について，通貨ではなく資産として扱うとの通達を出している[27]。財やサービスの支払手段として，仮想通貨を受け取った場合，総収入に含め，公正市場価値で評価される。納税者が保有する資本資産の場合，仮想通貨取引による損益を認識する必要がある。仮想通貨の採掘（マイニング）についても，総収入に計上される。事業で行った場合，自営業者の収入に含め，自営業者税が課せられる。報酬で仮想通貨を受け取った場合，雇用税がかかる。

こうしたことから，日本でも，平成29年度税制改正により，仮想通貨の譲渡等について，消費税を非課税化することになった。なお，所得税法上，営利目的により，仮想通貨取引により得られた利益は，事業所得または雑所得，投資目的の保有の場合，売却益は譲渡所得として課税される可能性が指摘されている[28]。

(9) 企業で利用が進む仮想通貨

現状，仮想通貨は，ビットコインを中心に，取引所での取引が中心である。しかし，最近では，社内の福利厚生，働き方改革，株主配布などに仮想通貨を利用する企業が出てきている。

ネット証券大手のカブドットコム証券は，親会社のMUFGのイノベーションラボとイスラエル初のフィンテックベンチャーZEROBILLBANK（ゼロビルバンク）と協働し，大手町エリアを中心とする企業コイン「OOIRI」を導入した[29]。

---

26 EY税理士法人＝EY弁護士法人「ビットコインに係る消費税の課税関係」（2016年3月18日）。

27 IRS "IRS Virtual Currency Guidance: Virtual Currency Is Treated as Property for U.S. Federal Tax Purposes; General Rules for Property Transactions Apply", IR-2014-36, March. 25, 2014.

28 土屋雅一「ビットコインと税務」（税大ジャーナル23号，2014年5月）80頁参照。

29 カブドットコム証券「ジオフェンシング技術とブロックチェーンを活用した企業コイン「OOIRI」を導入〜イスラエル発のフィンテックスタートアップ「ZEROBILLBANK」と協働〜」（2016年10月17日）。

社員のコミュニケーションの活性化を目的とし，社員間のアドバイスに対する感謝をOOIRI提供で示すなどの使い方が想定されている。また，朝活，早め出社，早期退社，効率的な会議運営などに対し，OOIRIが付与されることで，業務の効率化を促し，社員の健康的な生活を応援する。付与されたOOIRIは，近隣の飲食店での利用が可能である。

情報システム事業を主力とするカイカ（JASDAQ上場）は，仮想通貨であるCAICAコインを株主に配布した[30]。フィンテックを戦略的注力領域と位置付け，ブロックチェーンのプラットフォーム「mijin」を中心としたシステム開発を行っている。

株主へのCAICAコイン配布は，仮想通貨に関するあらゆるシステム開発のインテグレーターとしての試みであり，株主に仮想通貨を体験してもらうことが目的である。2016年10月期末時点の株主（18,711名）のうち，受け取りを希望し，所定手続きを完了した株主を対象とする。100株保有の株主に対し，100CICC（CAICAコイン単位）として，親会社のフィスコが運営する仮想通貨取引所の口座に配布された。出資先および提携先であるテックビューロが運営する仮想通貨取引所Zaifでも取引可能である。

さらに，エネルギーや自動車関連事業を手掛けるリミックスポイントは，2017年3月末時点の株主に対し，一定要件で，ビットコインを配布すると発表している[31]。仮想通貨交換業者である連結子会社のビットポイントジャパンの口座を通じて配布される予定である。

⑽　仮想通貨と会計基準

仮想通貨の取引規模は拡大する一方，仮想通貨の会計上の性格，会計区分，評価方法などが不明確である。IFRS財団会計基準アドバイザリー・フォーラム（ASAF）において，仮想通貨の会計基準整備が議題となっている。

30　カイカ「「CAICAコイン」をCAICA株主に配布完了」（2017年2月23日）。
31　リミックスポイント「当社株主に対する仮想通貨「ビットコイン」配布に関するお知らせ」（2017年6月2日）。

第6章 仮想通貨と決済の法制度

ASAFは，国際会計基準審議会（IASB）と各国会計基準設定団体が意見交換を行う場である。

　日本でも，仮想通貨交換所の監査が求められることから，仮想通貨の会計基準の整備を求める声が上がっている。これを受け，企業会計基準委員会（ASBJ）は，仮想通貨の会計上の取扱いについて，公開草案を公表する目標を出している[32]。

　オーストラリア会計基準審議会（AASB）は，現行のIFRSに基づき検討している[33]。仮想通貨の区分について，現金および現金同等物，金融商品は適当ではないとする。現金（通貨）は定義上「交換の媒体」となっている（IAS第32号AG３項）が，仮想通貨は（現時点で）交換手段として幅広く受容されていない。また，仮想通貨は中央銀行からの信用付与がなく，法貨としても認識されておらず，一般的な意味で通貨に該当しているとはいえない。

　AASBは，棚卸資産か無形資産に区分することが適当であると結論付けている。IAS第２号の棚卸資産の場合は，トレーディング目的のコモディティと評価することが実態に合っているとする。IAS第38号の無形資産については，下記４要件を満たしている。

ⅰ．識別可能性　　　　仮想通貨は取引における単位を有している。

ⅱ．資産　　　　　　　仮想通貨の売却や支払に伴い，企業は経済的資源を得ることができる。

ⅲ．非貨幣　　　　　　AASBは現金でないことを立証している。

ⅳ．物理的実体がない　仮想通貨であり，物理的実体はない。

　ただし，投資目的で保有する無形資産やコモディティのガイダンスが，現行のIFRSにないことから，基準の設定が必要となる。実務例として，オーストラリアのDigitalX（ブロックチェーンを使った決済システム企業）は，

32　企業会計基準委員会「現在開発中の会計基準に関する今後の計画」（2017年４月11日）。

33　Australian Accounting Standards Board, "Digital currency – A case for standard setting activity：A perspective by the Australian Accounting Standards Board（AASB）", December 2016.

173

棚卸資産として，販売コスト控除後の公正価値で評価し，ビットコイングループは，耐用年数のない無形資産として，公正価値で評価している[34]。

　日本の現行会計基準によると，仮想通貨の保有者は貸借対照表の棚卸資産に，発行者は負債にそれぞれ計上するのが妥当であるとの見解がある[35]。ただし，「後になって仮想通貨を持つ企業の投資評価をゆがめたり，巨額の損益が突然，表面化したりする恐れはある」という。

　また，仮想通貨が排出権に類似することから，排出権の会計上の処理を仮想通貨に適用し，投資の目的により，時価または原価で処理するという見解もある[36]。さらに，仮想通貨交換業者の貸借対照表に，顧客から預託を受けた仮想通貨を計上すべきか，仮想通貨売買における売上高について，損益計算書においてどのような表示を行うかなども，議論すべき点として挙げられる。

3. 中央銀行によるデジタル通貨

(1) 中央銀行の役割と決済

　流通している現金を電子化するには，中央銀行がデジタル通貨を発行し，現金を代替することが有効である。そこで，世界では，中央銀行によるデジタル通貨発行の研究が進んでいる。仮想通貨がビットコインや企業コインにとどまっている間は，それらが金融システム全体に与える影響は限定的である。しかし，中央銀行によるデジタル通貨発行が実現すれば，金融システムは革命的に変化すると考えられる。

34　企業会計基準委員会「プロジェクト：ASAF対応　項目：仮想通貨」（第350回企業会計基準委員会資料番号審議事項(2)-2，2016年12月2日）11頁参照。

35　日本経済新聞朝刊「お金革命 先駆企業の挑戦（上）仮想通貨は経費か資産か 遅れる会計基準」（2017年3月29日）。

36　齊藤洸「仮想通貨の会計論点―期末評価，預かり資産，交換業者のPL表示など」（企業会計69巻6号，2017年6月）68～71頁参照。

第6章　仮想通貨と決済の法制度

　世界的に，中央銀行の形態は，その歴史を反映して様々である。ただし，中央銀行共通の役割として，以下の3点が挙げられる[37]。

　第一に，発券銀行としての機能である。これは，通貨（銀行券，硬貨）の供給，管理を行うことである。初期のイングランド銀行など，他の民間銀行も，銀行券の発券を行うこともあったが，現在では，中央銀行が，発券権限を独占している場合がほとんどである。

　第二に，銀行の銀行としての機能である。中央銀行にある民間銀行の当座預金は，銀行間のコール・手形売買取引，為替の決済業務に利用されている。民間銀行に対する貸出しも行っており，公定歩合など貸出利率操作が金融政策の手段として用いられている。債券，手形の売買も行っており，公開市場操作（買い・売りオペ）に利用される。

　第三に，政府の銀行としての機能である。政府の預金を受け入れ，政府に代わって，税金・保険料の受入れ，公共事業・年金の支払など，国庫を管理している。政府が一時的に資金不足になった場合，信用供与を行うことがある。外貨準備の管理，国債管理（発行，償還，利払い等）も，政府から委託を受けて業務を担う。

　中央銀行の役割は，歴史と共に大きく変化してきた。現在では，各国の歴史，政策目標，市場の状況等により，多少の違いはあるが，その主要業務は，①金融政策の実行，②金融の安定化維持，③銀行の監督（国により異なる），④決済システムの保持，が伝統的に挙げられる[38]。

　BIS 規程56条によると，中央銀行の定義は，「通貨，信用量を管理する義務を負う国の銀行もしくは銀行システム」とされる。BISの調査[39]によると，90％の中央銀行が，金融安定政策と金融システムの監督に対して責任を負っている。白川は，中央銀行の持つ役割として，①中央銀行通貨の供給と決済

---

[37]　日本銀行金融研究所編『新しい日本銀行―その機能と業務（増補版）』（有斐閣，2004年）第1章参照。

[38]　Alan S. Blinder, "How Central Should the Central Bank Be?", CEPS Working Paper No. 198, January 2010.

175

システムの維持，②物価安定を目的とする金融政策の実行，③金融システムの安定，を挙げている[40]。

(2) 国際決済銀行によるデジタル通貨の研究

国際決済銀行（BIS）は，中央銀行のデジタル通貨発行の研究の世界的なリーダーである。BISは，決済・市場インフラ委員会（CPMI）の事務局を務めている。CPMIは，世界の中央銀行の支払・決済システム担当者で構成され，支払・決済システムに関わる調査，基準設定などを担当する。

CPMIは，「デジタル通貨」と題するレポートを公表しており，デジタル通貨が中央銀行の決済機能において大きな変化をもたらす可能性があると指摘する[41]。デジタル通貨は仮想通貨を指すことが多いが，法律で承認された電子マネーを含む場合もある。一般に，次のような特徴がある。

　ⅰ．金銭的な価値が電子的に記録されており，紙幣や硬貨を発行しない。

　ⅱ．特定の中央管理システムが存在せず，参加者が全体でデータを保有する。

　ⅲ．日銀券であれば日銀の債務であるが，デジタル通貨はどの主体の債務でもない。

銀行券や中央銀行の当座預金は中央銀行の負債であり，民間銀行預金は民間銀行の負債である。しかし，デジタル通貨は，特定の主体の負債として発行されるわけではなく，コモディティ（金など）に近い性質を持つ[42]。

そして，コモディティ同様，価格が変動する。ただし，コモディティには

---

39 BIS Central Bank Governance Group, "Issues in the Governance of Central Banks", May 2009. IMF, "The Making of Good Supervision: Learning to Say 'No'", May 18, 2010. 翁邦雄「貨幣と中央銀行の歴史からみた物価と金融政策」（経科研レポート29号，2005年11月），立脇和夫「中央銀行形成史序説―世界最古の中央銀行の検証―」（早稲田商学403号，2005年3月）。

40 白川方明「中央銀行と中央銀行業務の将来―開会挨拶日本銀行総裁」（金融研究29巻4号，2010年10月）。

41 BIS Committee on Payments and Market Infrastructures, "Digital currencies", November 2015, p.13.

42 山口英果＝渡邉明彦＝小早川周司「「デジタル通貨」の特徴と国際的な議論」（日銀レビュー2015-J-13，2015年12月）。

第6章　仮想通貨と決済の法制度

図表6-5 デジタル通貨に対する各国の規制措置

主なオプション	規制の累計	各国の対応
情報・モラルに訴える政策	公的警告	ほとんどの国
	投資家情報	
	調査報告	
特定利害関係者規制	デジタル通貨管理者の規制（記録管理，報告，マネーロンダリング・テロ規制）	米国，フランス，カナダ，シンガポール，スウェーデン，日本
	デジタル通貨交換所の規制（記録管理，報告，プルーデンス，マネーロンダリング・テロ規制）	
	利用者保護（支払保証，換金可能等）	
既存規制の解釈	既存フレームの解釈をもとにした規制の適用（税法措置）	米国
包括的規制	利用者保護，利害関係者向規則，決済規制	
禁止	小口ビットコイン取引の禁止（上限規制）	
	小売業者のデジタル通貨受取の禁止	
	デジタル通貨を原資産とする金融商品	中国，ベルギー
	デジタル通貨交換所	
	銀行間のビットコイン取引	中国，メキシコ

出所：BIS Committee on Payments and Market Infrastructures, "Digital currencies", November 2015, p.13

本源的価値があるのに対し，デジタル通貨は財・サービス，その他通貨に交換できるという信頼のみに基づく。また，電子データであるため，紙幣や貴金属などのような物理的実体はない。

(3) デジタル通貨のリスク要因

　デジタル通貨やブロックチェーンの利用が一般化・大規模化すると，金融市場全体へのシステミック・リスクに対するリスク要因になりうる。CPMIは，デジタル通貨が広く利用されるようになると，マネーサプライの指標性や金融政策の有効性が低下する可能性を指摘している[43]。

177

また，デジタル通貨が銀行券（法定通貨）を凌駕し，銀行券のシェアが減少すれば，通貨発行差益（シニョリッジ）減少の問題が生じうる。通貨発行差益は，たとえば，日銀は銀行券（日銀にとって無利子の負債）を発行し，有利子の資産（国債，貸出金等）を取得することで発生する利息収入を指す。これが，日銀の利益の多くを占めるが，これが減るおそれがあることを意味する。

　中央銀行は，一般的に，決済システムに対して重要な役割を担っているため，デジタル通貨の動向は，大きな関心事である。CPMIは，特に，小口決済システムに対する潜在的リスクをもたらすと考える。分散型台帳技術が決済市場に及ぼすリスクとして，運営上・セキュリティ問題，既存決済インフラとの相互運用性の欠如，支払完了性の曖昧さ，関連法制の未整備，ガバナンス，データ管理・保護の強化の必要性などを指摘している[44]。

(4)　中央銀行がデジタル通貨を発行した場合の影響

　ブロックチェーンを用いて，中央銀行によるデジタル通貨の発行や，当座預金のデータ管理などの実証実験や取組みが行われている。コストの削減の観点から，キャッシュレス化が重要となる。

　スウェーデン（e-krona），オランダ（DNBcoin），カナダ（CAD-Coin）等が，中央銀行発行のデジタル通貨について，実証実験や検討を行っている[45]。イングランド銀行も，調査課題の一つとして検討しているという[46]。カンボ

43　BIS Committee on Payments and Market Infrastructures, "Digital currencies", November 2015, pp.15-16.

44　BIS Committee on Payments and Market Infrastructures, "Distributed ledger technology in payment, clearing and settlement An analytical framework", February 2017, p.1.

45　小林亜紀子＝河田雄次＝渡邉明彦＝小早川周司「中央銀行発行デジタル通貨について—海外における議論と実証実験—」（日銀レビュー2016-J-19，2016年11月）。

46　Mark Carney, "Enabling the FinTech transformation - revolution, restoration, or reformation?", Speech by Mr. Mark Carney, Governor of the Bank of England and Chairman of the Financial Stability Board, at the Lord Mayor's Banquet for Bankers and Merchants of the City of London, Mansion House, London, June 16, 2016.

第6章　仮想通貨と決済の法制度

ジア国立銀行（中央銀行および金融監督当局）は，日本のブロックチェーンスタートアップ企業であるソラミツとブロックチェーン「「Hyperledger Iroha（いろは）」を利用した決済インフラの共同研究開発を開始している[47]。

　中央銀行が発行するデジタル通貨（CBDC）は，発行対象（限定的・普遍的），匿名性の有無，付利の有無，キャッシュレスの度合い等によって，異なったスキームとなりうる[48]。CBDCのスキームは，主に，以下の4種類に分かれる[49]。

①　法定通貨（紙幣，硬貨）と同様のCBDC

　中央銀行が自らデジタル通貨を市中に発行する方法である。現金同様，匿名性を有し，金利も付かない。現金は，輸送，管理などにおいて，コストが高いが，電子化により，キャッシュレス化が進み，決済コストが下がる。資金移動に仲介機関が不要となるため，銀行の決済業務を直撃する。また，銀行の預金が減るため，貸出業務に影響する。資金移動が容易になるため，預金量の増減の変化が大きくなる。

②　銀行間決済用のCBDC

　これは，いわゆる決済コインである。銀行がCBDCを保有し，銀行間（大口）決済のみに利用され，匿名性はなく，金利は付かない。大口決済システムの効率性が向上し，非銀行の決済業者（PSP）の参入で，決済業界の競争が激しくなる。カナダのCAD-Coinは，銀行間の大口決済用として，実証研究が行われている。ファン・フェイ副総裁によると，中国人民銀行は，商業銀行にデジタル通貨を発行する方向で検討しているという[50]。決済に限らず，

---

[47]　ソラミツ「ブロックチェーン「Hyperledger Iroha（いろは）」の中央銀行・金融監督当局への採用」（2017年4月21日）。

[48]　JP Koning, "Fedcoin: A Central Bank-issued Cryptocurrency", R3, November 15, 2016.

[49]　Olga Cerqueira Gouveia, Enestor Dos Santos, Santiago Fernández de Lis, Alejandro Neut and Javier Sebastián, "Central Bank Digital Currencies: assessing implementation possibilities and impacts", BBVA Research Working Paper, March 2017.

179

中央銀行の当座預金のデータ管理にブックチェーンを応用するという考えも
ある。

③　新たな金融政策手段としてのCBDC

　現金と異なり，非ゼロ金利（金利の付く）CBDCであるが，匿名性はある。
デフレ政策として，マイナス金利などの金融政策として導入できる。CBDC
と現金が混在していれば，マイナス金利政策の効果がなくなる（ゼロ金利の
現金を嗜好）ため，現金の大半をCBDCが代替する必要がある。マイナス金
利の場合，CBDC保有者の損失となりうる。

④　中央銀行における預金としてのCBDC

　現金のような匿名性はないが，普遍的に利用されるCBDCである。中央銀
行に預金を有するのと同義となり，安全性が増す。不正行為や脱税防止に，
政策当局の監視権限がより増すことになる。リテールバンキングと中央銀行
が直接競合することになり，ナローバンキングシステム（後述(6)）となる。

(5)　CBDCのメリット

　イングランド銀行スタッフによる論文では，CBDCは，普遍的，電子的，
24時間，国家通貨建て，金利付で，中央銀行のバランスシートに直接アクセ
スできるものと定義している[51]。その定義に基づくCBDCには，長所・短所
の両方が想定される[52]。なお，前項の①に類似するが，付利という点で異なる。
　言うまでもなく，CBDCの最大のメリットは，キャッシュレス化による現
金保有コストの減少である。それ以外の長所も少なくない。

50　Fan Yifei, "On Digital Currencies, Central Banks Should Lead", Bloomberg View,
September 2, 2016.

51　John Barrdear and Michael Kumhof, "The macroeconomics of central bank issued
digital currencies", Bank of England Staff Working Paper No. 605, July 2016, p.7.

52　John Barrdear and Michael Kumhof, "The macroeconomics of central bank issued
digital currencies", Bank of England Staff Working Paper No. 605, July 2016, pp 9 -16.

180

第6章　仮想通貨と決済の法制度

　中央銀行がCBDCを発行し，それに対して，国債を保有するため，政府の金利負担，クレジットリスク，金利の低下のメリットがある。政府の金利負担低下は，財政政策にプラスの影響を与える可能性がある。政府の金利負担低下により，財政収入がネットで増加するためで，政府が財政支出拡大や税率削減といった選択肢を持ちうる。

　また，CBDCは，伝統的な金融政策である金利操作の補助手段（例：対GDP比でCBDCの量固定，政策金利・CBDC金利のスプレッドを固定）として利用可能となる。そして，量的緩和政策を実施する場合，商業銀行が介在せず，中央銀行マネーが非銀行から資産を直接購入できるようになる。さらに，当事者間で決済が直接完了するため，カウンターパーティ・リスク（取引相手先の破たん等による損失リスク）を回避でき，担保も必要なくなる。

⑹　CBDCの最大のリスクはサイバーテロ

　中央集権的なシステムで，CBDCが運営される場合，サイバー攻撃の脅威がより大きくなる。FRBジェローム・パウエル理事は，中央銀行がデジタル通貨を発行することについて，サイバー攻撃など，世界的な標的になるリスクに言及している[53]。

　さらに，CBDCを個人に配布する場合，金融取引等の個人情報がブロックチェーンに記録される。そのため，脱税や不正行為防止のため，中央銀行や政府組織がそうした情報を掌握する可能性があり，利用者にとって，プライバシーの問題が発生する。

　また，市場や技術的な専門知識が欠ける中で，中央銀行が，デジタル通貨を発行する比較優位はあるか，フィンテックの技術革新や民間投資のインセンティブを阻害しないかといった問題が生じうる[54]。そして，デジタル通貨

---

[53]　Jerome H. Powell, "Innovation, Technology, and the Payments System", Board of Governors of the Federal Reserve System, at Blockchain: The Future of Finance and Capital Markets? The Yale Law School Center for the Study of Corporate Law, New Haven, Connecticut, March 3, 2017.

181

が攻撃された場合，中央銀行の評価が落ち，金融政策や金融安定化政策の実施に支障が出ないかといった問題も考えられる。

さらに，潜在的なリスクとして，銀行預金からCBDCに資金が流れ，銀行のバランスシートが縮小し，貸出しの資金が不足する可能性がある。つまり，金融システムのナローバンク化である[55]。銀行システムの安定性の面から，ナローバンクはメリットがあるものの，貸出しが縮小するため，経済活動にマイナスの影響を及ぼすデメリットがある。

現代の商業銀行の資産のほとんどは，貸出であり，負債である預金に対し，流動資産の規模は非常に小さい。一方，ナローバンクとは，貸出業務を行わず，預金（決済性預金）業務に特化し，預金の運用は国債などの安全資産で運用する銀行である。バランスシートが，流動性の高い資産・負債で構成される。

(7) ケーススタディ：スウェーデンのキャッシュレス社会

スウェーデンは，キャッシュレス化が急速に進行している。スウェーデンの通貨流通高（対GDP比）は，戦後，10％程度あったが，キャッシュレス化の進展で，1％台にまで大きく低下している。通貨流通高の金額も，2007年をピークとして，2016年までに35％も減少した（2016年）。一方，日本は，主要国で最大の19％と高く，1980年の7％から一貫して増加傾向にある。

スウェーデンは，IT先進国であり，歴史的に，金融革新のリーダーであった。欧州最古の紙幣は，1661年にストックホルム銀行が発行した[56]。そして，リスクバンク（1668年創立）は，世界最古の中央銀行である。

---

54 Ben S. C. Fung and Hanna Halaburda, "Central Bank Digital Currencies: A Framework for Assessing Why and How", Bank of Canada Staff Discussion Paper/Document d'analyse du personnel 2016-22, November 2016, p.12.

55 Ben Broadbent, "Central banks and digital currencies", Speech given by, Deputy Governor for Monetary Policy, Bank of England, London School of Economics, March 2, 2016.

56 The Riksbank Website/History/Money and power – the history of Sveriges Riksbank/ Stockholms Banco.

第6章 仮想通貨と決済の法制度

図表6-6 日米英とスウェーデンの通貨流通高（対GDP比）の推移

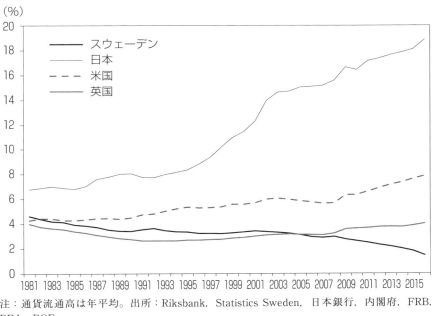

注：通貨流通高は年平均。出所：Riksbank, Statistics Sweden, 日本銀行, 内閣府, FRB, BEA, BOE

　こうした通貨流通高減少の背景の一つとして，リクスバンクによる政策変更が挙げられる。従来，リクスバンクは，日々の現金流通に介入していたが，2005年以降，民間の市場参加者に委ねるようになった。さらに，硬貨や紙幣をたびたび切り替えており，最高額紙幣を段階的に廃止したことで，現金需要が大きく低下した[57]。そして，スウェーデンの主要銀行は，店頭での現金取引を制限し，ATMに誘導した結果，銀行支店での現金取引が約50％減少したという[58]。

57　ケネス・S・ロゴフ『現金の呪い―紙幣をいつ廃止するか？』（日経BP社, 2017年）186頁参照。
58　Paola Boel, "Thinking about the future of money and potential implications for central banks", Sveriges Riksbank Economic Review 2016:1, pp.148-149.

(8)　スウェーデンの決済手段の進化

　決済手段の進化も，キャッシュレス社会に貢献している。付加価値税の脱税防止策として，2010年より，小売店に対し，認証済みレジの設置を義務付けている。レジに備え付けられたブラックボックスを通じて，税務当局が売上データを直接読み取れるような仕組みである[59]。

　スウェーデンの決済手段として，デビットカードが一般的であり，リクスバンクの調査では，直近の支払方法として，デビットカードが64％，クレジットカードが6％であった（2016年）。他方，現金は，15％と2012年の33％から大きく低下している。また，人口の半数以上が利用するSwishと呼ばれる決済アプリが普及し，モバイル決済の増加を後押ししている[60]。主要銀行が参加しており，パソコンやスマートフォンを通じて，企業や個人が決済可能である。

　スウェーデンの人口の95％は，デビットカードかクレジットカードが使用可能であり，同90％がオンラインバンキングにアクセス可能である[61]。100クローナ以下の買い物では，主に，カードが使用される。スウェーデンでは，非接触カードを導入中であり，200クローナ以下の買い物には，PINコードが不要となるため，キャッシュレス化が促進されるであろう。

　キャッシュレスの進展とフィンテックの技術革新を受け，リクスバンクは，e-kronaの発行を検討しており，2019年までに最終決定が行われる予定である。これは，仮想通貨ではなく，電子マネーの一種になると想定される。ただし，e-kronaを発行するとしても，現金を完全に代替するものではなく，現金を補助するものとして利用される[62]。

59　Swedish Tax Agency, "Requirement of cash registers Impact evaluation", English Summary of the Swedish Tax Agency Report 2013: 2．
60　川野祐司「スウェーデンの「e-krona」と「キャッシュレス経済」」（国際貿易投資研究所フラッシュ327，2017年3月23日）。
61　Sveriges Riksbank, "The Swedish Financial Market 2016", 2016, pp. 100-101.
62　Sveriges Riksbank, "Riksbankens e-krona 14 March 17 Project plan".

第6章　仮想通貨と決済の法制度

(9)　小括：キャッシュレスの国家戦略強化が必要

　日本は，海外と比べて，現金決済比率が著しく高いが，これを引き下げるための国家戦略の重要性は高い。政府がキャッシュレス戦略を打ち出しているものの，実際には，通貨流通残高は増え続けており，キャッシュレスが進んでいるとは言い難い。日本は，治安が良く，かつ金利がほぼゼロであるため，タンス預金が増えていることも一つの要因であると思われる。

　キャッシュレス戦略を強化するための方策として有効であるのは，政府自身のキャッシュレス化である。税金，年金保険料などの政府への支払，様々な手数料などを，可能な限り，クレジットカードで支払えるようにすることも有効である。キャッシュレス戦略の一環として，2017年より，所得税，法人税，相続税など30品目の国税で，クレジットカード納付が可能となった。なお，決済手数料は納税者負担である。

　地方税のクレジットカード納付は，2004年の地方自治体の改正により可能となっており，2006年の神奈川県藤沢市の軽自動車税での導入を皮切りに，現在，自動車税，固定資産税，住民税，国民健康保険，水道料金など全国的に導入されている[63]。導入の結果，納付率は一定程度上がっている。ふるさと納税の場合，クレジットカード決済を導入してケースが増えており，ほとんどの場合，決済手数料は自治体が負担している。クレジットカード決済が可能であることも，ふるさと納税の人気を後押ししている。

　また，国民年金保険料のように，クレジットカードで前払いした場合，割引額を高めるのも一手段であろう。そして，国，地方自治体の両方が，マイナンバー制度と併せて，こうした取組みを拡充することが，期待される。政府は，マイナポータルと呼ばれるオンラインサービスを運営しており，行政手続きの電子申請，行政情報の自動配信，公金決済サービスなどを提供する。

---

[63]　経済産業省「クレジットカード決済の健全な発展に向けた研究会中間報告書」（2014年7月）6頁参照。

マイナポータルにおける子育てワンストップサービスは，2017年秋ごろに本格運用を開始予定である。

さらに，長期的には，日銀によるデジタル通貨発行についての進展が期待される。このように，日本の決済市場ではフィンテックが活躍する余地が大きく，それが進展すれば，日本の金融システムの効率化とコスト削減が期待できる。

第7章 フィンテックで変わるコーポレートガバナンス

1. フィンテックは資産運用を変える

(1) 資産運用のAI化が進む

　決済と並んで，フィンテックによって，近い将来，大きく変化するとみられるのは，資産運用である。フィンテックは，資産運用を高度化し，かつコストを大きく下げ，そして利便性を増すことであろう。資産運用が変われば，株式投資に大きな変化が生じる。その結果，株主構成などが変化するであろう。そして，株主が大きく変われば，コーポレートガバナンスに大きな変化が生まれることであろう。

　米国では，ETFの台頭によって，一段と，株式投資のパッシブ化が進んでいる。この動きを，ロボアドバイザーが加速するであろう。遅れて，日本でも同様の現象が起こると予想される。

　証券会社や銀行の営業員が介在すると，自社にとって利幅の高い商品を顧客に勧める傾向がある。しかし，ロボアドバイザーであれば，顧客の利益を最優先し，最もコストの低い商品を販売すると思われる。そうであれば，ETFなどパッシブ運用の資産の投資が加速すると予想される。

　一気に，ロボアドバイザーが普及することは期待しづらいが，徐々に普及することが考えられる。将来，たとえば，1億円以下の資産運用サービスは

187

AIが代替し，それ以上の富裕層をプライベートバンカーが担うという可能性もあろう。

そこで，本章では，まず，フィンテックが家計部門の資産運用にどのような変化を生じるかを，国際比較を交えて，検討する。それを踏まえて，資産運用の変化が，日本のコーポレートガバナンスにどのような影響を及ぼすかを分析する。

(2) 個人金融資産活性化の必要性

日本の家計部門の金融資産は米国に次いで世界２位と大きい。ただし，1,800兆円の個人金融資産の８割は，現・預金などの安全資産に投資されている（2016年末）。一方で，株式と投信の構成比は小さい。

2015年の個人金融資産の利息・配当収入は14兆円であり，年間の運用利回り（値上がり益を除く）はわずか0.8％にすぎない。米国は，株式と投信が個人金融資産全体の半分近くを占める。個人金融資産は約8,300兆円，利息・配当収入は約250兆円なので，年間の運用利回りは日本に比べて圧倒的に高い。

仮に，世界第２位の規模を持つ日本の金融資産約1,800兆円の投資収益率が年１％向上すれば，年18兆円の所得が発生する。これは，日本のGDPの

図表7-1 家計の金融資産の国際比較

構成比 （％）	現預金 (A)	債券 (B)	A・B 合計	投資 信託	株式等	保険・ 年金・ 定型保証	その他	合計 （兆円）	利息・ 配当 （兆円）	運用 利回り （％）
日本	52.0	1.4	53.4	5.4	9.3	29.1	2.8	1,800	14	0.8%
米国	15.1	5.6	20.7	9.1	35.9	31.3	3.0	8,303	249	3.0%
ユーロ 圏	34.6	3.8	38.4	8.6	16.3	34.2	2.5	2,676	107	4.1%

注：日米は2016年末時点，ユーロ圏は2016年６月末。日本・ユーロ圏の利息・配当は2015年。ユーロ圏の利息・配当には，不動産賃料が含まれる。１ドル110円で換算。出所：日本銀行，内閣府，FRB，BEA，ECB

3％以上になる。これを実現すれば，金融サービスの消費者，供給者が潤い，リスクマネーがビジネス界に適切に供給されることが期待される。

(3) 米国でリスク資産投資が活発な理由

米国の個人金融資産は約8,300兆円（75兆ドル），利息・配当収入は約250兆円（2兆ドル）であり，年間の運用利回りは3.0％（2016年）と高い。米国は，株式と投信が個人金融資産全体の半分近くを占める。米国で個人金融資産が活発に運用されている理由の一つは，米国株式の投資収益率が高かったためと考えられる。

図表7-2　日米株価の推移

注：2000年末＝100。出所：ブルームバーグ

日米株価上昇率の格差の原因は数多いが，企業の収益力の違いが大きな要素である。自己資本利益率（ROE）においては，米国が主要国でトップである一方，日本は最も低い。

図表7-3 先進国のROE比較（%）

	ROE（今期予想）	時価総額構成比
米国	16.3	36.3
オーストラリア	13.3	1.6
スイス	12.5	2.3
ドイツ	12.3	2.9
スウェーデン	11.8	1.0
カナダ	11.5	2.8
英国	8.7	4.7
フランス	8.7	3.2
スペイン	8.1	1.1
日本	7.7	7.5

注：今期ブルームバーグ予想。2017年5月末時点。
出所：ブルームバーグ

　ただし，1980年代後半のバブル期のように日本株の上昇率が米国のそれよりも高かった時代でも，日本ではリスク資産への投資が少なかった。よって，これは理由の一つではあろうが，決定的な理由とは言い難い。

　それ以外の理由として，以下が挙げられる。なお，これら以外に統計上の技術的な要因もある[1]。

　ⅰ．投資家の金融リテラシーが相対的に高いと考えられる。

　ⅱ．金融商品の販売コストが低い。

　ⅲ．政府が投資家保護を重視してきた。

　以下，これを個々に検証する。

(4)　米国資産運用業界から何を学ぶか

　第一の論点である金融リテラシーは，資産運用において重要である。米国

1　福原敏恭「日米家計のリスク資産保有に関する論点整理」（日本銀行情報サービス局，2016年2月）5頁参照。

は，国家戦略として，金融リテラシーを向上させようとしている[2]。

多くの検証によると，個人投資家の金融リテラシーは，国別にそれほど大きな差はない[3]。しかし，金融資産を持っていない人の金融リテラシーの水準は，資産運用の分析にそれほど影響がない。

米国では，資産保有者上位3％が金融資産の半分以上を保有している[4]。さらに，資産保有額下位50％は金融資産をほとんど保有していない。

図表7-4 米国におけるパーセンタイル別純資産

パーセンタイル	中央値（千ドル）			平均（千ドル）		
	2010年	2013年	変化率	2010年	2013年	変化率
25以下				−13.7	−13.4	−2％
25−49.9	34.5	31.3	−9％	38.2	35.9	−6％
50−74.9	168.5	168.1	0％	181	177.7	−2％
75−89.9	517.3	505.8	−2％	565.7	546.2	−3％
90−100	1997.8	1871.8	−6％	3982.8	4024.8	1％

出所：FRB

所得や資産額と学歴には，強い相関がある[5]。一般に，資産保有上位者の多くは高学歴であり，しかも，資産運用の専門家の助言を受けていると考えられる。

このため，幅広い層を対象とする金融リテラシーのテスト結果と，実際に投資している人の金融リテラシーの高さはあまり関連がないと推測できる。以上を総合すると，米国において，金融資産を保有する人の金融リテラシー

2　Financial Literacy and Education, "Commission Promoting Financial Success in the United States National Strategy for Financial Literacy 2011", 2011.

3　たとえば，Annamaria Lusardi and Olivia S. Mitchell "Financial literacy around the world: an overview", NBER Working Paper No. 17107, June 2011 pp.13-14.

4　Board of Governors of the Federal Reserve System, "Changes in U.S. Family Finances from 2010 to 2013: Evidence from the Survey of Consumer Finances", Federal Board Bulletin Vol. 100, No.4, September 2014, p.11.

5　Chair Janet L. Yellen, "Perspectives on Inequality and Opportunity from the Survey of Consumer Finances", FRB, October 17, 2014.

は実質的に高いと想定できる。

　今後は，フィンテック革命によって，必ずしも金融リテラシーが高くない人や，資産額が大きくない人も，これまでよりも高度な資産運用アドバイスを享受できるようになるであろう。

(5)　確定給付型年金制度と金融リテラシー

　資産を保有する層の金融リテラシーが高い理由として，米国では，確定拠出型年金制度（DC）が発達していることが挙げられる。米国では，広くDCが普及しているため，社会人になった直後から，自分で資産運用の判断を迫られることが多い。結果的に，これらの運用を通じて，国民の投資ノウハウが蓄積したと考えられる。

　米国では，家計の44％が投信を保有し，米国の投信約1,700兆円（16.3兆ドル）のうち家計部門が89％を保有している（2016年末）。米国では，退職年金資産の半分以上がDCとIRAである（出所：ICI，2016年末）。

　米国の公的年金制度（OASDI）は，被用者・自営業者を対象にした１階建ての所得比例年金（社会保険方式）である。これに加えて，以下のDCが古くから普及している。

①　キーオ・プラン

　法人化していない小規模企業，自営業者，その従業員を対象とした年金制度である（1962年創設）。DB，DCの両方の制度設計が認められている。

②　個人退職勘定（IRA）

　個人が自助努力で老後資金を準備する制度である（1974年創設）。加入対象者は幅広く，70.5歳未満の全労働者およびその配偶者である。

③　401（k）プラン

　企業の職域年金の一つである（1979年創設）。

第7章　フィンテックで変わるコーポレートガバナンス

他にも，連邦公務員向けのTSP，州・地方公務員向けの457プラン，非営利団体向けの403（b）プランがある。

⑹　アクティブ運用とパッシブ運用の優劣

第二の論点は，インデックスファンドとETFの発達によって，米国の投信の保有コストが，日本と比べてかなり低いことである。保有コストが低ければ，その分，投資家の利益が増えるために，リスク資産への投資が増える。

フィンテック時代には，ロボアドバイザーが資産配分を決め，各資産では，インデックスファンドが投資されるようになるであろう。年金運用の中心は株式投信であり，そして，その中心はインデックスファンドである。

資産全体の投資収益率に対して最も影響が大きいのが資産配分であり，個別の銘柄選択効果の影響は相対的に小さい。言い換えると，アクティブ運用の資産を持つ必要性が低いともいえる。このため，米国でインデックスファンド（あるいはETF）を中心に，投資がなされているのは，合理的である。

DCの資産配分は，株式投信が63％と最も大きい（MMF含む。債券ファンド12％，ハイブリッド27％。出所：ICI，2016年末時点）。また，米国の投信のうち，55％が株式投信である。

株価指数を上回るパフォーマンスを目指す運用をアクティブ運用と呼ぶ。一方，パッシブ（インデックス）運用は，株価指数に連動した投資信託で，投資信託の基準価額とインデックスが同じ値動きとなるよう運用される。

通常，アクティブ運用の投資信託はコストが高い。アクティブファンドは，買い付け時に金額の３％前後の販売手数料が発生し，その上，残高に対して年１～２％の運用手数料などが加わる。

株式市場は効率的であり，その時点で利用可能な情報は瞬時に株価に反映されるとの考えを，効率的市場仮説と呼ぶ。効率的市場仮説に立つと，パッシブ運用が，アクティブ運用より優位であり，ベンチマークの収益率を超える超過収益率を獲得できないことになる。つまり，理論的には，アクティブ運用よりもパッシブ運用のほうが，コストが低くて，かつ運用成績がいいこ

193

とになる。

　実際に，年金積立金管理運用独立行政法人（GPIF）の日本株のアクティブ運用とパッシブ運用の成績を比較すると，やはり，パッシブ運用のほうが優れている。このため，運用先進国である米国では，コストが高く，かつ運用成績がアクティブ運用の投資信託の資産が伸び悩んでいる。

(7) 低コストのパッシブ運用に資金がシフト

　米国では，アクティブ運用の資産が流出する一方，パッシブ運用に資金が流入している。2007年から2016年にかけて，国内のパッシブ型株式投信とETFに約150兆円（1.4兆ドル，新規投資・配当の再投資含む。1ドル110円で円換算。以下同）が流入し，国内のアクティブ型株式投信からは約120兆円（1.1兆ドル）の資金流出が起こった[6]。パッシブファンドの低い経費率，

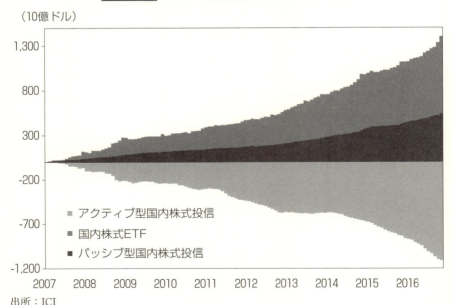

図表7-5　米国の株式投信の資金フローの推移

出所：ICI

第7章　フィンテックで変わるコーポレートガバナンス

ETFの台頭，アクティブファンドの低迷するパフォーマンスを反映して，世界的にも，アクティブファンドの資金流出とパッシブファンドへの資金流入が起こっている[7]。

投信の純資産に占めるパッシブ運用の割合は2000年の9％から2016年には25％へ上昇した。資産額上位の公募投信の多くは，バンガードが運用するインデックスファンドである。その経費率は0.1％以下など低いものが多い。また，米国の投信（MMF除く）の純資産約1,500兆円（13.6兆ドル）のうち約1,000兆円（9.1兆ドル）が販売手数料無料のノーロード型である（2016年

図表7-6　米国の公募投信純資産上位10銘柄（ETF除く）

	ファンド名	純資産額 （億円）	経費率 （％）
1	バンガード500インデックス・ファンド	194,774	0.05
2	バンガード・トータル・ストック・マーケット・インデックス・ファンド（Adm）	162,497	0.05
3	バンガード・トータル・ストック・マーケット・インデックス・ファンド（Inv）	114,213	0.16
4	バンガード・トータル・インターナショナル・ストック・インデックス・ファンド（Inv）	96,451	0.19
5	アメリカン・グロース・ファンド・オブ・アメリカ	82,913	0.66
6	インカム・ファンド・オブ・アメリカ	82,265	0.56
7	バンガード・ウェリントン・ファンド	81,405	0.16
8	フィデリティ・コントラファンド	80,566	0.70
9	バンガード・トータル・ボンド・マーケット・インデックス・ファンド（Adm）	79,623	0.06
10	アメリカン・ファンズ・キャピタル・インカム・ビルダー（A）	76,052	0.60

注：2016年末時点。ETF，MMF，機関投資家向け除く。純資産額はシェアクラス別。1ドル110円で換算。出所：Lipper Performance Report，各社資料

6　ICI, "2017 Investment Company Fact Book", April 26, 2017, p.46.

7　Robert Buckalnd, "Global Equity Strategist: Passive Aggressive", Citi Research, March 23, 2017.

195

末)。

コストが低いということは，その分，投資家の収益率が高まるということである。それが魅力となり，米国では投信の「薄利多売」が進んでいる。

PwCによると，世界の資産運用額のうち，2012年に，パッシブ運用11%，オルタナティブ運用（ヘッジファンドやベンチャーキャピタルファンドなど）10%であったが，2020年には，それぞれ，パッシブ運用22%，オルタナティブ運用13%に拡大すると言う[8]。それ以外の一般的なアクティブ運用資産が減ると予想される。

(8) ETFとロボアドバイザーの組み合わせ

売買の柔軟性が高く，かつコストの低いETFは，ロボアドバイザーと相性がいい。しかも，ETFは，高配当利回り株式ETFなど，豊富な種類があるため，人気を集めている。ETFとロボアドバイザーを組み合わせると，対面営業による投信購入などと比較して，かなりコスト低下が期待できる。

ETFは，1993年に米国でスタートした。最初のファンドは，米国の代表的な株価指数であるスタンダード・アンド・プアーズ株価指数500種（S&P500）連動型である。その後，海外株価指数，業種別株価指数，債券，不動産，コモディティの指数を採用する様々なETFが設定された。

特に，ETFの種類が豊富な米国市場の伸びが大きい。コストが低く，売買の利便性が高いETFは，個別株式や投資信託の市場シェアを食って，代表的な投資対象になった。

ETFの最大のメリットは，コストが低いことである。ETFは，オンライン証券でも売買できるため，売買手数料も低い。加えて，ファンドの中身はインデックスファンドなので，運用報酬なども低い。

売買の柔軟性も特徴の一つである。一般の投資信託は，1日に1度，基準価格が公表されるが，ETFは取引所の立会時間中，いつでも売買できる。

8　PwC「アセットマネジメント2020　資産運用業界の展望」（2014年12月）27〜29頁参照。

196

また，ETFは，空売りすることができる。さらに，スマートベータ（高配当や低PERなど特定の指標に重点を置いた株価指数に連動）など開発によりETFは多様化している。日本でも多様なETFが組成され，個人投資家の投資対象として定着することだろう。

(9) ETFの隆盛

ETFは，運用経費が低いため，個別株式や投信の市場シェアを奪って，代表的な投資対象になっている。世界のETFの残高は約390兆円（10年前は約65兆円）と急増しているが，米国は約280兆円と，世界の73％を占める（2016年末）。米国では，現物拠出型のETFが多いのに対し，欧州では，デリバティブを利用したシンセティック型ETFが急増している[9]。

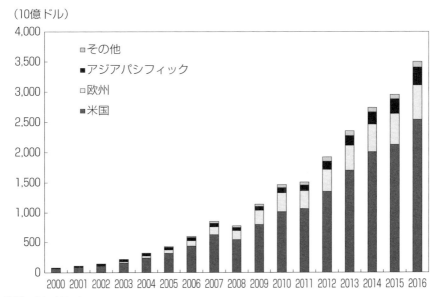

図表7-7　世界のETF資産の推移

出所：BlackRock

世界のETF資産残高では，1位がブラックロックの142兆円（1.3兆ドル），2位がバンガード・グループの71兆円（6,469億ドル），2位がステート・ストリート・グローバルの59兆円（5,390億ドル）である（2016年末）。大手3社で，ETF市場の71％を占め，寡占状態となっている。

図表7-8 世界のETF資産額上位10（2016年末）

	銘柄名	国	会 社	純資産額 （百万ドル）	経費率 （％）
1	SPDR S&P500 ETF	米国	ステート・ストリート・グローバル	224,820	0.09
2	iShares Core S&P 500 ETF	米国	ブラックロック	90,620	0.04
3	Vanguard Total Stock Market ETF	米国	バンガード・グループ	69,557	0.05
4	iShares MSCI EAFE ETF	米国	ブラックロック	59,670	0.33
5	Vanguard S&P 500 ETF	米国	バンガード・グループ	56,485	0.05
6	Vanguard FTSE Emerging Markets ETF	米国	バンガード・グループ	43,948	0.15
7	PowerShares QQQ ETF	米国	インベスコ	41,793	0.20
8	iShares Core US Aggregate Bond ETF	米国	ブラックロック	41,554	0.05
9	Vanguard FTSE Developed Markets ETF	米国	バンガード・グループ	40,169	0.09
10	iShares Russell 2000 ETF	米国	ブラックロック	38,728	0.20

出所：ブルームバーグ

ETF資産で世界最大のブラックロックがETFの経費率を引き下げたことで，バンガード・グループなど他社もその動きに追随し，価格競争が起こっている。資産額上位のETFの経費率は0.05％前後と大変低い。

9　原田喜美枝「わが国上場投資信託市場の現状と課題：主要国との比較を通じて」（信託研究奨励金論集35号，2014年11月）。

第7章 フィンテックで変わるコーポレートガバナンス

図表7-9 世界の運用会社資産運用額上位10社

	2005年	国	運用資産 （10億 ドル）	2015年	国	運用資産 （10億 ドル）
1	UBS	スイス	1,975	ブラックロック	米国	4,645
2	アリアンツ・ グループ	ドイツ	1,459	バンガード・ グループ	米国	3,399
3	バークレイズ・ グローバル	英国	1,362	ステート・ ストリート・ グローバル	米国	2,245
4	ステート・ ストリート・ グローバル	米国	1,354	フィデリティ・ インベストメンツ	米国	2,036
5	フィデリティ・ インベストメンツ	米国	1,286	アリアンツ・ グループ	ドイツ	1,926
6	AXAグループ	フランス	1,185	JPモルガン・ チェース	米国	1,723
7	クレディ・スイス	スイス	1,079	バンク・オブ・ ニューヨーク・ メロン	米国	1,625
8	キャピタル・ グループ	米国	1,021	AXAグループ	フランス	1,489
9	バンガード・ グループ	米国	848	キャピタル・ グループ	米国	1,390
10	JPモルガン・ チェース	米国	792	ゴールドマン・ サックス・ グループ	米国	1,252

出所：Willis Towers Watson

　2005年時点では，世界の運用資産額上位3社は欧州の大手金融機関系列運用会社であった。それが，2015年には，上位3社はパッシブ運用を主力とする米国の独立系運用会社で占められた。こうして，ETF最大手のブラックロック，そして，公募投信最大手のバンガードと，2大パッシブ運用会社が，資産運用市場を寡占するようになっている。

199

⑽　投資家保護の重要性

　第三の論点は，個人投資家保護である。これは，不正の防止や摘発，そして，金融商品販売業者の販売姿勢の適正化，情報開示の充実などを含む。これらの中でも，日米ともに，金融商品販売業者の販売姿勢の適正化が大きな課題である。

　前述のように，歴史的に，米国は何度も大きな金融危機を経験した。このため，米国は，世界で最も厳しく個人投資家を保護する体制を構築してきた。

　さらに，証券取引所や自主規制団体が積極的に不正行為の摘発を行っている。地方自治体レベルでも，ニューヨーク州司法当局やニューヨーク州金融サービス局なども摘発を行う。さらに，金融不祥事に対する制裁は厳しい。金融機関に対する過去最大の制裁金はバンク・オブ・アメリカに対して課された約2兆円（167億ドル）である[10]。エンロン事件では，エンロンの当時のCEOは禁固24年（14年に減刑）の刑に服している。

　年金運用については，1974年従業員退職所得保障法（エリサ法）がプルーデントマン・ルール等により，年金加入者，つまり個人投資家を保護している。フィンテックについても，投資家保護の視点から，早々とルールづくりを進めている。

⑾　リテール証券営業とFD

　米国では，リテール証券営業の改革を進めている。米国の証券会社のリテール営業は，日本のそれとは大きく異なる。収益の中心が，証券の売買よりも資産運用業にシフトしている。リテール証券会社の預かり資産においては，オンライン証券の範疇に入るフィデリティ，チャールズ・シュワブが大きなシェアを持つ一方で，メリルリンチなど大手証券・銀行が，富裕層向け

---

10 Department of Justice, "Bank of America to Pay \$16.65 Billion in Historic Justice Department Settlement for Financial Fraud Leading up to and During the Financial Crisis", August 21, 2014.

第7章　フィンテックで変わるコーポレートガバナンス

の対面営業で高収益をあげている。

　米国のファイナンシャル・アドバイザー（FA）は，主に，証券仲介業者であるブローカー・ディーラー（BD）と，1940年投資顧問業法により規制され顧客に投資助言する登録投資顧問業者（RIA）に分けられる[11]。フィナンシャル・プランナーとファンドマネージャーの役割を持つFAが，資産残高に応じて，収入を得るのが主流となっている。

　BDは，SECに登録し，金融取引業規制機構（FINRA）に加盟する必要がある。BDに課されるのは，適合性原則と顧客熟知義務であり，顧客の利益最大化となる推奨が求められる。

図表7-10　米国大手リテール証券預かり資産（2016年末）

	特　徴	顧客預かり資産（兆ドル）
フィデリティ・インベストメンツ	独立系，総合	5.7
チャールズ・シュワブ	独立系，総合	2.8
BofAML	投資銀行系，富裕層向け	2.5
モルガン・スタンレーWM	大手証券系，富裕層向け	2.0
ウェルズ・ファーゴ	大手銀行系，富裕層向け	1.5
UBS WMアメリカ	大手証券系，富裕層向け	1.1
TDアメリトレード	独立系，オンライン	0.8
レイモンド・ジェームズ・ファイナンシャル	独立系，対面	0.6
LPLファイナンシャル	独立系，対面	0.5
Eトレード	独立系，オンライン	0.3

出所：各社資料

　RIAの場合，資産残高に応じてフィーを徴収する。資産残高に応じたフィーと売買コミッションの両方を得るため，BDとして二重登録する場合

11　伊藤宏一「中立的な投資アドバイザー制度の確立のために」（月刊資本市場356号，2015年4月）。

図表7-11　フィナンシャルアドバイザーの人数と構成比（%）

	2004年	構成比	2014年	構成比	増減数
証券仲介業者（BD）	314,396	92.6	251,983	81.6	−62,413
登録投資顧問業者（含むBD兼業）	25,054	7.4	56,954	18.4	31,900
合計	339,450	100.0	308,937	100.0	−30,513

注：BD＝ブローカー・ディーラー。証券仲介業者（BD）には，RIAとの兼業者は含まず。出所：Cerulli Associates, LPL Financial

もある[12]。RIAは，顧客に対してフィデューシャリー・デューティー（FD，忠実義務）を負う。FDは，主に，(ⅰ)顧客の属性やニーズを十分に理解する，(ⅱ)顧客の利益を最優先する，ことによって成り立つ。

　1999年にメリルリンチが，FAによる投資アドバイスの対価として，資産残高フィーを受け取るサービスの提供を開始した。そうしたサービスは，投資顧問業の登録対象外とされたが，2007年の最高裁判決で投資顧問業の登録が求められることになった。

　リテール証券会社では，マネージド・アカウント（MA）などを通じたサービスが伸びており，資産規模は，2014年末時点で約440兆円（4兆ドル）に達した[13]。MAは，顧客と投資一任契約を締結し，ポートフォリオ策定などを行うものである。

　さらに，2008年のリーマン・ショックを契機に，レップ・アズ・ポートフォリオ・マネージャー（RPM）のプラットフォーム利用が拡大している。RPMは，顧客のポートフォリオ・マネージャーとして，FDを顧客に対し負う一方，投資内容に広い裁量を持つ。その際，FAが，顧客の利益を最優先して業務を行うことが大変重要になる。

　FAは，投信よりも，種類が豊富なETFを積極的に推奨している[14]。投信は，

12　杉田浩治「米国のフィナンシャル・プランナー―その現況と新しい動き―」（日本証券経済研究所，2015年9月18日）8頁参照。

13　岡田功太「米国SMA・ファンドラップの多様化を促した規制と金融機関経営の変遷」（月刊資本市場369号，2016年5月）。

第7章　フィンテックで変わるコーポレートガバナンス

相対的にコストが高いため，ETF投資によって顧客のコストを減らすためである。

⑿　議論を呼ぶフィデューシャリー・デューティー実施

FAに対して，顧客との利益相反をなくすため，FDの規制を強化する動きがある。2010年のドッド・フランク法913条では，BDに対し，投資顧問業者と同様なFDを課すことができるとされ，法整備の検証と規則の制定権限をSECに付与した。SECは，2011年に検証レポートを公表したが[15]，今後，規則の提案が行われる見込みである。

米国労働省は，2016年に，IRAや401（k）など年金・退職口座の投資アドバイスに関し規制を強化する規則を公表した[16]。エリサ法（従業員退職所得保障法）と内国歳入法（IRC）におけるFDの対象となる投資アドバイスの定義が拡大され，401（k）からIRAへの移行に関するアドバイスや，BDによる推奨行為も規制の対象となる。今後発表されるSEC規則は，これと整合的なものとなるであろう[17]。

ただし，こうした改革を進めてきた民主党オバマ政権から共和党トランプ政権に移り，トランプ大統領は金融規制緩和の大統領令を発した[18]。共和党は，オバマ政権下の金融規制強化に反対しているため，今後の制度改革の行方に注目したい。

投資顧問業者は大口投資家を主な顧客とするが，証券仲介業者による一任運用は小口投資家を多く含む[19]。このため，規制強化はコスト上昇につなが

14　FPA Research and Practice Institute, "2016 Trends in Investing Survey Where financial advisers are investing now", June 7, 2016.

15　SEC, "Study on Investment Advisers and Broker-Dealers", January 2011.

16　EBSA Final Rules, "Definition of the Term 'Fiduciary'; Conflict of Interest Rule-Retirement Investment Advice", April 8, 2016.

17　Norman B. Arnoff, "The Evolving Retirement Savings Market, Fiduciary Duty, And Our Capital Markets", SEC comment, August, 22, 2016, p.9.

18　The White House, "Presidential Executive Order on Core Principles for Regulating the United States Financial System", February 3, 2017.

203

り，小口の個人投資家の負担増になりかねない。これらを懸念して，証券業界，そしてその支持を受ける共和党は，FDの規則化に強く反対してきた。

FD制度改革については，販売業者にとって，訴訟リスクが高まり，それに伴いコンプライアンスコストが上昇することから，反対が根強い。多くの顧客を抱える証券会社の営業員が，常時変化する顧客の属性を完全に把握することは事実上不可能である。仮に，顧客のニーズの変化を反映せずに，営業員が顧客の資産を運用し，その結果，運用が失敗した場合，FDに違反したとして，顧客から損害賠償の訴訟を受けることになりかねない。

⒀　FDとロボアドバイザー

これを補うのが，ロボアドバイザーである。ロボアドバイザーにより，小口投資家は，低コストで投資アドバイスを受けることが可能になる。おそらく，将来，小口投資家はロボアドバイザー中心，そして大口投資家はロボアドバイザーとFA双方のサービスを受けることになろう。

SECは，ロボアドバイザーが家計部門の資産運用において重要な役割を果たすようになると考えている[20]。具体的に，ロボアドバイザーを登録投資顧問業者（RIA）として，どのように規制するか，1940年投資顧問法で求められるFDやその他義務をどのように課すかなどを検討している。

米国のSECとFINRA（金融取引業規制機構）は，ロボアドバイザーが，投資家の金融ニーズや目標に沿った適切なアドバイスをいつも行うとは限らないことを注意喚起しており，場合によっては，利益相反も起こりうる[21]。そのため，FINRAは，サービスを提供する金融機関側に，投資家保護のためのガバナンス・管理体制を求めている[22]。

A.T.カーニーの試算によると，労働省の新たなFD規制により，2020年ま

---

19 SIFMA, "SIFMA Submits Comments to the DOL on Its Fiduciary Rule Proposal - Executive Summary", July, 20, 2015, p.4.
20 SEC, "Guidance Update: Robo-advisers". February 2017, p.8.
21 SEC, "Investor Alert: Automated Investment Tools", May 8, 2015.
22 FINRA, "Report on Digital Investment Advice", March 2016.

第7章　フィンテックで変わるコーポレートガバナンス

でに，資産運用業界の売上高が200億ドル減少し，２兆ドルの資産シフトが起こるという[23]。その中で，ロボアドバイザーには，2,500億ドルの資産が流入し，売上も10億ドル増加すると見込まれる。

年金・退職口座のアドバイスは収益性が低いため，低コストのロボアドバイザーが市場シェアを伸ばす可能性が高い。また，すでに，FD規制下にあるRIAにも，2,500億ドルの資産が流入し，売上も15億ドル増加する。

一方で，証券会社，BD（銀行，保険，地方），独立系BDから，資産が流出し，売上高も30億〜40億ドル程度の減少が予想される。そして，経費率の低下により，投信からETFへのシフトも加速しよう。

ETFやインデックスファンドの成長と，ロボアドバイザーの台頭は，資産運用のコストを大きく引き下げることができる。マネージド・アカウントやラップ口座の年間の報酬は，資産残高の１％を超えることが多い。一方で，

図表7-12　新FD規制による資産運用業界へのインパクト（2020年）（単位：10億ドル）

		資産シフト	売上の累積的影響
販売業者	RIA	250	1.5
	ロボアドバイザー	250	1.0
	退職プラン管理者	200	−1.0
	自己指図型（オンライン証券）	150	1.0
	二重登録のRIA	100	−0.5
	BD	−250	−3.0
	証券会社	−300	−4.0
	独立系BD	−350	−4.0
運用会社	ETF	1,000	1.0
	投資信託	−1,000	−14.0

出所：A.T.Kearney, "A.T.Kearney study: The $20 billion impact of the new fiduciary rule on the U.S. wealth management industry", Perspective for Discussion, August 2016

---

[23] A.T.Kearney, "A.T.Kearney study: The $20 billion impact of the new fiduciary rule on the U.S. wealth management industry", Perspective for Discussion, August 2016.

ロボアドバイザーは1％以下のものが多いが，今後，ETF同様，フィーの引下げが本格化することだろう。

　以前は，投信の経費と証券会社の報酬を合わせて，経費率は年2％台であったものが，現在ではETFと証券会社の報酬を合わせて，経費率は年1％台に下がった。これが，ETFとロボアドバイザーに代替されると，経費率は年1％以下に下がることであろう。ETFの経費率がわずか5ベーシス程度まで下がったように，技術やビジネスモデルの進化によって，ロボアドバイザーの経費率もかなり低くなることであろう。

　結論として，FD導入によって，コストのかかる対面営業は，限られた富裕層に集中し，大部分の投資家は，ロボアドバイザー中心，あるいは対面営業とロボアドバイザー併用によって，資産運用サービスを受けることになろう。ロボアドバイザーは合理的に資産アドバイスを行う。その結果，コスト面で優位に立つETFへの投資が増え，パッシブ化が進むとみられる。

2．パッシブ化で変わるコーポレートガバナンス

(1)　米国における敵対的買収と株主アクティビズム

　株式の保有構成が変わると，株主も変わる。株主が変われば，必然的に，コーポレートガバナンスにも変化が生まれよう。

　アクティビストは，株主価値最大化を目指し，対象企業に対し，経営改善，M&A，取締役としての参画などを迫る。対象企業がそれに対応して，新たな資本政策を実行し，株価が上がれば，売り抜ける。しかし，アクティビストが経営権を取得して，敵対的買収に切り替わる場合もある。

　ブーン・ピケンズ，カール・アイカーンらは，かつて，コーポレート・レイダー（乗っ取り屋）と呼ばれ，敵対的買収，グリーンメールなどを積極的に行った。プライベート・エクイティ・ファンドであるコールバーグ・クラビス・ロバーツ（KKR）は，敵対的レバレッジド・バイアウト（LBO，被

第7章　フィンテックで変わるコーポレートガバナンス

買収会社の資産を担保に資金調達をする買収）を成功させた。その手法から，KKRは「野蛮な来訪者」と呼ばれた。

しかし，ガバナンスの発展と判例の蓄積とともに，敵対的買収は，無秩序な乗っ取り合戦から，秩序ある経営権の争奪戦に変化した。その結果，敵対的買収の多くは，競合的買収へと変化した。たとえば，友好的買収に合意した被買収会社に対して第三者が買収提案し，被買収会社は当初の買収契約を破棄して，第三者と友好的買収に合意するという例が増えてきた。

その結果，敵対的買収は激減した。敵対的買収金額では歴代最大のファイザーによるワーナー・ランバート買収（2000年，892億ドル），第2位のユニリーバによるベストフーズ買収（2000年，251億ドル）である。言い換えると，21世紀に入って，大型敵対的買収はあまり見られなくなった。

(2)　市民権を得たアクティビスト・ファンド

かつて，アクティビストは，企業の敵という色彩が強かったが，現在では，機関投資家の声の高まりと共に，市民権を得ている。特に，議決権行使アドバイザー，そして，その影響を受ける機関投資家の議決権行使が活発になったことは大きい。アクティビストの提案であっても，合理的であれば，これらが支持する。その結果，少ない株式取得でアクティビスト活動が成功する例が増えてきた。

ベブチャックらは，アクティビストの短期志向（ショート・ターミズム）は，企業の長期的価値を棄損するとの意見に対し，実証研究による反論を行った[24]。1994年から2007年に行われた2,000件のアクティビストによる介入を調査した結果，企業の長期的な業績が改善したとの結果が出たという。つまり，アクティビスト活動は，非効率な経営を行う企業の経営改革を促進する効果があり，ガバナンス改革に資するという主張である。

---

24 Lucian A. Bebchuk, Alon Brav and Wei Jiang, "The Long-Term Effects of Hedge Fund Activism", December 2014. Forthcoming, Columbia Law Review, Vol. 114, June 2015; Columbia Business School Research Paper No. 13-66.

アクティビスト・ファンドは，成功例やトラックレコードの蓄積によって，年金基金や個人の富裕層の投資対象として，資産運用業界における地位を確立した。今後も，アクティビスト・ファンドの影響は高まろう。

代表的なアクティビスト・ファンドは，運用資産1位カール・アイカーン323億ドル，2位サードポイント・パートナーズ226億ドル，3位バリューアクト194億ドルである（2016年3月現在。出所: Activist Insight）。アクティビズムの手法としては，次のようなものが挙げられる。

第一に，取締役選任や資本政策などの提案である。株主提案や委任状勧誘によって，自らが推薦する取締役の選任，経営陣の交代，配当・自社株買いなどの株主還元を求める。訴訟に持ち込む場合もある。増配や取締役選任の株主提案には，委任状勧誘が必要となる。2016年の委任状合戦は37件であった[25]。

第二に，対象企業のM&Aへの関与である。M&Aの取り止めや条件変更を迫る場合もある。この両方を交えた手法が活発に使われる。2013年には，カール・アイカーンとサウスイースタン・アセットメントが，デルのMBO価格が低いとして，自らの取締役候補者を送り込むため，委任状を勧誘した（最終的に取下げ）。その結果，デルのMBO価格が引き上げられた。

(3) パッシブ化と議決権行使アドバイザーの影響力

パッシブ化の進展と，SECによる議決権行使と開示に対する規制強化によって，議決権行使の重要性が高まっている。米国では，受託者責任に基づき，投資顧問会社，運用会社は，SECにより議決権行使の結果の公表が義務付けられている。また，年金基金にも議決権行使が義務付けられている。

1988年のエイボンレターにより，機関投資家による議決権行使が事実上解禁された。エイボンが買収の対抗策として年金基金の議決権行使を用いようとしたところ，1988年に，労働省はいわゆるエイボンレターを公表した。主

---

25 Georgeson, "2016 Annual Corporate Governance Review", December, 2016, p.58.

な内容は，①議決権行使を運用機関に求める，②年金受給者の利益のみを考慮する，③議決権行使は運用受託者が行うが，年金基金自体が行うことも可能，④年金基金は運用受託者の議決権行使状況を監督・管理する義務を負う，である。

2003年のSEC規則改正で，SECに登録義務のある投資顧問業者により，議決権行使政策，保有銘柄に対して行った議決権の行使結果が開示されている（1940年投資顧問業法）[26]。これは，投資家などが運用者の議決権行使を監視することを促し，結果として，議決権行使が活性化した。これが，アクティビスト活動を活発化させた要因の一つとなった。

2014年に，SECは，投資顧問業者の議決権行使に関するガイダンス（法的拘束力なし）を公表しており，投資顧問業者は，契約している議決権行使アドバイザーやスタッフの能力や適性，利益相反について，継続して監視するよう求めている[27]。

インデックスファンドの資産が大きくなるにつれ，運用会社の議決権行使の負担は高まる。たとえば，インデックスファンド運用大手のバンガードは，議決権行使ガイドラインに加えて，議案内容別に，バンガード全体とファンド別の行使結果を開示している。2016年6月までの1年間に，16,700社の16万以上の議案に対し，議決権を行使した。

インデックスファンドの経費率は低いため，運用会社が議決権行使に割ける人員は限定的である。そのため，パッシブ運用会社は，インスティチューショナル・インベスターズ・サービシズ（ISS）やグラス・ルイスなどの議決権行使アドバイザーの助言を重視して，議決権を行使するようになった。

---

[26] SEC, "Final Rule: Proxy Voting by Investment Advisers", 17 CFR Part 275, Release No. IA-2106, File No. S 7 -38-02, February 11, 2003.

[27] SEC, "Proxy Voting: Proxy Voting Responsibilities of Investment Advisers and Availability of Exemptions from the Proxy Rules for Proxy Advisory Firms", Staff Legal Bulletin No. 20 (IM/CF), June 30, 2014.

⑷ アクティビスト・ファンドと議決権行使アドバイザー

　アクティビスト・ファンドの提案であっても，それが企業価値を高めることができるものであれば，議決権行使アドバイザーが議案に賛成の推奨をすることがある。パッシブ運用が中心の運用会社や年金基金は，これらの推奨の影響を大きく受けるため，株主総会の株主提案において，議決権行使アドバイザーの影響力が強い傾向にある。その結果，アクティビスト・ファンドの提案が，株主総会で承認される可能性が高まっている。

　これが，アクティビスト活動を活発化させた要因の一つとなった。かつては，敵対的公開買付（TOB）などを行い，対象企業の株式の少なくとも過半数を取得する必要があった。しかし，これでは，資金力の限界から，小粒な会社を対象とするアクティビスト活動しかできない。

　しかし，近年，大型企業に対するアクティビスト活動は増えている。ファンドの規模が大きくなったこともあるが，アクティビストの地位が向上し，多くの機関投資家の支持が集まるようになったことが大きい。さらに，複数のアクティビストが，大量保有報告規制の共同保有に該当しない程度に，協調する行動（ウルフ・パック戦術）もとられ，キャンペーンが成功する要因となっている[28]。

　アクティビストが年金基金や事業会社と組んで，投資対象企業に対峙する例も増えた。その結果，少額資金で株式を一部取得し，機関投資家の賛成を得て，企業に圧力をかける例が増えている。

⑸ 公的年金も活発な株主活動を行う

　カリフォルニア公務員退職年金基金（カルパース）など公的年金によるエンゲージメントは活発である。株主提案や訴訟を含むエンゲージメントであ

---

[28]　太田洋「米国におけるアクティビスト株主対応の最新動向とわが国への示唆―空売りアクティビストの動向も含めて―」（旬刊商事法務2128号，2017年3月15日号）7，11頁参照。

り，日本よりも厳しい圧力をかける。カルパースは2016年6月末現在で30兆円強（2,951億ドル）の運用資産を有する（1932年設立）。資産の52％は上場株式であり，その大部分は，インデックスファンドで保有されている。このため，必然的に経営内容の悪い株式を保有せざるを得ない。

カルパースは1980年代後半から，投資先の企業のガバナンスに対して積極的に関与している。株価が不振の企業についてフォーカス・リストを作成し，対話，株主提案などを通じて積極的な働きかけを行う。基本的には，非公表でエンゲージメント活動を行うが，企業の対応によっては，株主提案，委任状合戦，会社提案への反対推奨などにより，情報が公になることもある。

カルパースが行った株主提案は，賛成率が高いものが多い。米国では，株主提案の拘束力はないが，株主の意見として企業側が尊重する場合が多い。

図表7-13 賛成率の高かったカルパースの株主提案

	年	企 業	提案内容	賛成率 （議決権）
1	2010	ピットニー・ボーズ	スーパー・マジョリティ条項 （廃止または緩和）	98.0
2	1999	セント・ジュード・メディカル	独立取締役の過半数選任	95.8
3	2010	ホスピタリティーズ・プロパティ・トラスト	期差選任廃止	91.1
4	2006	ブロケード・コミュニケーション・システムズ	スーパー・マジョリティ条項 （廃止）	90.6
5	2007	ケルウッド	期差選任廃止	88.5
6	2012	チェサピーク・エナジー	スーパー・マジョリティ条項 （廃止または緩和）	86.2
7	2012	グレーコ	絶対多数投票制	84.0
8	2009	ダラー・ツリー	期差選任廃止	83.6
9	2012	アップル	絶対多数投票制	80.1
10	2004	インガソール・ランド	期差選任廃止	79.8

出所：Georgeson

(6) 増える大型アクティビスト活動の成功例

以下，時価総額が大きい企業に対するアクティビスト活動の成功例である。

① アップル

米国では，日本と異なり，海外に蓄積した利益を非課税で国内に還流できない。そのため，アップルの現金は，2,460億ドルのうち，2,300億ドルが海外に蓄積されていた（2016年末時点）。

グリーンライト・キャピタルは，2013年に，アップルが海外に蓄積する現金が無駄に放置されていることを指摘した。そして，増配する代わりに，既存の株主に対して，年利回り4％の永久優先株を無償で割り当てることを求めた。

2012年に，アップルは，17年ぶりに配当を再開し，その後大幅に増配した。2013年に600億ドルを上限とする自社株買いを発表した（その後，上限額を900億ドルにまで拡大）。一方で，配当や自社株買いの原資として170億ドルの社債を発行した。つまり，株主還元をするために，国内で借金したものである。

② マイクロソフト

2013年に，バリューアクト・キャピタルは，マイクロソフトに対してアクティビスト活動を開始した。CEOのスティーブ・バルマーの退任が発表された直後，両社は協力協定に合意した。2014年に，バリューアクト代表のメーソン・モーフィットは，マイクロソフトの取締役に任命された。

③ ヤフーインク

ヤフーインクの1.7％の株式を保有するスターボード・バリューは，2016年に，全取締役を交代させ，スターボード・バリューが推す9人の取締役選任を狙って，委任状闘争を開始した。ヤフーインクは，4人の独立取締役を

212

受け入れることで合意した。その後，ベライゾンがヤフーインクの中核事業
を買収することで合意した。

　アップルとマイクロソフトの場合，時価総額は巨額であり，敵対的買収の
脅威は事実上なかった。しかし，(i)アクティビストの主張に正当性があった，
(ii)機関投資家の多くが財務政策の改善の余地があると考えていた，(iii)株価が
上がると経営陣の保有株式が値上がりする，などの理由から，両社は，事実
上，アクティビストの要求に応じた。

図表7-14 最近のアクティビストが関わった委任状闘争

年	対象企業	勧誘者	事　由	勝者
2013	デル	サウスイースタン・アセット・マネジメント，カール・アイカーン等	非公開化反対	取下げ
2013	ヘス	エリオット・マネジメント	取締役選任	合意
2013	オフィスデポ	スターボード・バリュー，オポチュニティ・マスター・ファンド	取締役選任	合意
2013	トランスオーシャン	カール・アイカーン等	取締役選任	経営陣
2014	イーベイ	カール・アイカーン	事業分割・取締役選任	合意
2014	アラガン	パーシング・スクエア	臨時株主総会の招集	勧誘者
2014	アラガン	パーシング・スクエア	取締役選任	取下げ
2014	サザビーズ	サード・ポイント	取締役選任	合意
2015	デュポン	トライアン・パートナーズ	取締役選任	経営陣
2016	ヤフーインク	スターボード・バリュー	取締役選任	合意

出所：Georgeson，各社資料

3．フィンテックが日本の資産運用を変える

(1)　金融リテラシーの差の原因の一つは年金制度

　第一の論点は，一般に，日本では，個人の金融リテラシー（特に資産運用の知識）が低いと考えられることである。有価証券の保有経験者は，全体の33％にすぎず，投資未経験者の9割が，「有価証券への投資は資産形成のために必要ない」と答えている[29]。

　日本の場合，確定給付型年金制度（DB）である厚生年金（企業従業員向け）や共済年金（公務員向け）が発達してきた。年金資産に占めるDCの構成比は5％である。

　このため，老後のために資産運用を考える必要があまりなかった。そして，60歳前後に，まとまった額の退職金を受け取り，その時点で初めて本格的な資産運用に乗り出すことが多い。高齢化して資産運用をする場合，必然的に慎重な運用にならざるを得ない。

　日本では，世界最大級の公的年金制度と国民皆年金制度がある。全国民に共通した「国民年金（基礎年金）」を基礎に，「被用者年金（厚生年金保険）」の2階建て制度である。厚生年金保険は，民間の会社員，公務員，私学教職員も加入し，基礎年金の上乗せとして，報酬比例年金の給付を受けることになる。

　日本には，厚生年金という世界では例のない制度がある。厚生年金の特殊性は，民間企業の従業員の年金を国が保障するという点である。外国では，最低保障年金を除くと，それを超える企業の年金は国ではなく企業が保障する。たとえば，IBMやGEの従業員の年金は，あくまでIBMやGEが保障する。

---

[29]　インテージ「国民のNISAの利用状況等に関するアンケート調査（2016年2月）—結果報告書—」（金融庁，2016年3月31日）。

第7章　フィンテックで変わるコーポレートガバナンス

　日本の平均月額（老齢年金）は，厚生年金で15万円，国民年金で7万円である（2014年度末）。つまり，厚生年金のほうがはるかに大きい。さらに，これに，企業独自の企業年金が加わる。このように，DBの規模が大きいため，自ら資産運用を考える必要があまりなかった。

　厚生年金は，1941年に，工場の男性労働者を被保険者とする労働者年金保険法（1944年厚生年金保険法に改称）が制定されたのがルーツである[30]。戦前は，たとえば，三菱重工や日立製作所の工場労働者は日雇いが原則であって，正社員ではなかった。日中戦争の長期化により，軍需工場の労働者が不足した。そこで，政府は工場労働者の正社員化を進め，その処遇改善のために，年金制度を創設した。こうした経緯により，世界に例を見ないほど民間企業従業員に手厚い公的年金制度ができあがった。

(2)　問われる販売業者の姿勢

　二つ目の論点は，金融商品販売業者の営業姿勢である。日本の投信の問題点として，米国と比較して，投資家の負担するコストが著しく高い[31]。

図表7-15　規模の大きい投信の日米比較（純資産額上位5銘柄）

	純資産平均（兆円）	設定以来期間平均	販売手数料平均	信託報酬平均（年率）	収益率（過去10年平均，年率）
日本	1.1	13年	3.20%	1.53%	−0.11%
米国	22.6	31年	0.59%	0.28%	5.20%

注：販売手数料，信託報酬は税抜き。収益率は，再投資分は加味せず。出所：金融庁「平成27事務年度　金融レポート」（2016年9月）60頁参照。

　2016年末時点で，日本の公募投信純資産上位10銘柄（ETF除く）すべてが，毎月分配型である。また，特定投資対象（REIT，ハイイールド債等）に限

30　厚生労働省「平成23年版厚生労働白書　社会保障の検証と展望～国民皆保険・皆年金制度実現から半世紀～」（2011年8月）37頁参照。
31　金融庁「平成27事務年度　金融レポート」（2016年9月）66～67頁参照。

215

定したファンドが多い。さらに，この分配金には元本の取り崩し金が含まれていることが多い。つまり，タコ足配当になっている。こうした現象も，日本にしか見られない。

　金融庁は，投信の販売姿勢について，各社の販売目標や利益優先であって，顧客の利益優先でないことを指摘する[32]。森信親金融庁長官は，「販売会社が系列の投資信託会社の作った投資信託を勧めたり，ラップ口座で運用を系列の資産運用会社が行うなどの囲い込みのような行動がある」，「外貨建て変額保険商品の販売に関し，顧客に明示されることなく，6～7％の手数料が商品を提供する保険会社から販売会社に支払われている」といった問題を指摘している[33]。

　そして，金融庁は銀行や証券会社に対して顧客重視の営業姿勢を徹底することを求めている。金融庁によると，フィデューシャリー・デューティーとは，金融機関が顧客の利益を最優先することを求める考え方である。そして，すべての金融機関等（金融事業者）において，顧客本位の業務運営（最終的な資金提供者・受益者の利益を第一に考えた業務運営）を行うべきとの原則が共有され，実行されていく必要があるとする[34]。

　近年，金融庁はFDの重要性を指摘し，銀行や証券会社に対して顧客重視の営業姿勢を徹底することを求めている。また，金融審議会市場ワーキング・グループ報告は，金融庁が「顧客本位の業務運営に関する原則」を策定し，金融事業者に対し，原則の取組方針，取組状況の策定・公表を求め，金融庁がモニタリングしていくことを提案している[35]。

　金融庁は，投信の販売姿勢の問題点として，各社の販売目標や利益優先であって，顧客の利益優先でないことを指摘する[36]。銀行の投信販売額や収益

32　金融庁「平成27事務年度　金融レポート」（2016年9月）63～65頁参照。

33　日本証券アナリスト協会「第7回国際セミナー「資産運用における新しいパラダイム」における森金融庁長官基調講演」（金融庁，2016年4月7日）。

34　金融庁「平成28事務年度の金融行政方針」（2016年10月）11頁参照。

35　金融庁金融審議会「金融審議会市場ワーキング・グループ報告～国民の安定的な資産形成に向けた取組みと市場・取引所を巡る制度整備について～」（2016年12月22日）。

第7章　フィンテックで変わるコーポレートガバナンス

が増加する一方，残高や保有顧客数が伸びていないことから，回転売買が相当程度行われていると推測している。

金融商品の販売コスト低下は顧客の利益になることであり，かつ世界的な流れでもある。結果として，金融庁の方針とフィンテック普及の両方によって，日本のリテール金融サービスが大きく変化することだろう。

(3) 新しい高コスト商品の販売

毎月分配型投信などに対する世間の評価が厳しくなる中で，銀行や証券会社は新たな商品を投入している。しかし，これらについても，高コストであるため，金融庁による監視が強化されている。森長官は，特に，ラップ口座と外貨建て変額保険商品についての問題を指摘している[37]。

① 一時払保険

一時払保険の販売手数料率が，投信と比べて高めに設定されている。金融庁が国会審議で明らかにした手数料は，円建てで1～6％，外貨建てで4～9％である。金融庁は割高な手数料を問題視し，銀行窓口で販売している貯蓄性保険の販売手数料率の開示を販売機関に要請した。大手銀行は開示に踏み切ったが，開示に消極的な地方銀行も多い。

② ファンドラップ

顧客が金融機関に資産運用を一任するラップ口座のうち，投資対象を投信に限定したファンドラップが増加している。日本投資顧問業協会によると，2016年12月末時点で，ラップ口座の残高は6兆円である（投信残高の7％）。ファンドラップでは，資産残高に対して投資顧問料がかかり，さらに，販売手数料はないものの，投信の信託報酬が上乗せされる。金融庁の試算では，

36　金融庁「平成27事務年度　金融レポート」（2016年9月）63〜65頁参照。
37　日本証券アナリスト協会　第7回国際セミナー「資産運用における新しいパラダイム」における森金融庁長官基調講演（金融庁，2016年4月7日）。

217

４年を超えて保有する場合，ファンドラップが一般の投信のコストを上回り，10年間では，約４％高くなる[38]。

　対面販売で，営業員が高齢者などをこれらの商品に誘導することが多いとみられる。これが，オンライン証券を通じての投資やロボアドバイザーの推奨であれば，こうした高コスト商品が選ばれることは考えにくい。その意味でも，フィンテック革命を推進することが，金融商品の適切な販売につながることが期待できる。

⑷　歪なETF市場

　三つ目の論点は，商品の特殊性である。米国のフィンテック時代の資産運用の核になるとみられるETFだが，日本のETF市場は，およそ健全な資産形成の場とは言い難い。その特殊性は以下の通りである。

①　日銀がETF資産の半分以上を保有する

　日銀は，金融政策として，2010年以降，ETFを購入しており，現在，年間約６兆円の購入を信託銀行に委託している。2016年末時点で，ETFの純資産額（内国ETFのみ）20兆円のうち，日銀の保有額（簿価）は11兆円と，全体の55％を占める。つまり，日銀保有分を除くと，市場は小さい。

　日銀が購入するETFは，賃上げなど特殊な要因を銘柄選択の基準にしているものがある。このため，資産運用会社がそれに対応したETFを組成するのだが，市場ではニーズが小さいため，これらは育たない。結果として，小さなETFが多く生まれるという結果になっている。

②　投機的な性格を持つETFが売買の中心である

　取引額でみると，レバレッジ型（原指標の日々の変動率に一定の倍数を乗じて算出されるインデックスに連動），インバース型（原指標の日々の変動

38　金融庁「平成27事務年度　金融レポート」（2016年９月）68～69頁参照。

第7章　フィンテックで変わるコーポレートガバナンス

図表7-16　日本におけるETFの売買代金，純資産上位10銘柄（2016年）

	銘　柄	売買代金 （10億円）	銘　柄	純資産 （10億円）
1	NEXT FUNDS日経平均レバレッジ・インデックス連動型上場投信	39,893	日経225連動型上場投資信託	4,051
2	NEXT FUNDS 日経平均ダブルインバース・インデックス連動型上場投信	5,552	TOPIX連動型上場投資信託	3,885
3	日経平均ブル2倍上場投信	2,841	上場インデックスファンド225	1,982
4	日経225連動型上場投資信託	2,821	ダイワ上場投信・日経225	1,881
5	日経平均ベア2倍上場投信	1,609	ダイワ上場投信・トピックス	1,811
6	TOPIX連動型上場投資信託	1,317	上場インデックスファンドTOPIX	1,718
7	TOPIXブル2倍上場投信	994	MAXIS 日経225上場投信	895
8	上場インデックスファンド225	554	MAXISトピックス上場投信	495
9	ダイワ上場投信－日経平均レバレッジ・インデックス	538	iシェアーズ 日経225ETF	363
10	楽天ETF-日経ダブルインバース指数連動型	428	NEXT FUNDS JPX日経インデックス400	360

注：純資産額は2016年末時点，内国ETF対象。出所：日本取引所グループ，Astra Manager

率に一定の負の倍数を乗じて算出されるインデックスに連動）ETFの売買高が多い。これらの代表的なものが，日経平均ブル型，ベア型であり，ETFの価格が指数の2倍，あるいは3倍変動する。これらの2015年の売買代金はETF市場全体の約8割を占めた[39]。つまり，ETFは資産形成ではなく，投機の道具として使われていることになる。

　ETF投資の課題として，流動性の低さ，認知度の低さが指摘される[40]。流動性の低さや情報開示が不十分であることから，ETFの価格形成が非効率

39　東京証券取引所「ETF・ETN　Annual Report　2016」（2016年3月28日）1頁参照。

であるとの研究もある[41]。このため，ETF市場育成のための抜本改革が必要である。

(5) 投資家保護の体制整備が必要

たとえ，フィンテックで金融サービスが向上したとしても，それが適切に使われなければ，金融業の発展はない。日本では，バブル崩壊後，多くの金融不祥事が発覚するまで，本格的な投資家保護の体制整備は進まなかった。

たとえば，証券取引等監視委員会の発足は1992年，金融庁の前身である金融監督庁が設立は1998年，そして金融庁発足は2000年であった。米国のSEC発足1934年と比較しても，かなり遅れている。

また，日本では，金融不正に対する罰則は厳しくない。金融庁が金融機関に課した課徴金として最高金額は5億円（日興コーディアルグループ）にとどまる。オリンパス事件では会長の刑は執行猶予にとどまり，東芝事件でも対象者が厳罰に処せられる可能性は低い。これも，米国の2兆円の制裁金，エンロンの元CEOも懲役刑と比較して，かなり軽い。刑罰が軽ければ不正の抑止効果は小さく，このため同様の不祥事がたびたび起こることになる。

日本でも，米国同様，個人投資家保護の精神を徹底した制度設計と運用を実行することが望ましい。現在，金融庁が重視するプリンシプルベースでは，罰則規定などが甘くなりがちである。そもそも，自主規制の歴史が長い英国のような法文化が日本では醸成されていない。

他の金融法制同様，FDも米国型の法体系に合わせることが望ましい。このため，日本でも，米国同様，FDについて，ハードロー（金融商品取引法と内閣府令）も交えて制度設計することが適切であろう。

---

40 金融庁金融審議会「金融審議会市場ワーキング・グループ報告～国民の安定的な資産形成に向けた取組みと市場・取引所を巡る制度整備について～」（2016年12月22日）8～10頁参照。

41 岩井浩一「日本のETF市場における非効率性とその発生原因」（金融庁金融研究センターディスカッションペーパー DP2010-5，2011年3月）。

第7章 フィンテックで変わるコーポレートガバナンス

(6) ロボアドバイザーとETF普及の重要性

米国同様，ETFとロボアドバイザーを組み合わせると，経費率を大きく下げることが可能となり，その分，投資家の利益が増える。その意味では，販売手数料や運用手数料の高い日本において，ETFとロボアドバイザーの活躍余地は大きい。日本でも，金融庁がFDや金融商品販売の適正化を推進している。

このため，日本でも，ETFやインデックスファンドの値下げ競争が始まっている。たとえば，三菱UFJ国際投信は，2017年に，eMAXIS Slim（イーマクシス　スリム）というインデックスファンドを設定した[42]。他社類似ファンドが信託報酬比率の引き下げを行った場合，当ファンドの信託報酬率も引き下げ，業界最低水準を目指すものである。

さらに，大手金融機関などがロボアドバイザー・サービスを提供し始めた。ただし，以下の理由から，米国ほど，急速に，ロボアドバイザーが普及するとは考えにくい。

　ⅰ．ロボアドバイザーを使いこなすには，一定の金融知識が必要だが，日本では，一般に，金融リテラシーが高くない。

　ⅱ．金融資産が，高齢者に偏っており，ITリテラシーがあまり高くない場合が多い。

　ⅲ．ロボアドバイザーの投資対象の中心であるETFの種類が不十分で，かつ流動性が低いものが多い。

直ちに，投資家の金融リテラシーが高まるとは考えにくい。しかし，日本でも，iDeCo（個人型確定拠出年金）制度が拡充され，老後に向けた自助努力を政府が後押ししている。これにより，投資に対する関心が高まることが期待される。

---

[42] 三菱UFJ国際投信「インデックスファンド「eMAXISシリーズ」に，業界最低水準の運用コストをめざす新たな仲間，「eMAXIS Slim（イーマクシス　スリム）」を追加」（2017年2月10日）。

221

国民年金基金連合会が実施するiDeCoは，公的年金にプラスする私的年金の一つである。個人が加入する仕組みであり，事業主が実施する企業型確定拠出年金制度とは異なる。

2017年の確定拠出年金法等の改正により，加入対象者は，従来の自営業者等に加え，会社員，公務員，専業主婦など，基本的に20歳以上60歳未満のすべての個人が加入できるようになった。拠出限度額は，加入者の属性により異なるが，自営業者等の場合，年額81.6万円，専業主婦の場合，年間27.6万円，厚生年金保険の被保険者の場合，14.4万〜27.6万円である。iDeCoのメリットは，掛け金が全額所得控除の対象となり，運用益は非課税で再投資され，年金の受取に対し税制優遇措置が受けられる。

コーポレートガバナンス・コードや日本版スチュワードシップ・コードはソフトローであるが，金融庁の影響力の強い日本では短期間に普及した。同様に，金融庁が，行政指導や様々な発信を通じて，ETFとロボアドバイザーの普及を促進することは望ましい。

4．資産運用が変わればコーポレートガバナンスが変わる

(1)　日本でもパッシブ化が進む

日本でも，米国同様，一般的なアクティブ運用資産が減少し，パッシブ資産が増加する可能性が高い。日本では，ロボアドバイザーの普及，FDに加えて，GPIFと日銀によるパッシブ投資拡大という要因も大きい。

GIPFのアクティブ運用の超過収益率（インデックス対比の成績）の実現は，容易ではない。過去10年間（2016年度まで）で，国内株式の超過収益率は，資産全体で−0.09％，パッシブ運用−0.04％，アクティブ運用−0.04％である。運用手数料などのコストを差し引くと，実体の数字はこれより低い。

運用成績の改善を目的に，GPIFはアクティブ運用のファンドを積極的に入れ替えている。国内株式のアクティブ運用の比率は，2006年度の24％から

222

第7章　フィンテックで変わるコーポレートガバナンス

図表7-17 GPIF日本株パッシブ資産額と日銀ETF保有額合計（年度）

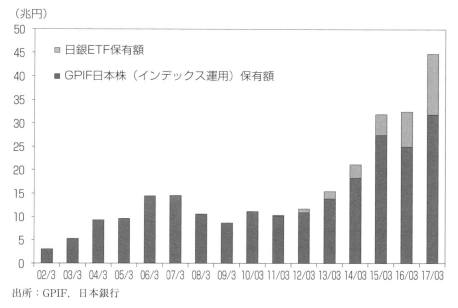

出所：GPIF，日本銀行

2016年度の9％に低下している。2013年度より，スマートベータ型アクティブ運用を導入し，2015年度に，スマートベータ型運用を中心に資金配分を行った。今後も，伝統的なアクティブ運用の成績が不振なので，スマートベータ型とパッシブ化が進むであろう。

日銀は，金融緩和策として，2010年より，ETFを購入しているが，黒田総裁就任後，購入額を増額させ，現在，年間6兆円のETFを買い入れている。購入対象のETFは，主に東証株価指数（TOPIX），日経平均，JPX日経400に連動している。2017年5月末現在で，14兆円のETFを保有しており，今後，日銀のETF買いが主体でパッシブ化が進むと見られる。また，株式投信の純資産総額の伸び率を見ると，アクティブ運用よりもパッシブ運用のほうが大きい[43]。

日本では，TOPIXがベンチマークの主体であり，取引所の指数がベンチ

マークとなるインデックスファンドは世界でもほとんど例がない。TOPIX
に連動する投信やETFの場合，TOPIXは東証一部上場約2,000社の株式すべ
てで構成され，東証一部全銘柄を買い付けることになる。流動性の乏しい銘
柄に継続して投資するため，市場が歪む可能性がある。成長性が乏しく，か
つ株式の流動性も乏しい小型株を，日銀が持続的に買い上げることになる。
これでは，市場による淘汰が進まず，ゾンビ企業が生き残ることを許しかね
ない。

　黒田総裁の任期は2018年までであるので，2016年から始まった年間6兆円
のETF購入は2018年まで3年間続く可能性が高い。ETF購入が3年間続け
ば，合計18兆円となる。アベノミクス相場（2012〜15年）では外国人が計20
兆円買い越したが，それに匹敵する大きな規模である。

　仮に，これが2020年まで続ければ，日銀のETF購入は累計30兆円にもなる。
つまり，アベノミクス相場時の外国人をはるかに上回る規模の買いが続くか
もしれないという話である。これは，常識的には考えにくいのだが，株価を
重視する安倍政権が長期化すれば大いにあり得るのではないか。

(2)　機関投資家による圧力は高まる

　株主によるエンゲージメントとは，機関投資家が，企業との対話を通じて，
企業の長期的な成長を促すものである。株式保有は通常の分散投資の一環で
あり，株価が大きく上昇しても保有し続けることが多い。

　資産運用の世界で，環境・社会・企業統治（ESG），社会的責任投資が注
目される。ESG要因の考慮は，長期的な企業価値向上に資するものであり，
受託者責任の観点からも，推奨されている[44]。欧州や英国では，企業年金の
分野で責任投資（ESG要因の考慮）を促進するため，制度改革が行われてい

43　國島佳恵＝篠潤之介＝今久保圭「わが国資産運用ビジネスの新潮流―「貯蓄から投資へ」
　の推進に向けて―」（日銀レビュー2016-J-16，2016年9月）3頁参照。
44　PRI＝UNEPFI＝UN Global Compact＝UN Inquiry「21世紀の受託者責任」（日本語版，
　2015年）8頁参照。

第7章　フィンテックで変わるコーポレートガバナンス

る。

金融庁は，日本版スチュワードシップ・コードを策定し，エンゲージメントを後押しするとともに，機関投資家が投資先企業のESG要因も含めた非財務面も把握するよう促進している。また，コーポレートガバナンス・コードにおいても，上場会社に対し，持続的成長と中長期的な企業価値創出のために，ESG問題への積極的・能動的な対応を行うよう原則に掲げている。

経済産業省が策定した価値協創ガイダンスにおいても，ESG要素が，投資家にとって，長期的な投資判断やスチュワードシップ活動を行う上で重要であるとする[45]。企業がビジネスモデルの持続可能性にとっての重要性，中長期的な企業価値向上の中でどのように位置付けているかを把握することにも役立つ。

2015年には，GPIFが，国連の責任投資原則（PRI）の受入れを表明した。投資においてESGを考慮することは，投資期間が長期であるほど，リスク調整後のリターン改善効果が期待され，GPIFにとって意義が大きいと考える。そのため，2017年より，日本株の3つのESG指数を選定し，パッシブ運用を開始した。

米国の実証研究によると，「持続可能性の高い企業」の株価上昇率が高いことが証明されている[46]。「持続可能性の高い企業」とは，ESGに対する取組みの意識の高い企業のことである。

ただし，米国では，前述のように，公募投信の多くはインデックスファンドであり，エンゲージメントファンドやESGファンドは規模が小さい。よって，それらの影響は限定的である。そもそも，環境，社会，ガバナンスは，一般的なアクティブ運用において重要な銘柄選択の基準となっている。環境や社会と調和できず，ガバナンスに問題のある企業の株価が，持続的に上昇

45　経済産業省「価値協創のための統合的開示・対話ガイダンス―ESG・非財務情報と無形資産投資―（価値協創ガイダンス）」（2017年5月29日）。

46　Robert G. Eccles, Ioannis Ioannou, and George Serafeim, "The Impact of Corporate Sustainability on Organizational Processes and Performance", Management Science, Volume 60, Issue 11, 2014, pp. 2835-2857.

225

するはずもない。

このため，日本でも，エンゲージメントファンドやESGファンドが成長するというよりも，インデックスファンドや通常のアクティブ運用が，エンゲージメントを積極的に行うことが一般的になるであろう。

(3) 米国型エンゲージメントやアクティビズムは日本で普及しにくい

日本では，米国同様にアクティビスト・ファンドが活躍するのは難しい。元通商産業省官僚の村上世彰が代表を務めた村上ファンド，スティール・パートナーズ（以下，スティール），TCI，サード・ポイントなどが挙げられる。アクティビストは，剰余金の配当，自社株買い，取締役選任などを株主提案で求めることが多い。ただし，企業側の拒否反応は強い。このため，近年，目立った動きは少ない。

図表7-18 日本企業に対する主なアクティビスト活動

時期	アクティビスト	対象企業	手　法
2000	村上ファンド	昭栄	TOB
2003	村上ファンド	東京スタイル	株主提案（自己株式取得）
2005	村上ファンド	阪神電鉄	市場での買付け，転換社債の転換
2003	スティール・パートナーズ	ソトー，ユシロ化学	TOB
2007	スティール・パートナーズ	ブルドックソース	TOB
2009	スティール・パートナーズ	アデランスHD	株主提案（取締役選任）
2006	TCI	Jパワー	市場内での買付け
2015	サード・ポイント	ファナック	自社株買い提案

出所：各社資料

最近では，旧村上ファンド出身者が運用するエフィッシモキャピタルマネジメント，ストラテジックキャピタルがアクティビスト活動を行っている。エフィッシモキャピタルマネジメントは，これまで，株主提案，TOB，株主総会決議無効確認訴訟，経営統合反対，融資行為の差止請求などを投資先

226

企業に対して行っている。2017年5月末現在，川崎汽船，ヤマダ電機，リコー，東芝，第一生命ホールディングスなどの株式を保有している。

　香港のヘッジファンドであるオアシス・マネジメントは，京セラや任天堂に対し，物言う株主として，様々な提案を行ってきたが，2017年には，パナソニックよるパナホームの完全子会社化について，株式交換比率の見直しを求めた。最終的に，パナソニックは，株式交換を撤回し，TOBによる完全子会社化に転換した。

　また，最近では，空売りファンドや調査会社が企業の不正会計や収益予測の甘さをレポートで指摘する例も見られる。こうした空売りアクティビストの動きは，日本のみならず，米国でも増えている。売りポジションを持ったファンドがレポートを公表し，その直後に，株価が大きく下落する場合が目立つ。グラウカス・リサーチによる伊藤忠の売り推奨などが代表的な例である。

　仮に，アクティビスト・ファンドが提出する株主提案が正当なものであったとしても，日本の伝統的な金融機関がそれらに積極的に賛成することは考えにくい。たとえば，現金を過剰に保有している会社に対して，アクティビスト・ファンドが増配の株主提案をしたとしよう。一般的には，資産運用会社は増配に賛成することが多いが，アクティビスト・ファンドの提案に賛成するとは考えにくい。また，米国型のアクティビスト・ファンドと年金基金が協調して，日本でアクティビスト活動を行うことも考えにくい。

　もちろん，株主提案など強制力のある措置によって企業に対して提案するほうが効果は大きく，即効性が高いと考えられる。しかし，現実的に，日本では，企業と対峙する形での投資家と企業との対話が活発化することは容易ではない。

　株主であっても，投資家が企業に友好的に影響を与えるのも容易ではない。株主重視の傾向が強い米国ですら，友好的に企業に働きかける「フレンドリーアクティビスト」の影響は小さい。このため，米国型エンゲージメントやアクティビズムは日本で普及しにくいと考えられる。

227

⑷　議決権行使の圧力が強まる

　米国型エンゲージメントやアクティビズムにおいて威力を発揮する株主提案，訴訟，委任状勧誘が日本のガバナンス改革において威力を発揮することは期待しづらいが，議決権行使は，徐々にその影響力を高めている。

　日本でも，議決権行使が活発化し始めた。企業内容等の開示に関する内閣府令により，会社側は，臨時報告書で，株主総会における議案ごとの議決権行使の結果を開示する必要がある。

　2002年に，企業年金連合会がインハウス分（自家運用）について本格的な議決権行使を開始し，2003年には，株主議決権行使基準を公表した。これ以降，議決権行使が活発化し，機関投資家が反対票を投じるケースが増加した。機関投資家による反対票があった企業の割合は，1990年代は10％台であったが，2004年以降，50〜60％台で推移し，2016年には69％に達した[47]。

　日本版スチュワードシップ・コードは，機関投資家と投資先企業の対話を促すとともに，議決権行使の方針策定や行使結果の公表を原則に挙げる。機関投資家に対し，議案の主な種類ごとに整理・集計して公表するよう推奨している（指針5-3）。2017年の日本版スチュワードシップ・コード改訂版では，議決権行使結果の個別開示を推奨するとともに，パッシブ運用を行う機関投資家に対し，中長期的視点に立った対話や議決権行使を促している。

⑸　議決権行使アドバイザーの影響力が高まる

　議決権行使の分野では，議決権行使助言会社大手のISSの重要性が高まろう。日本株の外国人保有比率は29.8％（2016年3月末）であり，1979年3月末の2.7％から長期的に上昇しているが，ISSは外国人投資家に対して影響力が大きい。そして，パッシブ化が進めば，運用会社にとって，議決権行使対象企業の数が増えるので，自社内で深い判断をするには限界があるので，外

47　各年度「株主総会白書（旬刊商事法務）」参照。

部の助言に依存する傾向が高まる。

日本では，ISSとグラス・ルイスが議決権行使アドバイザーとして支配的な地位を築いている。ISSは，日本固有の基準として，最低2名以上の社外取締役がいない場合，経営トップ（一般に社長，会長，その他代表取締役を指す場合もある）の選任に反対している（監査役設置会社の場合）[48]。この影響もあってか，経営トップに対する選任議案の反対比率は，他の取締役よりも高い傾向にある。

図表7-19 株主総会における経営者トップの取締役選任議案の賛成率が低い主な会社（2016年）

銘　柄	経営トップ賛成率（%）	ROE（%）
出光興産	52.3	−6.6
川崎汽船	56.9	−12.9
大戸屋HD	62.7	6.8
オートバックスセブン	69.5	3.2
イビデン	73.5	2.2
日新製鋼	74.0	−2.8
三菱自動車	76.2	10.9
商船三井	76.7	−25.7
ユニーグループ・ホールディングス	76.8	−1.0
住友ベークライト	76.9	2.3

出所：各社資料，ブルームバーグ

取締役会出席率の低い（75%未満）の社外取締役へも，原則，反対を推奨する。また，過去5期平均のROEが5%を下回り，かつ改善傾向（直近5%以上）にない場合，企業の経営トップの反対を推奨している。さらに，2017年より，相談役（顧問，名誉会長，ファウンダー等を含む）制度新設で，取

---

[48] ISS「Japan Proxy Voting Guidelines　2017年版 日本向け議決権行使助言基準」（2017年2月1日施行）。

締役就任以外の場合，原則として反対を推奨する。

(6)　小括：議決権行使を中心にガバナンス改革が進む

　フィンテックによってパッシブ化が加速するとすれば，結果的に，機関投資家の議決権行使と議決権行使アドバイザーの影響力が高まることとなろう。

　議決権行使が活発化し，かつ厳格化することのメリットは，業績の悪い企業の経営者に対する圧力が高まることである。たとえば，ROEが長期的に５％に達しない経営者の取締役再任に対して，選任反対の比率が高まっている。会社法上は，社長が取締役である必要はないが，取締役に選任されなければ，代表権を持つことはできない。このため，取締役選任の賛成比率が低い経営者にとっては，大きな圧力となりえる。

　議決権行使が活発化し，かつ厳格化することのデメリットは，形式を整えることが重視され，実質的な議論が軽視されるおそれがあることである。

　東芝は，米国型モデルといわれる指名委員会等設置会社に早くから移行して，多くの社外取締役がいる。ところが，2015年に会計不正事件が発覚し，それを契機に経営者が大幅に交代した。取締役16名中独立取締役が４名（全体の25％）であったが，それを，９名中独立取締役が６名（67％）の体制にした。

　このように，東芝は，形式的にはいいガバナンスといわれる体制であった。しかし，その取締役会が決定したのが，今回経営危機を招いた米国原子力発電事業買収である。月に１，２度しか会社に来ない人が，世界的に展開する巨大企業の経営監視をするのは容易ではない。このように，形式を重視するガバナンス改革は成功しないことは，明らかである。

　フィンテック，FD，パッシブ化，金融庁やGPIFの方針などが複合的に関連して，日本では議決権行使を軸にガバナンス改革が進むであろう。しかし，理想としては，米国同様，公的年金などが，議決権行使よりも影響力の大きい手段を活発に使うことが望ましい。やがて，議決権行使を超えて，株主が株主提案，訴訟，委任状勧誘を積極的に関与すれば，日本でも米国同様に本格的な企業経営改革が期待できるであろう。

第 **8** 章

フィンテックで変わる財務会計

1. 会計監査制度の重要性

(1) 財務会計が変わればコーポレートガバナンスが変わる

　フィンテックは，財務会計を劇的に変えることになろう。特に，ブロックチェーンやAIを活用した会計不正の発見などが有効であると予想される。そして，これは，コーポレートガバナンスを大きな影響を与えることであろう。よって，第8章では，フィンテックが会計監査制度や財務諸表に与える影響について，分析を進める。

　近年，コーポレートガバナンスに関して，会計の重要性が高まっている。上場企業の会計不正は，金融商品取引法違反事件となる。東芝やオリンパスのように，経営者交代に至る重大な金融商品取引法違反事件が発生している。

　戦後，1948年の昭電事件を皮切りに，企業不祥事は連綿と続いているが，時代とともに，企業不祥事のパターンも大きく変わっている。かつては造船疑獄，ロッキード事件，リクルート事件，佐川急便事件のように，企業が政治家に賄賂を贈る事件が中心であった。あるいは，談合や総会屋事件の重要性も高かった。しかし，選挙制度，政治資金，独占禁止法，会社法などの制度改革によって，これらは大きく減った（図表8-1）。

　近年の不祥事は，主に，消費者を欺くパターンと会計不正に分けられる。

231

図表8-1 戦後の主要な企業不祥事

年	事　件	関連企業
1948	昭電事件	昭和電工
1954	造船疑獄	山下汽船
1976	ロッキード事件	丸紅，全日空
1988	リクルート事件	リクルート
1990	イトマン事件	イトマン，住友銀行
1991	佐川急便事件	佐川急便
1991	証券会社の損失補填	証券各社
1997	総会屋利益供与事件	第一勧銀，四大証券
2004	有価証券報告書の虚偽記載	西武鉄道
2005	有価証券報告書の虚偽記載	カネボウ
2006	有価証券虚偽記載，風説の流布および偽計	ライブドア
2011	有価証券報告書の虚偽記載	オリンパス
2015	有価証券報告書の虚偽記載	東芝

出所：各社資料

前者は，免震偽装，杭打ち工事のデータ改ざん，燃費データ不正などである。会計不正事件は，ここ10年で頻発するようになってきた。近年の主要な金融商品取引法違反事件を見ると，M&Aの失敗に伴う会計不正が多い（図表8-2）。

(2)　米国会計監査制度の歴史と日米比較

　会計監査は，企業が作成した計算書類の記載内容が適正に表示されているかをチェックすることである。会計監査制度は，米国で発達し，遅れて日本に移入されることが多い。そこで，まず，米国の会計監査制度の歴史を振り返り，日本との関連を分析する。

　米国において，1929年株価大暴落に際し，会計不祥事が多く発生したことを契機に，会計制度とその規制が発達した。1933年の証券法，1934年の証券取引所法制定により，法定監査が義務付けられ，独立公共会計士が監査した

232

第8章　フィンテックで変わる財務会計

図表8−2　近年の金融商品取引法違反事件（金額順）

	時　期	会　社	事　由	課徴金・罰金額（億円）
1	2015年12月	東芝	有価証券報告書等の虚偽記載	73.7
2	2008年7月	IHI	有価証券報告書等の虚偽記載	15.9
3	2010年12月	JVC・ケンウッド・ホールディングス	有価証券報告書等の虚偽記載	8.4
4	2012年3月	オリンパス	有価証券報告書等の虚偽記載	7.2
5	2010年7月	日本ビクター	有価証券報告書等の虚偽記載	7.1
6	2007年1月	日興コーディアルグループ	発行登録追補書類の虚偽記載	5.0
7	2014年4月	リソー教育	有価証券報告書等の虚偽記載	4.1
8	2014年8月	日本風力開発	有価証券報告書等の虚偽記載	4.0
9	2014年2月	LCAホールディングス	有価証券報告書等の虚偽記載	3.5
10	2005年3月	西武鉄道	有価証券報告書の虚偽記載・内部者取引	3.5

注：刑事事件は告発時期。個人に対する課徴金納付・告発事件除く。出所：金融庁，証券取引等監視委員会

　財務諸表がSECに提出されるようになった。それ以前は，任意監査であったが，1920年代に，上場企業による監査が一般化し，1926年には，ニューヨーク証券取引所に上場する事業会社の9割が監査を受けていた[1]。

　19世紀に英国の職業会計士が渡米したことを契機に，米国に監査実務が伝播した[2]。19世紀末から，鉄道企業を中心に職業会計士よる監査が利用されるようになり，その他の産業にも普及した。20世紀前後の企業合併の活発化，第一次世界大戦時の税制体系の複雑化により，職業会計士の需要が増大した。後にビッグエイト（8大会計事務所）と呼ばれる事務所のうち，6事務所は，

1　Stephen A. Zeff, "How the U.S. Accounting Profession Got Where It Is Today: Part I", Accounting Horizons Vol. 17, No. 3, September 2003, p.191.
2　篠藤涼子グラシエラ「〈研究ノート〉アメリカにおける財務諸表監査の制度化に関する一考察―追認型の制度化ケースとして―」（北海道大学，経済学研究61巻1・2号，2011年9月）。

233

1900年までに設立されている[3]。

　職業会計士の団体として，米国公共会計士協会（AAPA）が1887年に設立され，1896年に，州としては初めて，ニューヨーク州公認会計士法が制定された。それ以降，全米の州で公認会計士法が制定された。AAPAは，1917年に，米国会計士協会（AIA）に承継され，1957年に，現在の米国公認会計士協会（AICPA）となった。

　1960年代は，M&Aブーム，提供サービスの増加，顧客の成長，インフレなどを通じて，ビッグエイトの収入が大きく伸びた。一方で，1960年代後半に，不正会計事件や倒産が相次いだことで，企業会計士に対する批判が，巻き起こった。1970年代には，監査法人に対する訴訟が増大し，ビッグエイトの会計士業界における支配的地位が議会からも問題視されるようになった。

　会計基準設定権限は，SECにあるが，1938年から，AIA（AICPA）が会計基準を設定してきた。1939年に，AIAが監査手続書の第1号を発行しており，その頃から，AIA（AICPA）が担ってきた[4]。しかし，ビッグエイト批判の中，会計事務所が会計基準を設定していたAICPAに大きな影響力を持つことから，1973年に，民間の会計基準設定主体として，財務会計基準審議会（FASB）が設立された。

　ウォーターゲート事件の調査を通じて，米国企業による違法な政治献金や不正支出が明らかとなり，1977年に海外腐敗行為防止法（FCPA）が成立した。米国企業による外国公務員への贈収賄防止を目的とするが，不正会計や虚偽記載も関連することから，内部統制システムの構築が義務付けられた。

　1980年代は，ビッグエイトにとって，経営コンサルティング業務も重要な

3　Charles W. Wootton and Carel M. Wolk "THE DEVELOPMENT OF 'THE BIG EIGHT' ACCOUNTING FIRMS IN THE UNITED STATES, 1900 TO 1990", Accounting Historians Journal: June 1992, Vol. 19, No. 1 .

4　Charles P. Cullinan, Christine E. Earley, and Pamela B. Roush, "Multiple Auditing Standards and Standard Setting: Implications for Practice and Education", American Accounting Association, Current Issues in Auditing, Volume 7, Issue 1, 2013, Fage C2 . Charles P. Cullinan, Christine E. Earley, and Pamela B. Roush.

位置を占めるようになり，さらに成長を後押しした。一方で，1980年代の銀行倒産，S&L危機により，会計監査人の能力や独立性に対する批判が高まり，損害賠償訴訟が増加した[5]。

1985年に，不正な財務報告全米委員会（トレッドウェイ委員会）が発足し，1987年の報告書「不正な財務報告」で，不正の防止・発見のための勧告が行われた。この問題に対応するため，AICPAは，期待ギャップを解消するための検討を行った。期待ギャップとは，社会の監査に対する期待と監査人が実際に行う監査内容に乖離が生じることである。そして，1988年に9つの監査基準書（SAS）が改定された。

(3)　米国の監査法人改革

エンロン事件，ワールドコム事件を受けて，2002年にサーベンス・オクスレー法（SOX法）が制定され，コーポレートガバナンス，内部統制，監査，会計などの大改革が実施された。エンロン事件では，アーサー・アンダーセンによる監査体制として，多額の報酬，内部監査・会計コンサルティングなど非監査業務の提供，双方向の雇用関係など，監査人の独立性が問題となる要因が多数存在した[6]。最終的に，アーサー・アンダーセンは，解散に追い込まれた。

SOX法では，監査人の独立性が強化された。監査人は，内部監査を含む非監査業務を行うことが禁止され，監査人のローテーションが規定された（監査パートナーとレビュー・パートナーは5事業年度）。経営者の内部統制報告書に対する外部監査，監査委員会の役割強化も盛り込まれている。

米国公開会社会計監視委員会（PCAOB）が設置され，上場企業の監査の質を高める役割を担うことになった[7]。PCAOBは民間組織であるが，SEC監

5　秋山純一「米国会計不正対策とその効果」（経営・情報研究No.9，2005年3月）128頁参照。

6　亀岡恵理子「Enron監査の失敗事例の再検討―「監査判断の独立性」の侵害を示唆する行為を識別する試み―」（産業経営51号，2015年12月）47～73頁。

7　間島進吾「エンロン・ワールドコム事件」（企業会計67巻10号，2015年10月）59頁参照。

督下の準政府機関である。監査基準，倫理および独立性基準を設定する。AICPAの自主規制機能の多くがPCAOBに移行された。なお，非上場企業の監査基準は，AICPAが設定する。

上場会社を監査する会計事務所はPCAOBの登録が義務付けられ，100社を超える上場企業を監査する会計事務所は，毎年，それ以外の会計事務所も3年に1度，PCAOBによる検査が義務付けられる。監査不備が疑われる会計事務所に対しては，調査に入り，場合によって処分や制裁を科す場合もある。

リーマン・ショック後，PCAOBは，2011年に，法定監査人の独立性と監査法人のローテンションについて，コンセプトリリースを公表した[8]。登録監査法人のローテーション制度の導入を提案したが，その後，提案を取り下げている。

1989年までの世界的な会計事務所は，ビッグエイトであったが，M&Aにより，ビッグシックス（6大会計事務所）に移行し，現在，ビッグフォー（4大会計事務所）である。ビッグフォーの売上合計は，1,277億ドル（約14兆円，2016年度）であり，世界の会計業界の7割近くを占める。

(4) 会計監査制度は不祥事とともに発達した

日本の法定監査は，法律に基づき公認会計士・監査法人が行う会計監査であり，戦後に導入された。その後，会計不祥事のたびに規制が進化してきた。

1909年に大日本精糖の会計不正・贈収賄事件を契機に，1914年に会計監査士法案が議員立法として提案されたが，成立しなかった。1927年の計理士法より，会見専門職である計理士が創設された。しかし戦前は，法定監査ではなく任意監査であり，計理士の監査業務の需要は少なかった[9]。

戦後，1947年に証券取引法（現金融商品取引法）が制定され，その翌年に

8　PCAOB, "Concept release on auditor independence and audit firm rotation", August 16, 2011.
9　遠藤博志＝小宮山賢＝逆瀬重郎＝多賀谷充＝橋本尚編著『戦後企業会計史』（中央経済社，2015年）69～70頁参照。

第8章　フィンテックで変わる財務会計

全面改正が行われた。その全面改正の中で，損益計算書，貸借対照表などの計算書類について，計理士の監査証明が義務付けられた[10]。1948年に公認会計士法が制定され，1950年の証券取引法改正により，公認会計士（計理士から名称変更）による財務諸表の監査が規定された。

1964〜1965年には，日本特殊鋼，サンウェーブ工業，山陽特殊製鋼など，企業倒産が相次いだ。特に，山陽特殊製鋼は，1965年に，負債総額480億円で倒産し，粉飾決算が明らかとなった。こうした事態を受け，大蔵省の重点審査により，多数の会社が粉飾決算を行い，公認会計士が虚偽の監査証明を行っていることが発覚した[11]。

個人である公認会計士では適切な監査が担保されないとして，1966年の公認会計士法改正で，監査法人制度が導入された。監査法人は，公認会計士5名以上で構成され，合名会社制度により，無限連帯責任を負う。1967年に，日本で監査法人第1号（太田哲三事務所）が発足した。

さらに，1965年に，監査基準および監査実施準則が大幅に改定された。1971年の証券取引法改正では，開示書類の虚偽記載に対する罰則強化が盛り込まれた。また，子会社を利用した粉飾決算を防止するため，1976年に，連結財務諸表規則が導入され，1977年4月以降，証券取引法上，連結財務諸表の策定が義務付けられた。

1974年の商法改正で，非上場でも大会社（資本金5億円以上）については，会計監査人（公認会計士や監査法人）による監査を義務付けた。一方，小会社（資本金1億円以下）以外の会社については，監査役の監査対象が会計監査に加えて，業務監査にも広がった。

1976年のロッキード事件，1978年の永大産業の倒産，不二サッシ・不二サッシ販売の粉飾決算，1979年のKDD事件などが相次いだことを受け，1981年の商法改正で，監査役および会計監査人の職務権限の強化が図られ

10　渡辺和夫「戦後の会計監査」（商学討究56巻2・3号，2005年12月）19〜20頁参照。
11　遠藤博志＝小宮山賢＝逆瀬重郎＝多賀谷充＝橋本尚編著『戦後企業会計史』（中央経済社，2015年）167頁参照。

た[12]。会計監査人は，取締役により選任されていたが，株主総会に選任権は移行した。

　1978年の不二サッシ・不二サッシ販売の粉飾決算では，大蔵省により組織的監査に関する通達が出され，翌年に，日本公認会計士協会では，組織的監査要綱を制定した。監査チームによる監査と監査チームから独立した審査機構による組織的監査を要請し，監査の品質の向上を目指した[13]。

　2002年に，米国でSOX法が制定された。さらに，バブル崩壊後，山一證券の飛ばしを通じた不正会計，そして1997年の経営破たんなどを契機に，日本でも，2002年に監査基準が大幅に改定され[14]，2003年に公認会計士法が改正された。

　2003年の公認会計士法の改正では，公認会計士の独立性，監査法人に対する監視の強化，同一監査人による継続的監査（ローテーション・ルール）の制限などが盛り込まれた。監査法人の民事責任については，指定された監査証明に関し，指定を受けた社員のみが無限責任を負う制度に改められた（指定社員制度）[15]。社員とは，監査法人に出資し，経営者側となった者である。

　しかし，その後も，カネボウ，ライブドア，日興コーディアルなど，企業会計不正事件が頻発した。そこで，2007年に，公認会計士法が改正され，監査法人の品質管理や情報開示の強化が図られた。監査法人に対する行政処分が拡充され，課徴金制度も導入された。ローテーション・ルールに関し，上場会社を監査する大規模監査法人は，5年の期間が設定された。一方で，監査法人が有限責任の組織形態を導入することが可能となった。

12　岡田陽介「監査役と会計監査人の連携に関する一断面（一）：会社法397条に関する若干の考察」（愛媛大学法文学部論集―総合政策学科編―34号，2013年2月）9～10頁参照。

13　鳥飼裕一「不二サッシ事件」（企業会計67巻10号，2015年10月）26頁参照。

14　手塚仙夫「山一證券事件」（企業会計67巻10号，2015年10月）32頁参照。

15　藤井一裁「40年ぶりの監査法人制度抜本改正―公認会計士法等の一部を改正する法律案―」（立法と調査271号，2007年8月）。

第8章　フィンテックで変わる財務会計

(5)　高まる会計監査人の重要性

　日本の公認会計士数は29,303名，監査法人は220法人である（2016年末）。公認会計士の約半数が監査法人に所属している。ちなみに，米国のAICPA登録会員数は，41.8万人（投票権のある会員は37.6万人，2016年7月）。2016年末現在，PCAOBの登録事務所数は2,013社（うち，国内事務所1,113社）である。

　法律上の根拠であるが，日本は，金融商品取引法に基づく上場企業への監査と会社法に基づく株式会社（小規模会社を除く）の監査である。一方，米国は，証券取引所法に基づく上場会社等の監査である[16]。

　日本において，現在，4大監査法人があり，いずれもグローバルな会計事務所と提携している。社員の数は，数百人，法人の構成員は数千人規模となっている。

図表8-3　日本の4大監査法人

4大監査法人	国際的ネットワーク
有限責任あずさ監査法人	KPMG
新日本有限責任監査法人	アーンスト・アンド・ヤング
有限責任監査法人トーマツ	デロイト トウシュ トーマツ
PwCあらた有限責任監査法人	プライスウォーターハウスクーパース

出所：金融庁

　会計不正事件が起こるごとに，担当していた監査法人は，不正を見抜けなかったとして，批判の対象となり，処分されることがある。不正に加担した公認会計士が，逮捕・起訴される場合もある。一方で，経営者が不正に関与した場合，監査人が重要な虚偽表示を発見するのは，従業員不正よりも難しいという[17]。

16　金融庁「諸外国の監査法人制度等の比較」（2006年5月29日）。

239

監査基準によると，不正とは，不当または違法な利益を得るために他者を欺く行為を伴う，経営者，取締役等，監査役等，従業員または第三者による意図的な行為をいう[18]。不正の防止や発見は，経営者の責任である。監査人が不正を発見した場合は，適切な階層の経営者に報告しなければならない。経営者による不正を発見した場合は，監査役等に報告する必要がある。

(6)　日本の会計監査人制度改革

　21世紀に入って，大型会計不祥事が頻発したのを受けて，日本でも会計監査人制度が大きく改革されている。それは，米国同様，日本でもM&Aが活発化し，かつ企業経営がグローバル化しているからである。オリンパス事件や東芝事件は，海外企業の買収に関連して発生した。

　カネボウ，日興コーディアルグループ等の監査を行っていたみすず監査法人（2006年に中央青山監査法人から改称）が2007年に解散した。中央青山監査法人は，ソニー，トヨタ自動車など，日本の代表的企業を含む約5,000社の会計監査を担当していた[19]。さらに，山一證券，ヤオハン，足利銀行など，問題となった企業も担当していた。カネボウ事件により，同監査法人の公認会計士が粉飾に関与し逮捕，起訴された。2006年に設立されたあらた監査法人が，みすず監査法人から顧客を受け入れている。

　オリンパス事件では，損失の簿外処理やのれんの過大計上が行われ，同社を担当した新日本監査法人と前任のあずさ監査法人に対し，2012年に業務改善命令が出されている。オリンパス事件を筆頭に，有価証券報告書の虚偽記載の事例が相次いだことから，2013年に金融庁が，「監査における不正リスク対応基準」を設定した。リスク・アプローチ（重要な虚偽記載につながる

17　監査業務審査会「監査提言集（特別版）財務諸表監査における不正への対応～不正による重要な虚偽表示を見逃さないために～」（2016年1月27日）1頁参照。

18　日本公認会計士協会＝監査基準委員会「監査基準委員会報告書240　財務諸表監査における不正」（2013年6月17日改正）。

19　遠藤博志＝小宮山賢＝逆瀬重郎＝多賀谷充＝橋本尚編著『戦後企業会計史』（中央経済社，2015年）167頁参照。

第8章　フィンテックで変わる財務会計

リスクある項目を重点的，効果的に監査を行う手法）により，不正リスクを評価するよう求めている。そして，監査の過程で，不正が行われる可能性を常に留意し，職業的懐疑心を保持して監査する必要がある。

東芝の会計不祥事で，2015年に，新日本監査法人が金融庁より処分を受けている。新規契約締結の3ヵ月停止と業務改善命令であり，公認会計士7名も懲戒処分の対象となった。さらに，重大な虚偽のある財務書類を重大な虚偽のないものとして証明したとして，21.1億円の課徴金納付も命じられている。また，GPIFは，東芝の問題で，新日本監査法人に35億円の損害賠償を求め，提訴している。

図表8−4　会計不正事件と監査法人の主要処分事例

時期	会計不正事件	担当監査法人	時期	処　分
2001年	エンロン事件	アーサー・アンダーセン	2002年	解散
2004年	カネボウ事件	中央青山監査法人	2007年	業務停止命令，解散
2006年	ライブドア事件	港陽監査法人	2006年	自主解散
2011年	大王製紙	有限監査法人トーマツ	処分なし	
2011年	オリンパス事件	あずさ監査法人，新日本有限責任監査法人	2012年	業務改善命令
2015年	東芝事件	新日本有限責任監査法人	2015年	新規契約停止，業務改善

出所：金融庁公認会計士・監査審査会

金融庁は，2017年に，「監査法人の組織的な運営に関する原則《監査法人のガバナンス・コード》」を採択した。大手企業の監査を行う大手監査法人を想定したものであり，コーポレートガバナンス・コードや日本版スチュワードシップ・コードと同様，"comply or explain"原則が採用されている。

コードでは，会計監査の品質を持続的に向上させ，組織的な運営を行うための経営機関，その実効性に対する監督・評価機関を設置するよう求めている。そして，現場レベルの業務体制の整備，本原則の適用状況，監査品質の向上に向けた取組状況の開示も挙げられている。2017年5月末現在で，4大

241

監査法人を含む13監査法人が，コードを採用している。

このように，フィンテックによって会計監査制度を改善することが，会計不祥事を減らすのに有効であると考えられる。

2．財務会計におけるブロックチェーンとAIの重要性

(1) 複式簿記から三式簿記への進化

会計に関わるフィンテックについて有望であるのは，クラウド会計，ブロックチェーン，AIの活用である。とりわけ，ブロックチェーンを活用した三式簿記会計が注目される。

複式簿記は，二者間取引で行われ，貸方・借方の仕分けなどの会計業務を二者がそれぞれ行う。現在の複式簿記にブロックチェーンを加えたものは，三式簿記会計と呼ばれる[20]。三式簿記会計では，二者の取引がブロックチェーンに記録されるため，第三者が二者取引を同時に検証する[21]。つまり，株主，会計事務所，監督当局など特定対象者に対し公開することで，リアルタイムに財務情報を見ることができる。

複式簿記の基本構造は，二元性，貸借平均の原理である。イタリアの数学者ルカ・パチョーリが，1494年に書物で複式簿記を紹介した[22]。それ以降，複式簿記の基本構造は，500年以上経過しても変わらない。パチョーリは，近代会計学の父と評され，当時，イタリア商人が発展させてきた帳簿会計を体系化した。

しかしながら，1980年代に，複式簿記を二次元から三次元に拡張しようと

---

[20] ドン・タプスコット＝アレックス・タプスコット『ブロックチェーン・レボリューション―ビットコインを支える技術はどのようにビジネスと経済，そして世界を変えるのか』（ダイヤモンド社，2016年）96〜99頁参照。

[21] 岡田幸彦＝野間幹晴「FinTechが引き起こす会計情報革命」（企業会計69巻6号，2017年6月）37頁参照。

[22] 伊藤邦雄「会計学における秩序と変革」（一橋論叢97巻4号，1987年4月）449頁参照。

いう試みがあった[23]。同様に，三式簿記と呼ばれ，時制的三式簿記と微分的三式簿記に分けられる。

　まず，議論の出発点として，複式簿記の二元性として，次の2式で示される。

　　　資産－負債＝資本
　　　財産＝資本

　時制的三式簿記では，未来である予算の概念を取り入れ，予算（未来）＝財産（現在）＝資本（過去）と三次元に導く。微分的三式簿記では，ストック（財産）は，フロー（資本）の値の変動であり，利益を微分した利力（利益を変動させる力）であると考える。そして，財産＝資本＝利力という数式となる。

　仮想通貨の取引記録は，インプット（入力＝送付元）とアウトプット（出力＝送付先）で構成される。そして，未使用の取引記録をUTXO（Unspent Transaction Output，未使用トランザクションアウトプット）と呼ぶ。インプットが資産，アウトプットが負債，UTXOが予算に該当し，時制的三式簿記の構造となっている[24]。インプット，アウトプット，UTXOの総額が一致する（採掘者の報酬除く）。

(2)　ブロックチェーンによる三式簿記の発達

　ブロックチェーンを活用した三式簿記会計では，改ざんが事実上できないという強みがある。企業の製品やサービスの販売記録や経費処理などをタイムスタンプ（電子的時刻証明）付きで，ブロックチェーンに記録する。ブロックチェーンの記録により，自動的に財務諸表が作成される。

　米国のフィンテック企業ConsenSys（コンセンシス）が，Balanc3（バランス）と呼ばれる三式簿記会計を開発している。コンセンシスは，イーサリ

23　井尻雄士『三式簿記の研究―複式簿記の論理的拡張をめざして』（中央経済社，1984年）。
24　山崎重一郎「ブロックチェイン技術の仕組みと可能性」インターネット白書編集委員会編『インターネット白書2016　20年記念特別版』（インプレスR&D，2016年）246頁参照。

ム社のブロックチェーンを基盤に，オンラインでの個人認証システム（uPort）などの分散型アプリケーションやスマートコントラクトを手掛ける。会計事務所のデロイトと提携しており，uPortやBalanc 3 を活用し，ブロックチェーンによる伝統的な銀行業変革を目指す[25]。

　コンセンシスは，マイクロソフトとも提携しており，マイクロソフトのアジュール（クラウドのプラットフォーム）上で，2015年より，イーサリアムのブロックチェーンのサービスを提供している。さらに，2016年には，ブロックチェーンのアプリSTRATOの提供を開始した[26]。STRATOでは，イーサリアムのノードを実際に立ち上げ，開発者がテストできる環境を提供する。パブリック，コンソーシアム，プライベート型のいずれのブロックチェーンにも対応可能で，金融機関の実証実験などで利用される予定である。

　企業はブロックチェーンの財務情報を改変できないので，企業会計の不正は起こりにくくなる。リアルタイムで財務諸表が自動的に作成されるため，会計監査も迅速化される。これまで，紙ベースで，手入力していた作業が不要となり，入力ミスがなくなるであろう。このように，ブロックチェーンを使う財務会計は，これまでの会計プロセスを大きく変える。そして，多くの新しい会計手法を生み出すことが期待される[27]。

⑶　クラウド会計の発達

　フィンテックに関連した会計サービスとして，クラウド会計が挙げられる。主に，中小企業を対象にした経営・業務支援サービスである。クラウド会計は，会計・経理業務に限られず，経営情報，販売管理，給与計算，税務申告など，業務全般をカバーすることが可能である。

25　Deloitte and ConsenSys, "Deloitte and ConsenSys Enterprise join forces to fundamentally transform banking", May 3, 2016.

26　Ethereum, Microsoft and ConsenSys, "BlockApps STRATO now available on Microsoft Azure Marketplace to enable enterprise Ethereum blockchain application development", February 22, 2016.

27　Deloitte, "Blockchain Technology A game-changer in accounting?", 2016, p.4.

第8章　フィンテックで変わる財務会計

　従来型の会計ソフトウェアは，会計ソフトウェアを購入し，自社で手入力し，会計や財務の運用を行うものである。しかし，クラウド会計は，インターネットのアクセス環境があれば，いつでも，どこからでも，クラウド上で会計処理を行うことができる。月次および年次の手数料を支払うことで，サービスを利用することができる。オープンAPIにより，銀行取引やクレジットカード取引などは，自動的に入力され，手入力の手間は大幅に軽減されている。

　実際，日本でも，銀行とクラウド会計会社との提携が始まっている。たとえば，住信SBIネット銀行は，事業融資のサービスの分野で，クラウド会計サービス企業であるマネーフォワード，freee，A-SaaSと提携を本格化させている。また，freeeでは，三菱東京UFJ銀行の法人口座「BizSTATION」の振込申請が操作可能になっている。

　クラウド会計サービスの最大手は，米国のインテュイットである。インテュイットは，業務・財務管理のソフトウェアのソリューションを開発・提供する会社で，業務管理，給与計算，資産運用，確定申告などのソフトウェアを提供する。

　小規模事業者向けの会計ソフトQuickBooksは，米国で支配的シェアを誇る。オンライン（クラウド）型とデスクトップ型があり，280万人の会員のうち，150万人がクラウド型である（2016年7月期）。QuickBooksは，ビットコイン決済にも対応している。

　MM総研の調査によると，日本において，法人向け（個人事業除く）の会計ソフト利用者のうち，クラウド型の利用率は17.2％であり，設立1年未満の中小企業・団体では，クラウドの利用率が5割を超えるという[28]。また，企業別シェアでは，freeeが36.6％で首位であり，2位が弥生会計オンライン26.7％である。なお，個人事業主のクラウド会計のシェアでは，弥生が56.8％，マネーフォワードが19.9％，次いでfreeeが16.9％である[29]。

28　MM総研「クラウド会計ソフトの法人導入実態調査」（2016年9月29日）。

245

⑷　フィンテックで進化するクラウド会計

　クラウド会計上には，膨大なデータが蓄積されるため，AIを活用し，会計業務のさらなる自動化・効率化が進められている[30]。さらに，クラウド会計は，AIにも対応しやすい。これによって，正確な会計情報を迅速に得ることができる。その結果，企業の会計戦略，ひいては事業戦略を高度化することができるであろう。以下が代表的なプレーヤーである。

①　freee

　2012年設立のfreeeは，2013年サービス開始のクラウド会計ソフトを通じて，経営業務を効率化する他，給与計算，会社設立，確定申告，個人事業の開業手続き，マイナンバー管理などのサービスを提供している。「スモールビジネスに携わるすべての人が創造的な活動にフォーカスできるよう」をビジョンに掲げ，AI技術を使った最先端の機能開発や金融機関との連携により，バックオフィス業務効率化のソリューションを提供している。

②　マネーフォワード

　2012年設立のマネーフォワードは，インターネットサービス開発を事業内容とし，ビジネス向けクラウドサービスなど，お金に関するプラットフォームを開発・提供している。具体的には，クラウドやスマートフォンを通じて，自動会計簿・資産管理サービス，確定申告，会計，請求書作成，給与計算，入金消込，マイナンバー管理，経費精算などである。

③　弥　生

　1978年創業の会計ソフト会社企業の老舗である。1997年に，インテュイッ

29　MM総研「クラウド会計ソフトの利用状況調査（2017年3月末）」（2017年4月13日）。
30　佐々木大輔＝木村康宏「FinTech×会計の現状：クラウド会計の進化」（企業会計39巻6号，2017年6月）56〜54頁参照。

第8章　フィンテックで変わる財務会計

ト日本法人となったが，2003年に分離独立した。翌年，ライブドアグループ入りしたが，現在，オリックスが大株主である。

　外部の税理士事務所や会計事務所と連携することで，クラウド会計上のデータをリアルタイムで共有し，迅速な税務や経営のアドバイスを受けることができる。freeeでは，ユーザーのサポートを行う税理士・会計事務所を認定アドバイザーと呼び，4,000以上の事務所が登録している。税理士・会計事務所にとっても，顧客との紙およびファイルベースのやり取りから解放されるため，業務効率が改善される他，新規顧客獲得のチャンスにもつながる。

　また，クラウド会計会社は，融資事業でも金融機関と連携している。たとえば，freeeやマネーフォワードでは，提携先金融機関が，中小企業や個人事業主の同意の下，会計データをリアルタイムで閲覧できるようになっており，融資審査や財務状況のモニターに活用している。

　freeeが創設したスモールビジネスAIラボでは，自動仕訳機能「仕訳登録AI」を提供しており，銀行から取得した明細データから勘定項目を推測し会計帳簿を作成できる。自動で帳簿のチェックを行い，誤りのアラートを出す機能もリリースしている。

(5)　AIで進化する会計監査

　企業と監査人の間で行われる証票やデータのやり取りは，単純だが多くの労力を割く。しかし，ブロックチェーンやクラウド等を通じて常時接続された環境であれば，そうしたやり取りの時間も不要となり，リアルタイムで仕訳データをモニターできる[31]。会計監査は，通常，過去の会計事象を対象とするが，自動化の進展で，監査の実施が過去から現在へ，頻度が都度からリアルタイムに変わる可能性がある。

---

[31]　矢部誠「人工知能が日本の会計監査業務に与える影響について」（月刊監査役660号，2016年11月）。

247

AIにより，不正のパターンを見抜くシステムが開発されている。その手法は，以下に分けられる[32]。

① マクロレベルのアプローチ

公開情報を用いる。不正会計企業の財務諸表やその他公開情報を元に一定の傾向やパターンを分析し，どのくらい類似傾向が見られるかという視点から，不正会計の発生リスクを算出する。

② ミクロレベルのアプローチ

非公開の内部情報に着目する。たとえば，監査実務において，機械学習で月次・日次ベースの勘定科目の推移を予測する，異常検知（不正，誤謬）を行うといった手法である。

(6) AIを使う会計監査の実例

AIを活用した不正会計を予測するシステムの制度は徐々に向上している。以下のように，日本でも，大手監査法人は，AIで不正会計を予測する取組みに着手している[33]。

① 新日本監査法人

将来の不正会計を予測する仕組みを導入した。過去5年分の上場企業の財務諸表データを活用し，不正発生確率を算出した上，高確率となった企業の監査チームに注意喚起する仕組みである[34]。他にも，監査手続としてデータ分析ツールを用いてクライアントの仕訳データや元帳・補助元帳データの分

32　市原直通＝首藤昭信「FinTech×監査の現状：AIで見抜く不正会計」（企業会計69巻6号，2017年6月）55～63頁参照。

33　ニュースイッチ「AIで不正会計は防げるか。大手監査法人が研究に乗り出す」（日刊工業新聞，2016年11月9日）。

34　市原直通「不正会計はAIで見抜けるか」（新日本監査法人，情報センサーVol.117，2017年新年号）。

248

第8章　フィンテックで変わる財務会計

析を行う取組み（データアナリティクス）も行う。さらに，アシュアランス・イノベーション・ラボを設置しており，先端技術を活用して監査の高度化や品質向上を目指す（Smart Audit）。

② あずさ監査法人

監査業務に企業が有するビッグデータ（仕訳，売上データ等）を分析する手法を導入し，監査業務を高精度化・効率化させている[35]。そして，監査の自動化，財務・非財務データ等の統計的分析，監査リスクの定量的評価の手法の研究・開発を実施している。また，2014年に，次世代監査技術研究所を設置し，AIやデータ分析などを活用した監査技術の開発研究に取り組んでいる。

③ PwCあらた監査法人

2016年に，AI監査研究所を設置した。会計監査にAIを取り入れ，監査品質の向上，業務の効率化・自動化を目指す[36]。すでに，仕訳データの全量をコンピュータに取り込み，不正の疑義のあるものを抽出，重点的にチェックできる手法を導入している。また，ERPシステムにより，監査業務の管理にも取り組んでいる。

④ 監査法人トーマツ

企業の財務・非財務データ，様々な属性情報，外部データを分析し，新たな不正リスクを検証し，効率的かつ効果的な監査を行っている（Illumia ／ Audit Analytics）。2016年に，約300社の監査業務に適用しており，2017年中に500社，2018年までに上場会社全社，2020年までにすべての監査業務への導入を目指す。

---

[35] 小川勤＝神保桂一郎「データ分析技法を用いた次世代監査技術への取組みおよび展開について」（KPMG Insight Vol. 19，2016年7月）。
[36] PwCあらた有限責任監査法人「PwCあらた，AI監査研究所を設置」（2016年10月21日）。

249

⑺　会計の透明性と監査法人の信頼性の向上

　現在，財務会計の業務は，専門知識を持つ人材に依存する場合が多い。これも，フィンテックによって，簡易になり，日常業務については，専門家でなくともこなせるようになることであろう。会計は税務や法務にも深く関わるが，これもAIによって，専門家に依存せずに処理ができるようになるであろう。これらは，時間短縮，コスト削減につながる。このように，フィンテックによって，会計，税務，監査は，高度化，迅速化，低コスト化することであろう。

　リアルタイムで不正のない財務情報を入手できるため，会計監査も迅速に行うことができる。AIを用いれば，会計監査自体が自動化されるかもしれない。ブロックチェーンで会計業務や監査業務が自動化されれば，業界自体が抜本的な改革を迫られることになる。

　AIとブロックチェーンを組み合わせることで，すべての取引をチェックできる。これを活用すれば，監査法人が行っているランダムサンプリング（一定取引を抽出して監査，試査）が不要となる[37]。しかし，システムが複雑化していく中，監査法人としては，ブロックチェーンが適切に機能しているかなどをモニターし，適切な監査戦略を構築する必要がある。

　また，株主や機関投資家などにとって，四半期決算を待たずに，財務情報を活用した資産運用が可能となる。いつでも，正確で詳細な情報を取得でき，AIが企業不祥事や会計不正を発見してくれれば，コーポレートガバナンス改善のメリットも享受できるであろう。

　今後，会計監査の重要性が，一段と高まることであろう。2002年のアーサー・アンダーセン事件以降，世界的に，監査法人の独立性を担保するような制度改正が行われてきた。つまり，監査法人の判断は，企業経営に対する影響が大きい。

37　EY, "Building blocks of the future", September 2016.

第8章　フィンテックで変わる財務会計

　東芝は，2017年4月に，3度目の決算発表の延期を行った。2016年第3四半期の四半期連結財務諸表について，担当監査法人から適正意見を得られないためである。東芝は，不祥事により，2016年1月に，監査法人を交代したばかりである。このように，企業と監査法人の関係は難しい。

　さらに，富士フイルムホールディングスは，連結子会社である富士ゼロックスの海外子会社の会計処理の妥当性を巡って確認が必要であるとして，2017年3月期の決算発表を延期した。第三者委員会の調査報告書により，富士ゼロックスのニュージーランド，オーストラリアの販売子会社において不適切な会計処理が行われ，累計375億円の損失が明らかとなった。

　東芝のようなグローバルなハイテク企業の監査は，複雑である。そこで，ブロックチェーンによって，財務諸表を，迅速に，あるいはリアルタイムで作成することによって，企業と監査法人の協議の時間に余裕ができる。あるいは，AIを用いることによって，恣意的な判断を減らし，より客観的な会計方針の判断が可能となる。

⑻　小括：株主総会と会計監査人選任の重要性

　会計不正事件の増加により，ガバナンス，会計，監査制度の重要性が高まっている。フィンテックにより，会計や監査の信頼性が向上し，その結果，近年のコーポレートガバナンスにおいて重要性の増している会計不正事件の減少が期待される。

　会計監査人は，会社法上，株主が選任することになっている。しかし，現実には，経営者が選任した監査法人がそのまま選ばれる。その結果，実態としては，経営者にとって不都合な監査結果を提示する監査法人は，経営者の恣意によって変更されることがある。

　このように，業績不振企業の経営者が生き残るのも，会計不正事件が頻発するのも，それらに対して責任を持つ株主総会が必ずしも活性化していないからである。日本では，株式の持ち合い，株主総会集中日，財閥や企業グループなどの存在があるため，株主総会は「シャンシャン総会」という言葉

251

があり，多くの場合，経営を議論する場ではなかった。

　東芝は，2015年の会計不正事件を機に，会計監査人を変更した。しかし，2016年度の決算を巡って，会計監査人と意見が相違したことから，一時，会計監査人を交代させることを検討した。見解の異なる監査法人を都合のいい見解を表明することが期待できる監査法人に変更することを目論んだと思われる。これは，自社に都合のいい監査意見を求めるオピニオンショッピングと呼ばれる。これが実現するようであれば，会社側が，事実上，会計監査人を決定する権限を持っていることを示す（実際には実現していない）。

　株主総会が活性化すれば，業績の悪化した企業の経営者の取締役選任議案が否決され，不適切な監査法人選任議案が否決されることになろう。株主総会が活性化し，フィンテックによって，かつ会計監査の高度化が進めば，日本のコーポレートガバナンス改革に寄与することが期待される。

おわりに

　筆者が，本書で最も主張したいことは，産業界から金融界への参入が活発化することが，金融業の発展につながるということである。フィンテックは，世界的に，産業界を巻き込んで広義の金融ビジネスを大きく変えるであろう。金融は産業界の血液ともいわれる。よって，フィンテックによってマネーの流れが大きく変われば，産業界全体に大きな変化を生むこととなる。

　フィンテックにより，金融業では，かつてのように，巨額の資本，多くの人材，巨額のシステム投資，支店やATMを中心とするネットワークなどが不要になる。新規投資が少なくなるため，産業界にとって，金融サービス業に関わる参入障壁がかなり低くなるであろう。

　その結果，金融サービス業に進出する事業会社が増えるであろう。たとえば，今でも，ソニーがソニー銀行をグループ内に持ち，セブン＆アイ・ホールディングスがセブン銀行を持つ。さらに，今後はローソンが銀行を設立する予定であるなど，産業界から金融界への進出は進むであろう。これは，21世紀に入って，規制緩和とIT革命によって，実現したものである。これが，AI革命によって，一段と，加速すると考えられる。

　このように金融業の枠組みの抜本的な変革が起きつつある。当然のことながら，それに対応してグローバル金融規制の視点を含み，新しいルールづくりが必要となる。

　事業会社が金融業に参入すること自体は大いに歓迎したい。ただし，リーマン・ショックの教訓からは，事業会社がまったく自由に金融業に参入することが必ずしも好ましくないことは明らかである。しかも，世界の金融規制強化は大きな流れとなっており，日本だけ野放しでいいとはならない。

　たとえば，シャープ本体は経営危機に陥り，最終的には台湾企業が買収した。ソニーがソニー銀行を持つように，仮に，シャープがシャープ銀行を持っていたと仮定しよう。経営危機の場合のシャープ銀行の扱いなどについ

253

て，本来は，事前にルールがあることが望ましい。それは，事前に計画された破たん処理計画や経営危機時に事業売却をしやすくする状況を平時からつくることである。

さらに，金融当局が銀行の親会社の経営をモニターする必要がある。それは，金融庁が事業会社を厳しく監督するという意味ではなく，平時から密接にコミュニケーションを持ち，危機時には協調して対応できるようにするというものである。

これらの規制の在り方について，法制度の整備が必要である。これうには，金融商品取引法や銀行法や預金保険法などが関連する。とりわけ，金融とAIは技術の進歩や変化が激しいので，ハードロー，とりわけ，制定法に依存することなく，柔軟性の高いソフトローを交えて制度設計することが望ましい。

SBI大学院大学金融研究所竹中平蔵理事長，TMI総合法律事務所岩倉正和弁護士，一橋大学大学院国際企業戦略研究科野間幹晴准教授をはじめとする識者の皆様方から貴重な助言を頂戴した。この場を借りて，深く御礼申し上げたい。また，一橋大学大学院国際企業戦略研究科特任助教東條愛子が執筆に加わった。

［著者略歴］

藤田　勉（ふじた　つとむ）

一橋大学大学院国際企業戦略研究科特任教授。一橋大学大学院国際企業戦略研究科博士課程修了，博士（経営法）。シティグループ証券顧問，SBI大学院大学金融研究所所長，一橋大学大学院フィンテック研究フォーラム代表。

経済産業省企業価値研究会委員，内閣官房市場動向研究会委員，北京大学日本研究センター特約研究員，シティグループ証券取締役副会長などを歴任。2006〜2010年日経アナリストランキング日本株ストラテジスト部門5年連続1位。

著書：『バーゼルⅢは日本の金融機関をどう変えるか』（日本経済新聞出版社，2011年），『グローバル金融制度のすべて』（金融財政事情研究会，2012年），『コーポレートガバナンス改革時代のROE戦略』（中央経済社，2016年）他多数。

世界のフィンテック法制入門
—変貌する金融サービスとその影響

2017年9月20日　第1版第1刷発行

著　者	藤	田	勉
発行者	山	本	継
発行所	㈱中 央 経 済 社		
発売元	㈱中央経済グループ パ ブ リ ッ シ ン グ		

〒101-0051　東京都千代田区神田神保町1-31-2
電話　03 (3293) 3371 (編集代表)
03 (3293) 3381 (営業代表)
http://www.chuokeizai.co.jp/

ⓒ 2017
Printed in Japan

印刷／三 英 印 刷 ㈱
製本／㈲井 上 製 本 所

＊頁の「欠落」や「順序違い」などがありましたらお取り替えいたしますので発売元までご送付ください。（送料小社負担）

ISBN978-4-502-24201-4　C3032

JCOPY〈出版者著作権管理機構委託出版物〉本書を無断で複写複製（コピー）することは，著作権法上の例外を除き，禁じられています。本書をコピーされる場合は事前に出版者著作権管理機構（JCOPY）の許諾を受けてください。
JCOPY〈http://www.jcopy.or.jp　eメール：info@jcopy.or.jp　電話：03-3513-6969〉

コーポレートガバナンス改革時代の
ROE戦略
──効用と限界

藤田 勉［著］

本体3,400円＋税
Ａ５判・ソフトカバー・303頁

企業経営者の立場から，経営指標としてのROEの適切な使い方を探る。財務会計や国際税務の視点からもROEを分析し，ステークホルダーの利益を最大化できる条件を検討する。

本書の構成

第１章
　　なぜ今，ROEなのか
第２章
　　財務会計理論とROE
第３章
　　企業価値評価とROE
第４章
　　ROEの国際比較と株価との関係
第５章
　　時価会計時代におけるROEの限界
第６章
　　高まる機関投資家の影響力
第７章
　　日本企業の財務リスクを減らす戦略